JN429553

경제학자가 걷는 중국 고대 오아시스 실크로드

신강위구르, 감숙성, 섬서성을 가다

경제학자가 걷는 중국 고대 오아시스 실크로드

신강위구르, 감숙성, 섬서성을 가다

초판1쇄 인쇄 2021년 1월 11일
초판1쇄 발행 2021년 1월 20일

지은이 서정수
펴낸이 신일희
펴낸곳 계명대학교 출판부
출판등록: 제347-1998-1호(1970. 9. 1)
주소: 대구광역시 달서구 달구벌대로 1095
대표전화: 053-580-6233 팩스: 053-580-6235
홈페이지: www.kmupress.com

ISBN 979-11-6516-060-9 03910 값 19,000원

※ 잘못된 책은 교환하여 드립니다.

※ 이 책은 저작권법에 따라 보호받는 저작물이므로 책의 내용 및 이미지에 대하여 전부 또는 일부를 무단으로 복사, 복제, 배포하거나 전산장치에 저장할 수 없습니다.

※ 빛을여는책방은 계명대학교 출판부 패밀리브랜드입니다.

경제학자가 걷는
중국 고대 오아시스 실크로드

신강위구르, 감숙성, 섬서성을 가다

서정수

빛을여는책방

머리말

중국이라는 나라는 과연 어떤 나라일까? 여느 나라의 경우와 마찬가지로 이와 같은 질문에 대한 확실한 답을 구하는 것은 결코 쉬운 일이 아니다. 중국은 1978년 개방을 위한 개혁정책을 추구한 이후 최근까지 연평균 10%를 상회하는 매우 높은 수준의 경제성장률을 달성하였다. 그 결과로 중국은 미국에 이어 두 번째로 큰 경제 규모를 가진 소위 G-2[1]라고 불리는 대국 경제로 성장하였다(World Bank, 2019).

2018년 중국의 국내총생산액(GDP)은 13조6천80억 달러에 해당하고 실질 경제성장률은 2017년 경제성장률 6.8%보다 다소 낮은 6.6%를 기록하였다.[2] 같은 해 일인당 국내총생산(GDP; Gross Domestic Product per capita)은 경상가격으로 9천770 달러를 기록하였는데 이는 세계은행의 분류 기준에 따를 때 중상위 소득 국가(Upper-middle income country)에 해당한다. 2018년 우리나라의 일인당 GDP가 3만1천340 달러이니 중국의 일인당 GDP는 우리나라 일인당 GDP의 (⅓)에 조금 못 미치는 수준이기는 하다. 그러나 중국은 우리가 맹목적으로 알고 있는 더는 저개발 국가는 아니며 중상위 소득국가에 속하고 있음에도 불구하고 여전히 복잡하

---

1 G2라는 용어는 Group of Two의 약어로 2005년 경제학자 프레드 버그스턴(C. Fred Bergsten)에 의해 미국과 중국의 경제 관계를 나타내기 위해 비공식적으로 사용하기 시작한 용어이다.

2 중국의 2017년 GDP는 경상가격으로 12조1천435억 달러를 기록하였고 실질 경제성장률은 6.8%를 기록하였다. 여기서 달러는 미국 달러를 나타낸다.

고 다양한 개발 의제가 산재하여 있는 나라이다(World Bank, 2019).

중국의 국토 면적은 9백38만8천211 평방킬로미터(이하 km^2)에 해당하는데 이는 러시아 다음으로 두 번째로 큰 국가에 해당한다.[3] 2018년 공식 인구는 약 13억9천270만 명으로 가장 많으며, 인구밀도는 한국보다 적은 148.3명을 기록하고 있다(World Bank Database). 이 넓은 땅덩어리 위에 유구한 역사에 걸쳐 56개의 민족이 사는 중국은 다민족 국가로 한족이 91.5%로 주류를 이루고 있으며 나머지 55개의 소위 소수민족들이 중국 전체 인구의 약 8.5% 정도를 차지하고 있다.[4] 이렇게 많은 인구와 인종이 중국의 행정구역에 속하는 23개 성(省)과 5개 자치구[5] 및 4개의 직할시[6]에 분포되어 있다.[7]

계명대학교 실크로드 중앙아시아연구원이 실시한 중국 내 실크로드 인문탐사는 2019년 6월 25일부터 7월 9일까지 진행하였는데, 앞서 말한 중국의 광대한 영토 가운데에서 중국 내 실크로드에 해당하는 지역을 탐사하는 데 중점을 두고 있다. 실크로드는 크게 유라시아 대륙의 북방을 지

---

3 중국이 현재 국토 분쟁 중인 지역과 대만을 제외하면 총수역과 도서를 포함한 면적(surface area) 면에서는 미국의 면적이 중국보다 다소 크지만 순수한 육지면적(land area)만으로는 중국이 미국의 9.1백만 km^{2}보다 약 2.2% 정도 크다(worldmeter.info).

4 http://china-un.ch/eng/rgard/jblc/t187368.

5 중국에는 1947년 가장 먼저 자치구로 설립된 내몽골 자치구(内蒙古自治区, Inner Mongolia Autonomous Region, 內蒙古自治區), 1955년 지정된 신강위구르 자치구(新疆维吾尔自治区, XinjiangUyghur Autonomous Region, 新疆維吾爾自治區), 1956년의 서장 자치구(西藏自治區, Xizang Autonomous Region)라고 불리는 티베트 자치구(Tibet Autonomous Region), 1958년의 광시장족 자치구(广西壮族自治区, Guangxi Zhuang Autonomous Region, 廣西壯族自治區, 南宁난닝) 및 1958년 지정된 영하회족 자치구(宁夏回族自治区, Ningxia Hui Autonomous Region, 寧夏回族自治區) 등 모두 5개의 자치구가 있다.

6 중국의 4개의 직할시는 북경(北京, Beijing), 천진(天津, Tianjin), 상해(上海, Shanghai)와 중경(中京, Chongqing)이 있다.

7 이외에도 1980년 12월 4일 제5기 중국인민전체대회 제5차 회의에서 채택된 중국의 중화인민공화국 헌법 제31조에는 필요시 특별행정구를 둘 수 있다고 규정하고 있는데 홍콩특별행정구와 마카오특별행정구가 여기에 해당한다.

나는 초원로(草原路, Steppe Road), 중국의 천산(天山; Tianshan)산맥, 타림분지(塔里木盆地, Tarim Basin), 곤륜(崑崙)산맥으로 둘러싸인 오아시스 로드와 해로의 주요 간선 3개로 구분하고 있다. 이 세 개의 간선 실크로드 중에서 특별히 오아시스 로드(Oasis Road)에 해당하는 부분을 탐사 대상으로 선정하였다.

중국 내 오아시스 로드 역시 크게 타클라마칸사막(塔克拉玛干沙漠 Taklamakan Desert)[8] 북쪽과 타림분지(塔里木盆地, Tarim Basin) 남쪽을 지나는 천산남로와 투르판(吐魯蕃, Turfan 혹은 Turpan)에서 천산(天山, Tianshan)산맥[9] 남쪽을 지나 세상의 지붕이라는 파미르고원(帕米尔, Pamir Plateau, 帕米爾)을 넘는 천산북로로 나누어진다. 중국에서는 천산북로를 천산산맥 남쪽과 타림분지 북쪽을 지나는 선을 천산중로로 다시 세분하여 나누는데 이번 탐사에서는 이 천산중로와 북로에 해당하는 구간을 부분적으로 중첩하면서 가급적이면 많은 오아시스 도시들을 중심으로 탐사를 진행한다.

인문탐사에 해당하는 지역과 노선을 중국 행정구역의 측면에서 간단히 살펴보면 신강위구르 자치구(新疆维吾尔自治区, Xinjang Uyghur Autonomous Region, 이하 신강 혹은 신강위구르자치구), 감숙성(甘肃省, Gansusheng, 甘肅省) 및 섬서성(陕西省, Shaanxisheng)의 3개 성급 행정

---

8 타클라마칸(Taklamakan)이라는 말은 '버려진'이라는 의미의 Takla와 '장소'를 나타내는 Makan의 복합어에 해당하는데 페르시아어에 어원을 둔 위구르 말로 '돌아오지 못하는 곳(Place of No Return)' 혹은 '한 번 들어가면 다시는 못 나오는 곳(Once you get in, you will never get out)'이라는 의미가 있다.

9 천산은 텡그리봉(Tengri Tagh)이라고도 하는데 '하늘의 산(the Mountains of Heaven)'이라는 의미이다. 중국어 천산은 흉노(匈奴) 어로 하늘이라는 의미의 Qilian에 기원을 두고 있다. 천산의 최고봉은 중국과 키르기스스탄 국경에 있는 해발고도 7천439m의 Jengish Chokusu(托木尔峰, Tuomuerfeng, 托木爾峰)이며, 가장 낮은 곳은 해수면보다 154m 아래인 투루판분지(吐鲁番盆地 혹은 吐鲁番坳陷, Turfan Depression)이다.

구역을 가로지르는 노선이다.

중국 내 다섯 개의 자치구 중 하나인 신강(新疆)은 중국 전체 국토 면적의 ($\frac{1}{6}$)을 차지하는 넓은 땅덩어리를 가지고 있다. 그 면적은 약 1백66만 4천897km^2로 한반도 남한 면적의 약 17배에 해당하는 중국에서 가장 큰 행정구역이다. 1955년 자치구로 지정된 신강은 중국통계연보에 따를 때, 2017년 2천445만 명에 달하는 인구를 보유하고 있는 것으로 추정하며, 인종 구성면에서 보면 위구르족이 전체 인구의 45.8%, 한족이 40.5%, 카작족이 6.5%, 회족이 4.5% 그리고 기타 민족이 2.7% 정도를 차지하고 있다(Wikipedia).

감숙성(甘肅省)은 과거 실크로드의 하서주랑(河西走廊, Hexi Corridor)[10]에 해당하는 곳이며 그 면적이 45만3천700km^2로 남한 면적의 약 4.5배에 달하는 중국에서 일곱 번째로 큰 성이다. 중국통계연보에 의하면 2017년 인구는 2천626만 명이고, 인구 구성면에서는 한족(91%), 회족(5%) 뿐만 아니라 동향, 만주 및 몽골족과 같은 소수 민족(4%)이 살고 있다.

2018년 현재 1천200만 명이 넘는 인구를 가진 서안(西安 혹은 長安, Xian) 광역도시를 성도로 가지고 있는 섬서성(陝西省, Shaanxi)은 중국에서 11번째로 큰 행정구역이다. 남한 면적의 약 2배에 해당하는 20만5천800km^2의 면적에 2017년 추정 3천835만 명의 인구가 있다.[11] 섬서성의 민족 구성을 보면 한족이 대부분인 99.5%의 비중을 차지하고 있으며 0.4%에 해당하는 소수 민족인 회족(回族, Hui)이 섬서성의 북서쪽에 살고 있다.

---

10 하서주랑은 황하의 서쪽에 있는 길이 900km, 폭이 수 km에서 100km에 달하는 서북에서 동남 방향으로 길게 늘어선 좁고 긴 평지를 말하는 데 감숙성의 성도인 란주(蘭[兰, Lanzhou]와 하서사군(河西四郡)인 무위(武威, Wuwei), 장액(張掖, Zhangye), 주천(酒泉, Jiuquan), 돈황(敦煌, Duhuang)을 포함한다.

11 여기서 사용한 2017년의 성별 인구 수치는 2018년 중국통계연보(Statistical Yearbook of China)에서 발췌하였다.

위에서 중국과 이번 실크로드 인문탐사대상 지역에 해당하는 신강, 감숙성, 섬서성에 대해 간단히 알아보았다. 이 탐사기에서는 탐사 일정별로 진행되는 탐사내용을 가급적 자세하게 담아내고자 한다. 이번 탐사의 주 목적은 중국 내 실크로드, 특히 앞서 말한 천산중로의 문화적 발자취를 짚어 가면서 실크로드의 과거사적인 의미를 되새겨 보고 동시에 이를 현대적인 관점에서 조명해 보고자 한다. 특히 이 탐사기는 중국의 지역 간 격차 해소를 위한 2000년부터 시작된 서부대개발(西部大開發) 사업과 이 사업의 연속 및 연계사업의 차원에서 이를 현대적 의미의 '신 실크로드 전략'이라고 명명하고 있는 '일대일로(一帶一路, One Belt One Road)' 전략 아래에서 공항, 도로와 교통, 통신 및 발전시설 등의 인프라, 즉 기반시설 구축과 확충을 통해 중국이 시도하고 있는 이들 서부지역의 발전과 통합을 위한 시사점을 조명해 보고자 한다.

이 탐사기는 특정한 주제를 중심으로 서술하기보다 탐사 일정별로 시간적인 우선 순위에 따라 탐사대가 방문한 곳을 가급적이면 자세하게 기술하고 탐사 기간에 촬영한 사진을 활용하여 제시하였다. 이 탐사기에서 보여주고 기록된 자세한 내용은 향후 중국의 서쪽 지방, 특히 신강위구르 지역과 감숙성 및 서안을 방문할 의도를 가지고 있는 사람들이 최소한 한 번쯤 들여다 볼 수 있는 자료로 활용될 수 있도록 의도하였다. 이 탐사기에서 사용된 사진은 거리를 표시하는 지도 등을 비롯한 극소수를 제외하고는 이번 탐사 기간에 직접 혹은 탐사단원이 찍어 공유한 사진을 활용하였다. 그러나 모든 장소와 상황을 사진에 담을 수 없었다는 것을 사전에 인지하는 것이 필요하다. 특히 역사적 유물지역에서 보호와 보존이 필요하다고 중국 정부가 판단한 곳에서는 사진을 거의 촬영할 수 없었다. 그럼에도 불구하고 부분적으로 해당 지역에 관련된 사진을 인터넷을 통해 찾아 참고하게 되면 이 탐사기를 읽는 사람도 마치 탐사대와 더불어 탐사를 하고 있다는 현장감을 살리려고 노력하였다.

이 탐사기를 읽을 때 무엇보다도 주의를 필요로 하는 부분은 지역명을 사용하면서 현지식 발음을 따르지 않고 가급적이면 우리가 알고 있는 한자어 발음을 그대로 사용하였다는 것이다. 물론, 지명이 한자어로 표시되어 있다 하더라도 그 어원이 위구르, 카작어, 키르기스어, 몽골어 혹은 페르시아어에 기원을 둔 경우에 한자어는 음만을 차용한 경우이기 때문에 보다 익숙한 현지인들이 사용하는 대로 사용하였다. 나아가 지역명과 인명 등은 간체자(簡体字), 영어식 발음과 번체자(繁体字) 명칭을 같이 제공하고 있어 간체자보다 번체자라는 한자에 더 익숙한 우리네 사람들도 크게 문제없이 읽을 수 있도록 하였다. 그뿐만 아니라 고고학 혹은 민속학과 같은 분야의 전문가가 아닌 입장에서 탐사하다 보니 객관적인 사실에다 탐사를 통해 개인 차원에서 느끼는 감정 이입이 빈번하게 드러나고 있다는 점에 양해를 미리 구한다. 아마 향후에 이 지역으로 혹은 유사한 지역을 방문 혹은 탐방하게 된다면 비슷한 감정이입이 일어날 것이라고 예상해 본다.

이번 중국 내 실크로드 인문탐사는 계명대학교와 경상북도의 부분적인 지원 하에 이루어졌다는 것을 밝혀둔다.

차 례

Chapter I

편리함과 번영의 현재에서 고난과 수행의 과거 세계로

신강위구르, 감숙성, 섬서성을 가다

01

대구에서 중국 신강위구르 자치구 우루무치까지

대구에서 우루무치(乌鲁木齐, Urumuqi, 烏魯木齊)까지의 긴 여정

이번 중국 내 실크로드 인문탐사를 위해 대구에서 오전 11시 30분에 인천공항으로 출발하기로 하였다. 떠나는 날 마지막 순간까지 몇 가지의 중요한 업무를 마무리하고 인천으로 움직이려 하니 혼비백산이다. 항상 일에 쫓겨 허둥대는 모습에 나 자신도 어이가 없게 여겨졌다.

중간 휴게소에서의 짧은 점심시간을 포함하여 대구 출발 후 4시간 30분 정도가 걸린 오후 4시에 인천공항 제2터미널 도착하니 이번 탐사 일정 관련된 전반을 담당한 여행사 직원이 탐사대를 반긴다. 이번 탐사대는 내가 속한 대학 부총장을 단장으로 하여 총 15명의 인원으로 구성되어 있다. 탐사대는 단체로 수화물을 부치고 난 후 간단한 짐 수속과 보안 검색을 하고 탑승구가 있는 곳으로 이동하였다.

탑승 시간 전까지 약간의 시간이 있어 중국에서 필요하다고 생각되는 몇 가지를 지레 겁을 먹고 구매하였다. 그 중에는 이번 중국 내 실크로드 인문탐사 지역에 포함된 곳이 중국에서도 가장 기온이 높은 지역을 포함하고 있어 낮 동안 달아오른 얼굴을 식혀 줄 수 있을 것이라는 막연한 기대로 마스크 팩 등을 샀다. 면세점에서 즉석 컵라면 한 개를 사은품이라고 준다. 혹시나 탐사 일정 동안 하는 현지 식사가 입에 안 맞으면 어떡하나 하는 노파심에 이것마저도 잘 챙겨서 가방에 챙겨 넣었다. 이런 생각의 발상은 아직도 중국이 가난한 개도국이라는 생각이 기저에 남아 있기 때문일 것이다.

간단한 쇼핑 후에도 출발 시간이 충분히 남아 있어 동행하는 동료 교수님 한 분과 인천공항 제2터미널에 위치한 라운지에서 담소를 나누며 시간을 보내기로 하였다. 이번 인문탐사 여행은 향후 2주일 동안 같이 동고동락할 많은 동료 교수들과 시간을 보낼 수 있고 나아가 그들의 일상과 평소의 생각에 대해서도 파악해 볼 수 있는 좋은 기회가 될 것이다. 혼자만의 고행에 가까운 문화탐방도 좋겠지만 '실크로드'라는 개념은 한 마디로 '교류의 공간과 시간'이라는 점을 고려해 본다면 이번 탐사에 참여하는 대원들과의 수평적인 교류도 매우 유익할 것이다. 특히 이번에 같이 가는 대원 중 일부는 2018년 터키 실크로드 인문탐사에 참여하였던 분들이고 또 다른 일부는 새로운 인물들로 구성되어 있어 신구의 조화가 가져다줄 다양성뿐만 아니라 이들과의 융화에 대한 기대감이 큰 것도 사실이다. 실크로드와 문화라는 공통의 주제를 가지고 참가하는 인문탐사이기 때문에 다양한 시각과 그 시각을 뒷받침하는 전문적인 지식을 공유할 수 있을 것으로 경제학자인 나는 기대감이 크게 부풀어 오른다.

출발 시각이 다가와 탑승구에 도착하니 유홍준 전 문화관광부 장관과 경희대의 강인욱 교수도 만날 수 있었다. 그들 일행도 약 30명의 인원으로 구성된 탐사단을 꾸미고 있다. 반가움에 목적지를 물으니 우루무치(乌

鲁木齐, Urumuqi, 烏魯木齊, 이하 우루무치)이다. 전반적인 일정은 우리보다 짧지만 우루무치에서 내몽골로 들어가는 일정을 잡고 있다.

인천공항에서 우루무치까지 운행하는 대한항공 비행기는 커다란 비행기는 아니다. 줄지어 서 있던 탑승객들이 다 타고 나니 승무원들의 간단한 주의 사항과 더불어 비행기는 곧 활주로에 들어선다. 제트엔진의 회전수를 높이며 굉음을 울리던 비행기는 어느새 하늘로 솟구쳐 오른다.

인천공항에서 이륙하여 바깥 창문을 내다보니 우리네의 서해는 참으로 아름답다고 여겨진다. 이는 지금까지 많지 않은 세계의 국가들을 다녀보면서 항상 느끼는 바이다. 여기저기, 마치 물에 떠 있는 듯 조각 같은 작은 서해안의 섬들이 이제는 70여 년에 가까운 시간이 지난 6.25 한국전쟁의 상처를 뒤로 한 채 석양의 저녁 해를 받으며 조용하고도 아름다운 자태를 뽐내고 있다.

석양과 서해안의 섬들

인천공항에서 우루무치까지의 거리는 3천300여 킬로미터를 넘고 비행시간은 5시간 이상이 걸린다. 한국에서 청도, 북경, 상해 등 우리나라와 가깝고 또 우리에게 흔히 알려진 중국의 도시까지는 매우 짧은 시간 동안만 비행기를 타면 되지만 중국의 서쪽 끝 신강위구르 자치구의 성도에 해당하는 우루무치까지는 인천에서 동경까지 거리의 거의 2배 반 이상이나 되는 매우 먼 거리이고

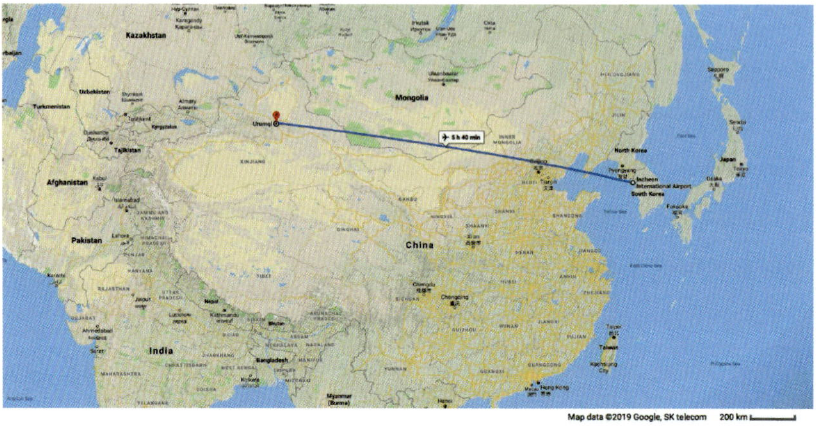

인천에서 우루무치까지 (출처: Google.map)

그래서 소요되는 시간 또한 길다. 실제로 지도를 펼쳐놓고 살펴보면 신강위구르 지역은 카자흐스탄의 알마티(Almaty), 우즈베키스탄의 페르가나(Fergana)와 타슈켄트(Tashkent), 키르기스스탄의 비슈케크(Bishkek), 타지키스탄의 두샨베(Dushanbe) 등 소위 중앙아시아 국가들과 인접하고 있다. 어떤 관점에서 보면 신강위구르지역은 북경을 중심으로 하는 중국보다는 흔히 서역이라 불리는 이들 지역과 더 가까울 수도 있다.

인천공항을 저녁 7시 10분에 출발한 비행기는 위구르어로 '아름다운 목장'이라는 의미를 가진 우루무치 공항[12]에 내리니 현지시간으로 밤 11시 20분이다. 한국시간이 여기보다 한 시간 빠르다고 하니 한국은 벌써 자정을 지난 시간이다.

입국장에 다수의 사람이 입국을 위해 긴 줄을 이루고 있다. 단체로 입

---

12 1939년 최초 건설된 우루무치 공항은 그 이후 여러 차례의 확장 공사를 진행하였다. 1974년 국제공항으로 개장된 우루무치 공항은 우루무치지와보국제공항(乌鲁木齐地窝堡国际机场, Urumqi Diwopu International Airport)라고 부르는데 해발고도 648m에 있으며 3개의 터미널을 가지고 있다. 대한항공은 2019년 5월부터 인천에서 직항노선으로 취항을 시작하였다.

국하려고 하면 단체로 받은 비자 순서대로 줄을 서서 한 사람, 한 사람씩 순서대로 지문을 채취하여야 하고 인원수를 점검하는 등 입국수속에 많은 시간이 걸린다. 지난해 터키 인문탐사 기간 중 있었던 경험을 살려 이번 중국 실크로드 인문탐사에는 단체 비자를 지양하고 개인 비자로 신청하였다. 우리 중 한 명이라도 어떤 사고가 생겨 조기 귀국해야 하는 만약의 사태를 대비하기 위한 것이었다. 개별 비자로 인해 탐사대원 각각은 상대적으로 쉽게 입국심사대를 통과할 수 있었다. 개인 비자가 단체 비자보다 비용 면에서는 비싸긴 하지만 이렇게 편리함과 이로움이라는 혜택이 있으니 좋다.

우루무치 공항에서 밟는 입국 수속은 생각보다 까다롭고 공항의 입국장에 근무하고 있는 이민국 공안들의 표정에서는 크게 그런 느낌을 받을 수 없었지만, 첫눈에 들어온 공항 입국수속장의 전반적인 분위기가 '통제'되고 있다는 느낌을 지울 수 없다. 내가 예민한 탓일까? 혹은 내가 어떤 말 못할 중국에 대한 선입견을 품고 있는 것은 아닐까 생각해 본다.

각각 차례로 이민국을 나름 쉽게 통과하여 짐을 찾으며 다 같이 움직이기를 기다리고 있는데 우리 대원 중 한 명의 짐이 나오지 않아 모두 무작정 대기하였다. 다른 탑승객이 가져가지 않았을까 하는 노파심과 걱정 속에 한참을 기다린 후 여기저기를 살펴보니 그 짐이 세관 검사에 걸려 있다고 한다. 나중에 이야기를 들어보니 짐에 핫팩을 넣어 왔는데 이것이 엑스레이 검사대에 걸린 모양이라고 한다. 가방을 열고 자세히 검사와 수색을 당한 후 상황 설명을 하고 짐을 찾아 나오니 시간이 많이 지체될 수밖에 없었다. 밖에서 한참을 기다린 현지의 가이드는 얼굴을 찌푸릴 만도 한데 오히려 밝은 얼굴로 우리들을 맞이해서 기분이 그다지 나쁘지 않다. 준비된 버스에 오르기 전 일단 공항을 빠져나가면 가장 큰 문제가 화장실 사용의 문제일 것이라고 지레 겁을 먹고 공항 내에서 화장실 문제를 해결하였다. 지난번 중국 청도에서 화장실 때문에 큰 고초를 당한 일이 생생하게 떠올랐기 때문이다.

비행기 도착 시간 자체도 늦었지만, 공항에서 수하물 검사대에서 보낸 시간 등을 포함하여 긴 시간이 소요되었기 때문에 예정된 숙소에 도착하니 이미 새벽 1시가 넘은 시각이다. 중국에서 여행객들은 모든 숙소에서 여권을 맡겨야 한다. 지난번 상해에서도 그랬는데 아직도 여권을 맡겨야 한다고 한다. 단순히 여권을 보고 인적 사항을 확인하고 점검하는 정도가 아니라 저녁에 맡기고 목적지로 이동하는 다음 날 아침에 찾아가야 하는 번거로움이 있다. 이것이 개인정보에 민감한 우리네들에게는 부담스러운 일로 여겨지는 불편함이다. 이번 탐사 일정처럼 숙소가 거의 매일 바뀐다면 상당한 불편함을 감수해야만 할 것이다.

여권을 호텔 카운터에 맡기고 신속하게 체크인을 하였다. 다음날의 일정을 듣고 나서 숙소에서 여장을 푸니 우루무치의 밤은 깊을 대로 깊어 거의 새벽 2시가 되었다. 대구에서부터 우루무치까지 참으로 길고 힘든 하루였다.

02

우루무치에서 카시로

서황모의 전설이 서려진 천산의 천지(天山天池 Tianshan Tianji)

일찍 눈을 떴다. 많은 잠을 잤다고 생각했는데 새벽 6시가 채 되지 않은 시간이다. 한국시간으로는 이미 7시 가까이 되었으니 분명히 여름 해가 높이 떠올랐을 터인데 이곳은 아직 부연 하늘과 간밤의 가로등 불빛이 한둘씩 사라져가는 이른 아침이다. 6시 40분쯤 저 멀리 동쪽 하늘이 붉게 물들어 오기 시작한다. 일출이 시작되는 모양이다. 7시가 다 되어 가니 우루무치의 해가 저쪽 지평선 위로 얼굴을 들어 올렸다. 어디서 보아도 일출은 장관이지만 원거리에서, 매우 깨끗해 보이는 이곳 우루무치에서 시작하는 중국 내 실크로드 인문탐사의 첫날에 보는 일출은 감회가 새롭다. 붉게 솟아오르는 해를 보면서 이번 인문탐사에 참여한 대원 전원이 탐사 일정을 무사히 마칠 수 있도록 기원하였다.

오늘 탐사 일정에서 가장 중요한 것은 우루무치에서 다소 남서쪽으로

인문탐사 첫날 우루무치의 일출

있는 카시(喀什, Kashigar 혹은 Kashi)로 약 1천700km 정도 이동을 해야 한다는 것이다. 어찌 생각해보면 우루무치는 탐사대가 항공편으로 한국에서 입국하기 위해 필요한 관문이고 카시에서부터 본격적인 중국 실크로드 인문탐사가 시작된다고 할 수 있다. 탐사대가 우루무치에서 하루를 보내야 하는 상황이라 천산천지(天山天池, Tianshan Tianchi, 이하 천지)를 제1 탐사지로 선정하였다.

숙소에서 아침 8시에 아침 식사를 해결하고 9시경 천지를 향해 출발하였다. 숙소에서부터 천지까지는 약 90여 킬로미터에 달하는 거리로 1시간 반 정도의 시간이 걸린다. 우루무치에서 목적지까지 이르는 도로는 중간중간 보수 및 확장 공사를 하고 있어 시간이 걸리기는 하여도 전반적으로 왕복 4차선으로 잘 닦여져 있다. 일대일로 사업의 일환일 것으로 추측해 본다. 고속도로에는 승용차뿐만 아니라 커다란 화물트럭과 버스 등으로 교통량이 매우 많다. 아마 아침 출근 시간이기 때문일 것이다. 고속도로 표시판에 고속도로를 나타내는 듯 G216이라는 숫자가 보인다. 여기서 G가 무엇을 나타내는지 궁금하여 현지 가이드에게 물어보니 국가고속도로(Guoja Gaosugonglu)를 나타내고 그래서 G를 약자로 쓴다고 한다.

사실 처음으로 이곳 우루무치에 내렸으니 모든 것이 낯설고 얼떨떨하다. 과거 여러 번 중국을 방문한 적이 있지만 대부분 시내에서만 머물렀기 때문에 고속도로를 타고 이동을 한 적은 거의 없었다. G216[13]을 따라 이동하던 버스는 왕복 2차선의 좁은 도로로 들어선다. S311이라는 도로이다. G가 고속도로를 뜻한다고 했으니 이를 바탕으로 S는 성(省, Sheng)을 나타내는 알파벳이라고 생각하고 성도, 즉 국도에 해당하느냐고 물었더니 그렇다고 한다.

G216 고속도로와 S311 성도의 분기점인 부강(阜康, Fukang) 교차로(IC)에서 약 30분 정도를 더 이동하니 커다란 주차장이 나온다. 천지에 도착한 시간이 10시 40분이다. 주차장에서 조금 걸어 들어가면서 보니 천산천지라는 팻말이 붙은 현대식 건물이 눈에 들어온다. 이른 아침이고 기온이 높지 않아서 바로 여기가 천지구나 생각했는데 이 생각이 잘못되었다. 이곳 주차장 근처의 입구에서는 천지를 둘러볼 수 있는 입장권을 사는 곳이고, 실제 천지는 상당한 거리를 차량으로 이동하여야 한다고 한다. 이곳 입구에서 입장권을 내고 천지에 이르는 길 중간까지 버스로 이동하고 그 이후에는 다시 한번 더 골프 카트와 같은 다른 이동 수단을 타고 움직여야 한다고 한다. '어쩐지... 조금 싱겁더라니....'

천지로 이동하는 버스를 기다리는 시간도 있고 또 천지에서 관람을 마

---

13 G216 고속도로는 우루무치 북쪽에 위치한 신강의 알타이(阿勒泰, Altay)에서 우루무치 남쪽 신강 화정(和静镇, Hejing) 바룬타이(巴仑台, Baluntai, 巴崙台)를 연결하는 전장 857km에 달하는 고속도로이다. 중국 정부의 일대일로 사업의 일환으로 이 G216 고속도로는 티베트를 지나 네팔의 키이롱(Kyirong or Jilong)까지 연결을 추진 중이라고 한다(IDR, 2018).

치고 나면 점심시간이 훨씬 지나기 때문에 다소 이른 시간이지만 입구에 있는 식당에서 소위 현지식으로 간단히 점심 겸 식사를 했다. 평소 식사를 잘하던 탐사대원들도 이곳 음식이 입에 잘 맞지 않은 모양인지 아니면 아침 식사를 한 지 얼마 안 되어서 그런지 식사를 제대로 하지 못한다. 대충대충 식사를 마치고 버스를 타기 위해 움직이니 이미 많은 사람이 줄지어 서 있는데 가이드는 탐사대원이 흩어지지 않도록 주의와 당부를 잊지 않고 있다. 다행히도 우리가 모두 같은 버스에 올라탈 수 있었다. 버스는 상당히 빠른 속도로 매우 꼬불꼬불한 길을 올라간다. 사실 올라가는 속도가 빨라서 무섭기도 하고 현기증이 날 정도다. 현기증도 현기증이지만 '나중에 내려올 때는 어떡하지?'라는 걱정이 앞선다. 꽤 많은 시간과 높이를 올라왔다고 느끼는 순간 버스가 주차장에 정차한다. 천지에 다다른 줄 알았는데 여기서 다시 탐사대는 10명 정도가 탈 수 있는 골프 카트와 같은 차량으로 갈아타고 더 이동한다.

마침내 더는 카트 차량도 이동할 수 없는 해발고도 1천910m 주차장에 내렸다. 이곳에서 조금을 걸어 들어 가니 사방이 초록색 산으로 휘둘려 싸여 있는 짙은 벽옥색의 호수가 눈앞에 나타난다. 여기가 주나라 목왕과 '도교 최고의 여신'이며 '서역 여왕의 어머니(Queen Mother of the West)'이라고 알려진 서황모(西王母, Xiwangmu)의 사랑 이야기가 엮어져 있다는 천지다.[14]

높이 올라와서 천지를 보니 가슴이 탁 트인다. 천지는 물색과 하늘색,

---

14 해발고도 1천980m에 위치한 천지는 주(周)나라의 목왕(穆王, King Mu)과 서황모(西王母, Xiwangmu, "Queen Mother of the West)의 전설과 연관되어 있는 옥의 연못, 즉 요지(瑤池, Yaochi, 瑤池, "Jade Lake")라고 불렸는데 청나라 시대 우루무치지역의 지휘관인 명량(明亮, Mingliang, 1735-1822)이 18세기 후반인 1783년 천지라고 명명하였다고 한다. 천지는 길이가 3천400m, 넓이가 약 1천500m 정도로 수 면적은 약 5km²이고 최고 수심은 105m에 달한다고 한다.

주변의 연녹색과 짙은 초록색이 절묘하게 배합되어 첫눈에 보기에도 아름답다는 말이 그대로 입에서 튀어나온다. 호수를 감싸고 있는 산머리 위로 펼쳐진 구름은 마치 만년설이 내려앉은 것 같은 느낌을 자아내게 한다. 얼마나 큰지 눈대중으로 알 수 없지만 상당한 규모로 보인다. 천지는 해발 5천445m의 보그다봉(博格达峰, Bogda Peak)[15]을 최고봉으로 가진 보그다산맥의 골짜기에 만년설이 녹아내려 형성된 자연호수이다. 천지와 보그다봉이 직선거리로 약 20km 정도 떨어져 있다고 하니, 저 멀리 너머 골짜기 사이로 만년설이 뒤덮인 봉우리가 수줍은 듯 살짝 고개를 내밀고 있는 봉우리가 보그다봉일 것이라고 막연하게 생각해 본다. 천지는 유람선을 타고 돌아볼 수 있다. 호수가 잔잔하여 크게 위험해 보일 것 같지 않은데 승객들은 전원 밝은 오렌지색의 구명동의를 입어야 한다. 안전에 무척이나 신경을 쓰고 있는 듯하다. 승선장과 하선장이 다른 곳이다. 호수를 거의 한 바퀴 돌아 하선장에 가까이 다가오니 오른쪽 편으로 많은 사람들이 언덕을 오르고 있다. 언덕 중간에 서황모의 사당이 있어 사람들이 모

우루무치 천산천지

15 보그다라는 말은 몽골어로 '신(God)'이라는 의미이고 그래서 보그다산은 '신성한 산(Sacred Mountain)'이라는 의미를 가지고 있다(topchinatravel.com).

여든다고 한다. 우리도 배를 대면 잠시 올라갔다가 오고 싶은 마음이 굴뚝같은데 시간 관계상 참기로 하였다.

천지에서 주차장으로 아까와 같은 과정을 이제는 반대로 길을 따라 내려가야 하는데 하산하는 데만 족히 한 시간 이상이 소요되었다. 버스가 있는 주차장으로 내려오니 오후 3시, 오늘 저녁 카시로 이동하기 위해 서둘러 공항으로 가야 한다. 출발 시각이 저녁 7시 40분이니 5시간 가까이 남아 있어서 충분하다고 생각했으나 가이드는 절대로 시간이 넉넉하지 않다고 재차 이야기한다. 이곳 우루무치 공항에서 여러 번 그리고 복잡한 검색과 검사 절차를 거쳐야 하기 때문이라고 한다. 설상가상으로 천산에서 내려와 G216 고속도로를 타고 우루무치 공항으로 이동해야 하는데 천산에서 내려온 도로와 G216 고속도로가 만나는 부강IC가 웬일인지 막혔다. IC 입구에 자리하고 있는 공안소의 공안이 탐사대가 탄 버스를 세우더니 돌아가라고 한다. 가이드에게 이유가 무엇이냐고 물으니 공안이 그 이유를 설명해 주지 않고 그냥 돌아가라고만 했다고 한다.

버스 기사도 이곳 지리에 익숙하지 않은지 탐사대를 태운 버스는 할 수 없이 이리저리 상당한 거리를 헤매다 겨우 고속도로를 탈 수 있었다. 퇴근 시간이 가까워지고 있어서 그런지 우루무치를 들어가는 차량과 통행량이 매우 많다. 천지에서부터 한참을 둘러왔기 때문에 탐사대가 저녁 식사를 할 시간이 촉박하다. 우루무치 공항 인근에 도착하니 벌써 5시 25분이다. 밥이 입으로 들어가는지 혹은 눈으로 들어가는지 모를 정도로 정신없이 급하게 저녁 식사를 마치고 공항에 도착하니 6시가 다 되었다.

공항에 들어가는 것부터가 검색과 검사가 매우 철저하고 시간이 무척 많이 걸린다. 겨우겨우 중국남방항공사의 카시(喀什, Kashgar)행 체크인 카운터 앞에 도착하니 이미 많은 사람이 줄서서 기다린다. 탐사대는 두 줄로 나누어 탑승 수속을 하였다. 여기에서도 여권과 비자 등을 아주 자세하게 검사한다. 탑승권을 받고 보안검사대를 지나는 것도 여간 불편한 것이 아니다. 신발을 벗고 혁대를 풀고 가방 안에 조금이라도 이상하게 보이는 물품 혹은 물건이 있으면 재차 삼차 엑스레이검사대를 거치게 한다. 탐사대원 중의 한 명은 면세점에서 산 액체류를 깜박하고 수화물로 부치지 못하고 들고 들어가다 압수당했다. 국내선이라 괜찮겠지 했는데 아무리 설명을 해도 요지부동이다. 탐사대원들이 하나하나 조사를 마치고 검색대를 빠져나오니 탑승구에서는 벌써 탑승을 시작한다. 가장 늦게 검색이 끝난 탐사대원을 기다리다 탑승을 하니 조금 있다 비행기 출입문을 닫는다. 모두 안도의 한숨을 내 쉬었다. 공항에서 시간이 오래 걸린다고 한 가이드의 말이 사실로 다가왔다. 안전과 관련된 여러 가지 안내 방송을 하고 활주로에 접어든 비행기는 마침내 엔진 속도를 높이고 굉음을 울리며 카시를 향해 하늘로 치솟아 오른다.

하늘에서 내려다보니 카시로 가는 길이 만만치 않아 보인다. 우루무치에서 카시까지 비행기로도 두 시간 가까이 소요된다. 우루무치에서 고속도로를 따라가면 약 1천500km, 국도를 이용하면 1천700여 km가 넘는 대

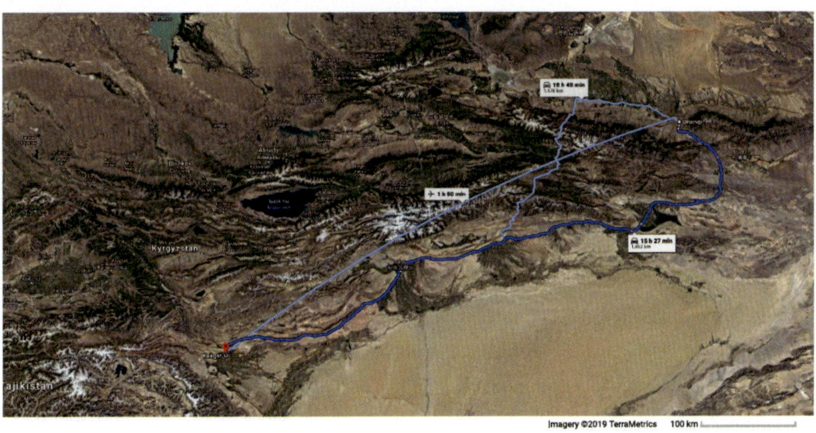

우르무치에서 카시 가는 길 (출처: Google map)

장정이다. 버스로 이동한다면 20시간은 족히 걸리리라 생각하며 중국 내 국내선을 이용하여 이동하기로 한 결정은 굉장히 잘한 것이라고 생각하였다. 나중에 카시에서 돌아올 때는 버스를 타고 육로를 따라 이동할 예정이기 때문에 굳이 처음서부터 불필요한 고생을 할 이유는 없고 시간을 최대한 절약하는 것이 잘하는 것으로 판단하였다. 비행기는 지진대로 인해 말로 설명하기 힘든 험난한 계곡과 높은 천산산맥 위를 비행하여야 하는데, 비행기의 작은 창문을 통해서 내려다보니 발아래 보이는 지형이 얼핏 눈으로 보아도 엄청나게 험해 보인다. 이런 험난한 지형을 고대의 상인들이 이동하였다는 것이 믿어지지 않을 정도이다. 몇 년 전 카자흐스탄과 우즈베키스탄을 방문할 때 지나가던 지형과 별 차이가 없다. 또한 비행시간의 상당 부분을 사막처럼 보이는 지형 위를 날고 있는데 나중 알고 보니 이러한 사막지형을 여기서는 고비사막이라고 한다.

카시(喀什, Kashgar 혹은 Kashi) 도착

중국의 가장 서쪽에 위치한 도시 중의 하나인 카시(喀什, Kashgar 혹은 Kashi)는 아프가니스탄, 키르기스스탄, 파키스탄 및 타지키스탄 국경과 인접하고 있는 오아시스 도시로서 역사적으로 중요한 전략적 중심지, 교역 중심지로서 역할을 수행한 곳이다. 이 지역은 총면적이 16만km^2를 넘는 우리나라, 즉 남한 면적의 1.6배에 달할 정도로 커다란 땅덩어리를 가지고 있으며 신강위구르 자치구(Xinjang Uyhgur Autonomous Region)에서 가장 높은 비율의 위구르인이 정주하고 있다. 2010년 중국의 통계 자료에 따르면 이곳 카시의 인구 규모는 약 100만 명을 조금 초과하는 수준이었으나 2019년 7월 카시 지역의 인구가 398만 명을 넘어서고 있다 하니 과히 폭발적인 인구 증가라 할 수 있겠다.[16] 물론, 2019년의 이와 같은 인구 통계치가 정확한지의 여부에 대해서는 검증이 필요하다.[17]

카시 지역에서 느끼는 첫 기분은 말로 표현하면 '이곳이 과연 중국이라고 할 수 있는가?'이다. 당연히 중국영토의 일부이니 중국인 것은 당연하지만 아직 길거리의 여기저기에서 위구르어[18]와 중국의 보통어(普通话, Putonghua, 普通語)가 동시에 사용되고 있다. 무엇보다도 먼저, 이곳 카시 지역은 전체 인구의 약 80% 정도가 위구르인 혹은 위구르계라고 하는데 이들은 이슬람 종교를 가지고 이를 실천하고 있는 중국의 소수 민족이다. 이에 따라 중국 정부가 보안 및 안전과 관련하여 극도의 신경을 쓰고 있는 곳이다. 특히 근자에 들어 중국 정부가 위구르인을 중국으로 동화시키기 위한 다양한 시도가 행해지고 있음을 직간접적으로 보고 들을 수 있었다.

먼저, 최근 들어 중국 정부에서는 이들 위구르인들이 지나치게 혹은 과하게 종교적인 믿음과 실천을 하는 것을 금지하기 위해 공무원들은 모스크에서 종교의식을 행하는 것을 금지하고 있다고 한다. 둘째로, 이슬람이 강하게 실천되는 곳이다 보니 새벽이던 혹은 때때로 아잔(adhan)이 울려야 하는 것은 어찌 보면 당연한 이치이지만 이곳에서 더는 아잔은 들리지 않는다. 셋째로, 길거리 여기저기에서 부딪히게 되는 여성들은 히잡을 착

---

16 https://www.citypopulation.de/en/china/townships/kashi/

17 한족의 급격한 이주 장려를 통해 인구를 증가시키는 것도 신강위구르 지역을 중국에 동화시키기 위한 정부의 적극적인 노력의 일부라고 할 수 있다.

18 위구르어는 중국의 신강위구르 지역의 위구르인들이 주로 사용하는 언어로 터키어인 투르크 언어족으로 동투르크 언어이다. 위구르어는 아랍어에 기원을 두고 소그드인들이 사용한 언어를 8세기부터 16세기까지 사용하였고(이를 고대 위구르어라고 부름) 16세기 이후부터 20세기까지는 '차가타이(Chagatai)'라고 불리는 아랍어의 변형된 글자체를 사용하였다. 20세기에 라틴어의 알파벳이 위구르 체로 사용되기도 하였으나 1987년 중국 정부가 아랍어 체를 공식적으로 인정하였다(omniglot.com).

용하고 있지 않다. 히잡 착용은 이곳 카시 지역에서 과거에는 흔히 목격되는 광경이었지만 이 또한 중국 정부가 금지하고 있는 상황이다.[19] 넷째로, 어린아이들을 반드시 공식적인 학교 교육에 참여시키도록 하고 있고 위구르어 사용을 억제하고 중국의 보통어를 사용하도록 적극적으로 권장하고 있다. 특히 초등학교에서는 위구르어뿐만 아니라 중국의 보통어를 반드시 사용하여 교육하도록 하고 있다고 한다. 이와 같은 보통어 사용은 중국의 소수 민족이 거주하고 있는 지역들에서뿐만 아니라 심지어는 홍콩, 마카오 등지에서도 보통어 교육을 하도록 종용하고 있다는 것과 일맥상통한다고 할 수 있다. 언어, 특별히 어린아이들에게 가르쳐지는 언어는 이들이 성인이 되어 사회활동을 하고 이 세상을 떠날 때까지 사용하게 되는 것임으로 막강한 파괴력을 가지고 있다고 할 수 있다. 그러나 아동들의 교육과 관련하여서는 이들 지역이 중국 정부가 원하는 개발을 추진하고자 한다면 현대적인 의미의 인적 자원개발을 위해서 필요한 사항이 될 것이다. 다섯째로, 위구르 인구의 지역 간 이동에 대해 철저한 검사와 검증이 이루어지고 있다. 나중에 서술하게 되겠지만 이곳 카시에서 백사산(白沙山)과 백사호(白沙湖)에 이르기까지 총 4회의 검문소를 통과하게 되었는데 검문소마다 탑승객들은 하차하여 검문소에서 신분증 검사를 한 후 통과하거나 혹은 경찰 혹은 공안 검사자가 탑승하여 승객을 맨눈으로 검사한 후 통과하도록 하고 있다. 네 곳의 검문소 중 두 곳에서 우리들은 버스에서 하차하여 검문소의 검색대를 거치고 얼굴 스캔 등을 한 후에야 통과할 수 있었다. 마지막으로 중국 정부가 이곳 지역과 지역민들을 동화시키기 위한 노력과 정책인 이곳 지역의 개발과 발전이라고 할 수 있

19 중국 정부는 2017년 이슬람 극단주의자들을 처벌한다는 명분으로 기존의 금지했던 항목들에 더하여 여성들의 얼굴을 덮는 니캅(niqab)과 부르카(Burqa) 착용 및 남성들의 비정상적인 수염 기르기 등 추가적인 금지사항을 발표하였다(Dearden, 2017).

다(Hsu, 2015; Chou and Ding, 2015). 이는 탐사단이 내일 목적지까지 다다르게 되는 고속도로(G314)의 건설에서 볼 수 있으며 이를 통해 이들 낙후된 지역을 관광지로 활성화하며 경제적인 융성을 도모하고 있다고 할 수 있다. 공식적으로 중국은 2010년부터 카시 지역을 경제특별구(Special Economic Zone: SEZ)로 지정하여 편입하였으며(Mayer, 2011) 고속도로와 같은 기반시설, 즉 인프라의 건설은 본격적으로 2~3년 전부터 시작되었다(Hsu, 2015).

우루무치에서 출발한 항공편은 정시에 카시 공항에 도착하였다. 비행기가 활주로에 내리면서 보니 일련의 전투기들이 좌측에 주기해 있다. 전투기에 그려진 그림들을 보니 과거 우리나라의 팬텀 전투기와 F-5 전투기가 어렴풋이 떠오른다. 이곳 카시 공항이 공군기지로도 사용되고 있는 모양이다.[20] 특이한 것은 국내에서는 군사 공항과 민간 공항이 공용으로 되어 있는 경우에도 전투기들이 들어가는 군용 행거라고 하는 소위 비행기 격납고를 다수 볼 수 있는데 여기서는 행거를 볼 수 없다는 것이다. 전투기들이 활주로 한쪽 편에 마치 방치된 것처럼 서 있다.

카시 공항[21]은 매우 한적하다. 탐사대가 도착한 시간이 늦은 시각이어서 그렇겠지만 공항에는 다른 항공 여객들은 전혀 보이지 않는다. 우루무치 공항에서와 마찬가지로 엄격한 검색과 검열을 예상하였는데 국내선이라 그런지 경색된 분위기는 전혀 없다. 공항 건물이 새로 지어진 것이라고 느껴질 정도로 청사 내도 굉장히 깨끗하다. 공항에서 근무하는 직원이 우리에게 어디서 오느냐고 물어봐서 한국에서 온다 했더니 굉장히 좋아

20 카시에는 중국에서 가장 서쪽에 위치한 서부 전투비행단이 있는데 여기에는 선양 J-11 전투기와 무인조정 비행기(unmanned aerial vehicle: UAV)가 배치되어 있다(Scramble.nl).

21 해발고도 1천380m에 있는 카시 공항은 1994년 개장되었고 활주로는 3천200m에 달하는 1면을 가지고 있으며 B747-400 기종의 이착륙이 가능하다고 한다. 중국의 서부 전투비행단과 같이 공항을 사용하고 있다.

하는 눈치다. 카시 지역의 관광 지도를 나누어 주며 재미있는 시간을 보내라고 한다. 이 같은 의외의 반응이 새롭기까지 하다.

카시 공항에서 짐을 찾고 나와 탐사대를 기다리고 있는 주차장으로 발걸음을 옮기니 시각은 벌써 밤 9시 50분이 되었다. 한적한 카시 공항을 출발한 버스가 숙소를 향해 가는 데 복잡하지 않은 카시 시내를 지난다. 중간중간 공안 차량이 경광등을 켜고 지나가는 승용차 등을 검문하고 있는 것을 볼 수 있다. 위구르인들의 반발이 심한 곳이라 특별히 검열과 검문을 엄하게 하고 있다고 한다.

탐사대가 과거 영국 영사관을 개조하여 만들었다는 숙소에 도착한 시각은 밤 10시가 훌쩍 지난 시각이다. 그런데 해는 이제 막 뉘엿뉘엿 서쪽으로 넘어가고 있는 듯 깜깜한 밤이 아니다. 탐사대가 이틀 동한 묵을 숙소 광장에 버스가 들어오니, 마치 탐사대를 환영하듯 광장에 일련의 여인들이 무대 위에서 춤을 추고 있다. 위구르 여인들이 춤을 추고 있으며 호텔의 직원들은 교통정리를 하기에 바쁘고, 무대 주변에는 많은 사람이 이들의 춤을 구경하며 즐겁게 지내고 있다. 탐사대가 버스에서 짐을 내려 숙소로 들어가니 이들 또한 춤이 끝난 듯 삼삼오오 흩어진다. 내일 아침

카시 숙소의 춤추는 여인들

파미르고원에 위치한 백사산과 백사호 및 카라쿨호가 일정에 포함되어 있어 험한 탐사 일정이 예상된다. 숙소 배정을 받아 방으로 들어가니 피곤이 엄습해 온다. 몸은 피곤한데 잠이 쉽게 들지 않는다. 숙소에서 창밖으로 내다보는 카시의 야경이 유난히 아름답다. 길거리에서는 긴장감이 감돌지만, 카시의 야경은 참으로 평화스럽게 눈에 비친다. 어서 억지로라도 잠자리에 들어야겠다.

03

세상의 지붕 파미르고원을 향해

파미르고원의 백사산과 백사호

인문탐사를 시작한 지 벌써 삼 일째다. 오늘 탐사 일정은 천산남로(오아시스길)와 천산북로(초원의길)의 중간, 말 그대로 천산중로에 해당하는 구간이다. 이곳 카시 숙소에서 서남쪽으로 약 180km, 시간상으로 약 3시간 정도 떨어진 백사산(白沙山), 그와 맞붙어 있는 백사호(白沙湖, Baishahu), 그리고 타지키스탄과 파키스탄 국경지역으로 약 35km 더욱 더 이동하여 있는 카라쿨 호수(Kara kule Lake)까지가 오늘 탐사 지역이다. 이 세 곳은 지구의 지붕이라 일컬어지는 파미르고원(Pamir Plateau)에 있는데, 특히 이들 지역은 동파미르(the Eastern Pamirs)이라고 부르는 중국의 곤륜산맥(昆仑山脉, Kunlunshan, 崑崙山脈)의 줄거리에 해당한다.

어제저녁 숙소를 배정받을 때 오늘 탐사는 오전 10시부터 시작하기로 하였다. 이곳 카시가 중국에서 가장 서쪽에 해당하는 지역의 하나이기 때

카시의 새벽

문에 이른 시간이면 해가 뜨지 않아서 많은 기관과 상점들이 문을 열지 않는다고 한다. 그러나 새벽 4시가 채 되기 전에 눈을 떴다. 한국시간으로는 이미 5시 정도에 해당하니 늘 버릇대로 잠이 깰 수밖에 없다. 숙소에서 커튼을 젖히고 창밖을 내다보니 주변은 아직 컴컴하다. 조용히 해야 할 몇 가지 사항들을 처리하고 어제 일들을 정리하고 나니 창밖이 밝아온다. 7시가 다 되어 간다. 동쪽 하늘이 벌겋게 물들기 시작하는 걸 보니 조만간 해가 뜨려는 모양이다.

숙소에서 10시에 출발하였는데 파미르고원에 접근하기 위해서는 통행증을 반드시 받아야 한다고 하니 이곳 지역 전체의 관광 관련 업무를 총괄하는 곳으로 이동하였다. 업무 진행 속도가 느린 탓인지 혹은 다른 이유에서인지는 모르겠으나 통행증이 발급될 때까지 한참을 기다린 10시 50분이 되어서야 목적지로 출발할 수 있었다. 이번 탐사대원 중 한 분은 중국 출신의 우리 동포인데 통행증 발급과정에서 중국인이 지역 간 이동에서 반드시 제출하도록 요구하는 신분증을 분실한 관계로 오늘은 동행에 불참하게 되어 안타까움과 아쉬움을 토로하고 있는데 카시 시내의 유적지를 혼자 먼저 사전 탐방하여 이 지역을 문화적으로 더 살펴볼 수 있어 좋다고 오히려 남은 탐사대원들을 위로하신다.

통행증을 받아든 가이드는 버스에 탑승하자마자 파미르고원의 목적지까지 가는 중간에 점심을 먹어야 할 것이라고 하였다. 원래의 계획은 목적지에 인접하여 점심을 한 후 탐사에 들어가는 일정이었다.

목적지로 가는 도중 위구르인들이 모여 상권을 이루고 있는 지역에서 이들이 주로 먹는 빵인 난(non)[22]과 앵두 등 신선한 과일 조금과 몇 개의 군것질거리를 산 후 다시 출발하였다. 카시에서부터 이곳에 올 때까지 높은 키를 자랑하며 쭉쭉 뻗어있는 은 백양나무가 가로수로 심겨 있어서 창밖으로 펼쳐지는 광경이 눈이 피곤하다 긴 보다 오히려 은백색의 나무 둥치와 초록색의 이파리로 신선한 감을 심어 주었다. 위구르인들의 가게를 지나 달리는 G314 고속도로 너머로는 흰 구름이 머리띠를 두른 듯 그리고 하얀 백발을 머리에 두르고 있는 듯 아늑하게 멀리 서 있다.

저 멀리 보이던 곤륜산맥이 어느덧 눈앞에 성큼 다가서고, 마치 자연의

눈앞에 성큼 다가 온 곤륜산맥

22 난은 러시아어로 리뾰슈카(Lepyoshka)라고 하는데, 중앙아시아 지역에서 흔히 볼 수 있는 종류의 커다란 종류의 납작한 빵으로 이 지역에서는 밀가루에 소금 및 양파를 사용하여 구워낸다.

백사호 가는 길 옆 하천과 사람들

웅장함과 대결하듯 곤륜산맥을 배경으로 줄지어 서 있는 커다란 서전동송(西電東送)을 위한 것인 듯 고압 송전탑의 모습 또한 눈에 선하게 들어온다. 탐사대를 태운 버스는 잘 닦여진 도로와 다리를 지나고 도로변 하천가에는 마치 물놀이를 하듯 사람들이 모여 들어 있다.

쉼 없이 달리고 있는 버스 차창 밖으로 놀라울 만큼 붉은색으로 뒤덮여 있고 그 형상 또한 사람들의 손결이 거칠게 닿아 막 주물러 놓은 듯, 그래서 신기하기는 하지만 결코 아름답다고만은 할 수 없는 풍경이 주를 이루며 눈에 보이던 오후 1시 30분경 버스는 고속도로에서 붉은 산이 앞에 보이는 곳에 정차하였다.

해발고도 1천740m에 있는 한 두 개의 상점 중 중파변경 소시장(中巴邊境小市場)이라고 하는 식당에 점심을 위해 잠시 정차하기로 하였다. 아무래도 백사산과 백사호 근처에 마땅히 식사를 할 수 있는 곳이 없고 그 중간에는 여기가 마지막 식당이기 때문에 여기서 점심을 먹는 것이 안전하다고 하였다. 식사 후 잠시 주변을 둘러보니 이곳의 경치 또한 장관이다. 알고보니 이 산과 주변 전체가 붉게 보이는 곳이 홍산(紅山, Hongshan Mountain)이라는 곳이었다.

백사호 가는 길 위의 마지막 식당인 중파변경 소시장

오늘 일정이 해발고도가 3천m를 넘어가는 탓에 고산병이라는 만일의 사태를 대비해 미리 준비한 예방약, 치료약과 더불어 산소통 등을 이곳에서 준비하기로 하여 부산을 떨었다. 가이드 말에 따르면 크게 걱정할 필요가 없다고 하였으나 이런 환경에 자주 노출되어 익숙한 사람과 이번 탐사대처럼 파미르고원과 같이 높은 고산지대를 처음 방문하는 사람들과는 차이가 있을 수 있다는 생각에 우려 반 걱정 반으로 오후 2시 10분경 다시 버스에 몸을 실었다.

백사호 가는 잘 닦여진 고속도로

파미르고원으로 가는 최근의 실크로드는 왕복 2차선의 G314 고속도로이다.[23] 이는 G30이라고 하는 약 4천km에 달하는 중국에서 가장 긴 고속도로와 중간중간 연결되는 도로로 약 4년 전인 2015년에 개통된 고속도로이며 중국에서는 '중파공로' 즉 중국-파키스탄 우정고속도로라고 부르고 있다. 이전에도 파미르고원에 이르는 도로가 있었지만, 그보다 훨씬 더 개량된 고속도로이다. 기존 도로를 이용하여 파미르고원에 인접하여 있는 백사산과 백사호를 비롯하여 카라쿨호까지 방문하기에는 시간이 매우 많이 걸렸다고 했다. 그러나 오늘 새로운 고속도로를 통해 탐사대가 가고 있는 길은 전혀 그런 생각을 가질 수 없을 정도로 깨끗하게 포장되어 있었다. 백사호를 향해 올라가는 고갯길의 고속도로 속도제한이 시속 60km로 변경된 것을 모를 정도로 탐사대를 태운 버스는 총연장 374km에 달하는 가이지강(盖孜河, Gaizi River)을 좌우에 번갈아 끼고 신나게 달린다. 버스 창밖으로 보이는 주변 환경과 경치는 가히 장난이 아닐 정도로 웅장하다. 저 아래 강 쪽으로는 녹아 스러진 만년설의 흔적이 보이고 그 맞은편 강물이 흐르는 쪽으로는 한 마리의 검은 색 야크가 마치 길을 잃은 듯 외로이 가이지강 모래톱에 서 있다.

카시에서 홍산휴게소를 지난 지점부터 백사호를 향해 가는 진행 방향으로 보이는 주변 지형은 전형적인 융기 지형으로 바닥이 쑥 하고 솟아오른 느낌이다. 탐사대는 말 그대로 곤륜산맥을 왼쪽에 끼고 이동하고 있다. 왼쪽에서 솟아오른 높은 봉우리들은 셀 수 없을 정도로 많다. 그중에서 가장 높은 봉우리가 해발고도 7천649m에 달하는 흔히 궁궐봉이라 부

---

23 G314 고속도로는 신강의 우루무치에서부터 파키스탄과 국경을 이루는 해발고도 4천700m에 위치한 쿤자랍 고개(红其拉甫口岸, Khunjareb Pass)에 이르는 고속도로로 총연장은 1천948km이다. 이 고속도로에서 카시와 쿤자랍 구간은 중국-파키스탄 우정도로라고 불리는 카라코람 고속도로(Karakoram Highway)를 이루게 된다.

르는 공격이봉(公格尔峰, Kongur Tagh(Gonggeershan), 公格爾峰)이다.[24] 이 높은 곳에 이렇게 잘 닦여진 고속도로를 보면서 중국의 힘을 보게 되고 그 산자락으로 전기선과 전화선이 끝없이 이어져 있는 것을 보면서 자연에 무한히 도전하는 인간의 힘을 느끼게 된다. 궁궐봉과 다른 높은 봉우리를 고속도로 왼쪽에 두고 해발고도 2천478m에 있는 터널로 탐사대를 태운 버스는 들어선다.

터널을 지난 온 후 얼마 되지 않아 탐사대를 태운 버스는 오늘 네 번째 검문소에 다 달았다. 첫 번째 검문소에서는 탐사대 전원이 하차하여 검문을 받을 정도로 많은 시간이 소요되었는데, 이 네 번째 검문소는 훨씬 더 엄격하여 전원이 버스에서 하차하였고 개별적으로 한 사람 한 사람을 검사대를 통과하게 시키니 시간 또한 많이 걸린다. 차량 하나하나를 조사하고, 승용차는 심지어 트렁크를 열어 검사할 뿐만 아니라 제법 규모가 있어 보이는 짐은 개별적으로 열어보면서 검사한다. 워낙 이 지역이 정치적으로 불안정한 지역이라 '어쩔 수 없지 않겠나?' 생각하면서도 여간 불편한 것이 아니다. 이 검문소를 지난 후 탐사대를 태운 버스는 쉬지 않고 백사산(白沙山, Baishan)과 백사호(白沙湖)로 향하고 있다.

점심을 먹었던 중파변경 소시장 식당을 출발한 후 1시간 30분이 지난 오후 3시 40분, 탐사대는 마침내 해발고도 3천300m에 있는 백사호에 다다랐다. 이곳으로 오는 중간중간에 차창에 부딪히던 빗방울도 이제는 그쳐 말 그대로 영롱한 파란 하늘색을 드러내며 탐사대를 마중하고 있다. 백사호의 뒤편에는 하얀색을 띤 산들이 마치 병풍처럼 자리를 틀고 하늘 아래 서 있는데 백사산이다. 백사산은 주변의 짙은 녹색 혹은 검은색을 띠고 있는 산들과 커다란 대조를 이루고 있다. 백사산이 하얗게 보이는 것은 인

---

24 공격이봉, 즉 궁궐봉은 해발고도 7천649m에 이르는 신강위구르 지역에서 가장 높은 산이며 장장 3천여 km에 걸쳐 있는 곤륜산맥(昆仑山, Kunlunshan, 崑崙山)에서 가장 높은 산이다.

근 산에서 모래가 바람에 날려 와서 싸인 것이기 때문에 하얀 모래로 뒤덮인 것이라고 한다. 바람에 부는 모래가 쌓여 모래 산을 이룰 정도라면 얼마나 많은 시간이 흘렀을까? 부는 바람에 의해 모래가 실려 올 정도라면 몇 백 년 후에 백사산의 모습은 어떻게 변해 있을까? 궁금하기 짝이 없다.

백사호는 무스타거산(慕士塔格峰, Muztagh Ata 혹은 Mushtagefeng)[25] 에서 녹아내린 만년설 물이 흐르는 강시와강(Kangxiwa River)과 보룬카우강(Bolunkou River) 및 무지강(Muji River)의 강물이 좁은 입구를 통해 들어오면서 형성된 호수인데 엄격히 말하면 강의 일부인 셈이다.

백사호는 얼핏 한눈에 보아도 엄청난 규모이다. 앞서 보았던 우루무치 지역 천산의 천지와는 비교가 되지 않을 큰 규모이고 이 호수의 빛은 구름이 낀 흐린 날씨임에도 불구하고 짙은 푸른색에 가까운 초록색의 옥빛(Jade Color)을 띠고 있다. 곤륜산맥에서 녹아든 만년설의 물이 석회 성분을 품고 있는 데다가 청금석이라는 라피스라줄리의 파란 하늘색이 더 해

백사산과 백사호

25 해발고도 7천549m에 달하는 무스타그봉은 티베트고원의 북쪽 끝에 있는데 곤륜산맥의 일부로 산악인들에게 매우 인기 있는 산이라고 한다. '무스타그아타'라는 말은 위구르어로 '얼음산의 아버지(Ice mountain father)'를 뜻한다.

져 이런 색깔을 띠게 되는 것이다. 카시가 위구르 언어로 '돌이 모이는 곳'이라고 하는데 이 지역은 중국 내에서도 최고의 품질을 자랑하는 옥(玉)의 주산지라고 한다.

탐사대가 백사호에 다다른 시각이 중국 표준시로는 오후 3시 30분이지만 이곳과 북경 간의 물리적인 거리를 생각하면 실질 시각은 오후 1시 30분 정도에 해당할 것이다. 바깥 기온은 한여름인데도 이 시간에 겨우 12도를 가리키고 있을 정도로 차다. 산에서 불어오는 바람이 체감온도를 더욱더 낮게 만들어 손가락이 시릴 정도이다. 카시 시내에서는 날씨가 너무 좋고 기온 또한 높아 전혀 겨울옷에 대한 필요성을 느끼지는 못하였다. 혹시나 해 이곳 날씨를 대비하여 얇지만 겨울 외투를 가지고 온 것이 천만다행이다. 얼른 꺼내 껴입고 이미 백사호 근처로 다가가고 있는 다른 탐사대원들을 따라갔다.

이 높은 곳에, 이 추운 여름날에도 탐사대원들뿐만 아니라 많은 중국인이 이곳을 찾아오고 있었다. 백사호 주변에 있는 가게 하나하나는 작지만, 꽤 많은 수의 다양한 상점들이 줄지어 있어 눈길을 끌고 있다. 조그만 가게는 각각 상점 번호를 가지고 있고 주로 이곳에서 생산되는 옥 등을 가

백사호 앞 옥을 팔고 있는 가게

백사호 앞에 형성된 키르기스족 정주마을

게 앞 전시대에 풀어 놓고 손님들의 시선을 끌고 있다. 이를 보고 탐사대원 중 한 사람이 '백사호는 백삼호 옆집이에요'라고 우스갯소리를 하는 통에 탐사대원 모두 한바탕 배를 잡고 웃을 수 있었다. 이런 아재 개그 같은 유머가 동반자들과의 유대관계를 돈독히 하는 끈이 될 수 있을 것이라는 생각에 기분이 좋아진다.

상점 옆에는 똑같은 형태의 집들로 이루어진 키르기스인들의 정주 촌이 형성되어 있고 그 안에 학교도 있다. 고속도로 한쪽으로는 게르(ger)[26] 들이 다수 설치되어 있는데 그곳에서 이곳 주민들이 거주하는지 물어보니 현재 그곳에는 키르기스인들이 거주하지는 않고 관광객들의 체험용으로 활용하고 있다고 한다.

과거 대상들과 수행을 위해 천축국(天竺國)[27]을 방문하고자 했던 수도

26 중앙아시아 유목민의 이동식 주택인 게르(ger)는 몽골어이며 터키어로는 유르트(yurt)라고도 한다.

27 천축국(天竺國)이라는 말의 원래 '대나무 숲이 우거진 지역'이라는 의미로 현재 인도를 뜻한다. 그러나 천축국은 크게 상천축국(上天竺國), 중천축국(中天竺國)과 하천축국(下天竺國)으로 구분한다. 상천축국은 중국의 남서부 사천성(四川省, Sichuansheng)과 운남성(云南省, Yunnansheng, 雲南)이 해당하며, 중천축국은 미얀마 및 인도, 하천축국은 캄보디아 및 태국 북부 지역을 의미한다.

승들이 이 험한 길을 걸어갔을 것으로 생각해 보니 이 길을 걸어간다는 것 자체가 도전이었을 것으로 생각하였다. 물론 이 길은 수도자의 수행 길이었으며 대상들의 이윤 추구의 길이었을 것이다. 강한 불심에 근거한 종교적인 헌신과 세속적인 이윤 추구라고 하는 어찌 보면 이율배반적인 동기가 있어야만 이 길을 걸어갈 수 있었을 것이다.

파미르고원의 무스타그봉과 카라쿨호

백사호를 뒤로하고 조금 더 전진하여 버스로 약 30분 정도가 소요되는 거리에 있는 중국과 파키스탄의 국경에 근접한 카라쿨호(喀拉库勒湖, Kara kule Lake, 喀拉庫勒湖)를 방문하기로 하였다. 사실 이동하는 중간 중간 날씨가 그렇게 좋은 편이 아니라서 더 높은 곳에 있는 카라쿨호와 무스타그봉을 제대로 볼 수 있을지에 대해서 의문을 가졌다. 다 포기하고 그냥 이곳에 다녀갔다는 것에만 의미를 두어도 좋겠다고 생각하면서 내심 한편으로는 보았으면 좋겠다고 기대하였다.

카라쿨호는 백사호보다 더 높은 곳에 있다. 백사호에서는 버스에서 내린 지점의 해발고도가 3천300m인데 반해, 카라쿨호수에서는 버스가 정차한 지점의 해발 고도가 3천677m를 가리키고 있다.[28] 그러나 더 높은 해발고도와 더 늦은 시간임에도 불구하고 카라쿨호 주변은 백사호 주변보다 훨씬 더 따뜻하게 느껴진다. 오후 4시를 조금 넘은 시간인 탓도 있겠고, 하늘에 구름이 없을 뿐만 아니라 아까 백사호에서 불던 바람마저 불

---

28 카라쿨은 위구르어로 '검은 호수(Black Lake)'라는 뜻을 가지고 있다. 카라쿨호의 해발고도는 공식적으로 3천645m로 나와 있는데 호수 주변의 주차장인 3천677m 보다 약 30여 미터 낮은 곳에 호수 수면이 놓여 있기 때문이다.

라쿨호수에서 바라보는 구별봉

지 않아서 그런 모양이다. 여기서는 더는 아까 껴입은 얇은 겨울 외투를 입을 필요가 없을 정도로 따뜻하게 느껴진다.

카라쿨호수 저 건너편에 커다란 바위 같은 산이 눈앞에 서 있다. 바로 그 산이 해발고도 7천564m로 곤륜산맥에서 궁궐봉 다음으로 높다는 무스타그봉인데 구름에 감싸인 채 모습을 쉽게 드러내지 않고 있다. 구름 속에 자태를 감추고 있기는 하여도 무스타그봉의 웅장함이 탐사대를 압도하고 있다. 무스타그봉 정면에서 고개를 거의 90도쯤 왼쪽으로 돌려 보면 저 멀리 검은색에 가까운 짙은 남색을 띤, 만년설로 뒤덮인 아홉 개의 산봉우리가 눈에 들어오는데 이 봉우리들을 다 합쳐 구별봉이라 부르고 있다. 멀리서 보기에도 험해 보이고 또한 장관이다.

구름 속에 숨은 무스타그봉을 오늘은 볼 수 없을 거라는 아쉬운 생각을 하고 있을 즈음 믿을 수 없는 일이 생긴다. 무스타그봉을 감싸고 있는 구름이 서서히 걷히기 시작하고 무스타그봉이 마치 무대 위로 주인공이 '짠' 하고 나타나 듯 그 모습을 우리 앞에 드러내고 있다. 무스타그봉은 볼 테면 보라는 식으로 크게 내세우지 않고 조용히 등장하는데 그 웅장함이 우리를 절대적으로 압도하고도 남을 정도다. 가히 환상적인 모습이라고 극

카라쿨호수와 무스타그봉

찬하지 않을 수 없다. 카라쿨호 앞에 애처로운 듯 피어있는 야생화와 극단적인 대조를 이루고 있다.

버스와 차량이 쉴 수 있는 곳에서 바라보는 카라쿨호의 모습은 감히 앞서 본 백사호보다 아름답다고 할 수 없다. 그 규모도 만년설이 녹아내려 유입되는 유량이 적어 그런지 상대적으로 작아 보인다. 그러나 카라쿨호의 면적이 300km²에 이른다고 하니 그 규모가 엄청나다.

얼핏 눈으로 보기에도 호수 너머에는 푸른 초지가 펼쳐져 있고 그 위에 야크와 양들이 한가로이 방목된 것이 보인다. 카라쿨호수 주차장 주변도 앞서 백사호에서와 마찬가지로 양꼬치구이를 만들어 파는 가게들과 옥석을 판매하는 가게들이 서 있다. 옥석을 팔고 있는 가게에는 다양한 종류의 어느 정도 반 가공된 옥들이 즐비하게 널려 있다. 그중에서 청금석이라고 하는 라피스 라줄리(Lapis Lazuli)의 제법 커다란 몸집을 가진 원석이 선반에 놓여있다. 얼마나 무거운지 들어보려 하였지만 여간해서 들리지 않을 정도로 묵직하다. 너무 무거워 이번 탐사에서는 가져갈 수 없을 것 같다는 아쉬움을 토로하였다.

멀리 카라쿨호수 건너편에는 키르기스족들이 거주하고 있는 집들이 모여 마을을 형성하고 있다. 멀리서 보기에도 이 집들의 형태가 마치 공장에서 기계로 찍어 낸 듯이 똑같은 모양이라 의아해해서 물어보니 중국 정부가 재정지원을 하는 것이기 때문에 똑같이 지어야 한다고 한다. 각자가 집에 대해 가질 수 있는 외형상의 개성은 말살되고 있는 느낌이다. 카라쿨호수 주변으로 나 있는 G314 고속도를 쌩쌩 달리고 있는 화물 차량들을 보면서 이들이 현대의 대상, 즉 카라반들에 해당할 것이라고 생각해보았다.

이곳 파미르고원의 카라쿨호수라는 먼 지역까지 탐사대가 방문하면서 무엇보다도 마음 아팠던 것 중의 하나는 이렇게 높은 지역과 만년설로 뒤덮여 있는 산봉우리들 가운데서 유구한 역사를 간직했을 만년설이 무참히 녹아버리고 그 흔적만을 산들이 껴안고 있거나 혹은 남아있는 만년설들이 한없이 작아지고 있는 모습을 보이는 자연환경이었다. 이들 만년설은 단순히 지금이 성하의 계절이기 때문에 녹아 없어진 것이 아니라 인간의 욕심을 충족시키기 위한 개발과 발전의 과정에서 발생한 기후변화의 탓이라고 하지 않을 수 없다. 험하지만 가득한 아름다움을 우리에게 전해주는 신강지역의 자연들은 우리가 제대로 보살피고 보호하지 않으면 남아있는 것마저도 사라져 버릴 것이라는 우려와 걱정을 가득 마음에 담고 오후 5시 25분, 탐사대는 버스에 몸을 실었다.

고산병을 걱정하여 점심 식사 때 샀던 산소통을 쓸 기회는 이번에 없었다. 산소가 무색무취라 볼 수도 만질 수도 없었지만, 탐사대는 챙기고 있던 산소통을 버스 안에서 풀고 노즐을 코에다 대고 들이마시니 약간은 둔탁하던 머리가 맑아지는 느낌이다. 심하게 느끼지 못할 정도였지만 나름의 고산병 증세가 있었던 모양이다. 산소통이 나름 돈 값어치를 한다고 생각하면서 이를 현장에서 사용해야 하는 불가피한 상황이 발생하지 않은 데에 다행스러움과 고마움을 표시하였다. 버스 좌석에 몸을 기대니 우리를 태운 버스가 해발고도 3천700여m에서 내려가듯 나의 눈꺼풀도 나도 모르게 내려가 눈이 감긴다. 카시에 있는 숙소에 도착하니 밤 10시, 늦은 시간이지만 저녁을 먹고 내일의 또 다른 여정을 위해 잠자리에 들었다.

04

카시에서 타클라마칸사막을 옆에 두고 아커수(阿克苏, Aksu 혹은 Akesu, 阿克蘇)로

나도 모르게 눈을 떴다. 밖은 아직 컴컴한데 시계를 보니 벌써 아침 7시가 지났다. 호텔 창밖을 내다보니 카시의 아침 해가 떠오른다. 벌써 중국 내 실크로드 탐사를 시작한 지 나흘째가 된다. 오늘은 이곳 카시에서부터 동북쪽으로 약 460여 km 떨어진 아커수(阿克苏, Aksu 혹은 Akesu, 阿克蘇)로 이동하는 날이다. 이동하는 거리가 멀 뿐만 아니라 고속도로 중간중간의 검문이 있을 것을 고려하여 아침 일찍부터 탐사대는 부산을 떨었다. 아커수로 이동하기 전까지 몇 가지의 문화유적지를 탐방하기 위해서이다.

향비원(Xiangfei Park, 香妃墓)

이틀 동안 머물렀던 숙소에서 각자의 여행 가방을 바리바리 싸 들고 버스에 몸을 실었다. 아침 9시를 조금 지난 시각 숙소를 떠나 버스로 약 20분 이동하여 도착한 곳이 향비원이라고 하는 곳이다.

향비(香妃, Xiangfei)는 글자 그대로 몸에서 '향기가 나는 후궁(Fragrance Concubine)'이라는 의미이다. 향비원은 1640년, 즉 17세기에 지워진 일종의 묘지(mausoleum 혹은 tomb)로 당시 신강위구르 지역의 유력한 정치 및 종교지도자였던 아파크 호자(Afaq Khoja)와 그의 부친 등 5대에 걸친 가족이 이곳에 묻혀있다. 향비원은 아파크 호자의 이름을 따 'Afaq Khoja Mausoleum' 즉 '아파크 호자의 묘'라는 공식 명칭을 가지고 있다. 여기에는 청나라 제6대 황제인 건륭제(乾隆帝, Qianglong Emperor)가 총애하던 후궁인 향비(香妃)가 그녀의 조상들과 같이 묻혀있다고 한다. 그래서 향비묘(阿巴克霍加麻扎香妃墓)라고 부르기도 한다. 그러나 북경에서 죽은 향비의 시체가 실제로 여기에 있는지는 의문을 가지고 있다고 가이드는 말한다.

향비원 전체가 아름다운 공원으로 꾸며져 있다. 입구에서 산 표를 내고 입구를 지나 식재된 꽃들을 보면서 한참을 걸어 들어가니 직사각형 모양의 물이 담겨 있는 그리 크지도 작지도 않은 호수를 정면에 두고 뒤편에

향비원 묘

향비묘 앞 호수

향비묘 건물기둥

향비묘 옆 사원기둥 초승달

향비원 건물이 서 있다. 이렇게 배치된 건물 형태를 보니 거의 같은 시기에 만들어진 인도의 타지마할(Taj Mahal) 생각이 드는 것은 우연일까?

향비원 건물은 전체적인 면에서 보면 사마르칸트에서 흔히 관찰되는 전형적인 이슬람 형태이다. 커다란 도움 형태의 지붕이 가운데 보이고 문 좌우 입구에는 문 탑이 있다. 건물의 네 귀퉁이에는 소위 미나레트(minaret)라고 하는 뾰족탑이 있고 건물 벽과 뾰족탑은 타일로 장식되어 있다. 벽면에 구운 타일을 붙인 다소 화려한 초록색과 푸른색 등을 띠고 있는 '유리' 타일로 장식되어 있다. 중앙아시아의 묘지 건물이 밝은 흙색이거나 혹은 청색의 타일이 중심이 되어 장식된 것과 달리 초록색이 주를 이루고 있어 색깔 면에서 차이를 보인다.

향비원 묘실 실내를 들어가 보니 여러 가지 묘가 자리 잡고 있다. 여러 가지 묘 중에서 향비 묘는 앞쪽에서 보았을 때 오른쪽 끝, 거의 뒤편에 노란색 천으로 둘러싸여 자리 잡고 있다. 황제 비의 무덤인 향비 묘의 위치

노란색 천으로 싸인 향비묘

가 맨 앞쪽 중앙이 아닌 것이 다소 의외라는 생각을 하였다. 이곳의 묘를 보면 하얀 천이 둘려 있는데 그 하얀 천이 5회 감겨 있고 3층의 복숭아 모양으로 되어 있는 묘는 남자 묘이며, 하얀 천이 3회 감겨 있고 5층 계단 모양으로 되어 있는 묘는 여자 묘라고 한다. 향비원의 정문에서 오른쪽으로 보면 담장 너머 일종의 공동묘지가 형성되어 있다. 사방이 다 막혀 있는 이 무덤의 앞쪽에는 작은 구멍이 파여 있다. 이는 중앙아시아의 묘지(mausoleum)에서 보던 묘들과는 다르다. 무슨 의미가 있는 것일까? 사자도 숨을 쉬어야 한다는 말일까?

향비원의 각 구석에는 네 개의 기둥과 그 위에 탑이 만들어져 있는데 중앙 돔 지붕의 것을 포함하여 모두가 이슬람을 상징하는 초승달이 없다. 향비원 전체에서 발견되는 건물의 기둥 탑 위에는 한 곳만을 제외하고 예외 없이 초승달이 떨어진 상태인데 아마 이 지역이 정치적으로 불안정한 지역이라 중국 정부가 의도적으로 이슬람의 상징을 제거하지 않았을까 추측해 본다.

다음 장소로 이동하기 위해 탐사대는 다소 촉박한 걸음으로 나와 버스에 몸을 실었다.

카시 위구르 고성(喀什古城, Kashigar Old City)

향비원에서 그리 멀지 않은 곳에 카시 고성(喀什古城), 즉 옛 시가가 있다. 탐사대가 버스에서 내려 고성을 향해 걸어가니 오른편에 커다란 성벽 같은 문을 배경으로 화려한 공연이 진행되고 있다. 그 성벽에 카시 고성이라고 적혀 있는데 전혀 고성 같아 보이지 않는다. 원래의 고성이 있던 자리는 이 성문에서 반대편으로 보면 오른쪽에 있는데, 다소 먼 거리에 지금은 허물어진 채로 일부만 보인다. 2009년부터 2016년까지 지진에 약한 카시 지역을 고려하여 주민의 안전을 위해 진흙으로 만들어진 카시 고성의 건축물들을 재건축하여 이 새로운 자리에 천천히 옮겨 놓기 시작하였다고 한다(Summers, 2017).

새로 만들어진 카시 고성은 관광객을 위한 마톡바자르(Mattock Bazaar)로 운영 중이다. 성벽 문을 들어서자마자 많은 수의 가게들로 넘쳐나고 있다. 성문 입구 가까운 곳에 있는 대장간 같은 가게 건물에서 쇠붙이로 무언가를 만들고 있고, 다른 한 가게에서는 난이라는 빵을 굽고 있는데 조금 이른 아침이라 그런지 관광객들이 많아 보이지 않는다.

다소 넓은 길을 따라 쭉 올라가니 오른쪽 한 곳에 대장장이들이 불에

새로운 카시고성 입구

달군 쇠를 두드릴 때 사용하는 틀이 있고 마톡바자르라는 팻말이 붙어 있다. 마톡이 곡괭이라는 말인데 왜 하필이면 이런 이름을 붙였을까 궁금하여 알아보니 이곳은 옛날부터 위구르인들이 철물을 주로 만들어 팔던 칸투만바자르(坎土曼巴扎, Kantuman Bazaar)였다고 한다. 칸투만이 위구르어로 '철제 농기구'를 뜻한다고 하니 그제야 이곳이 마톡바자르란 이름을 가진 것이 이해되었다.

이곳 가게를 운영하는 사람들이 대부분 위구르 사람이라고는 하나 마냥 깨끗한 카시 고성 내의 바자르 거리가 왠지 낯설게 느껴지는 것은 무슨 이유일까? 신(新) 카시 고성 성문 입구에서 새로 만들어진 고성의 배경이 너무나 아름답게 느껴지는 이 설명할 수 없는 이율배반적인 느낌이 드는 것 또한 지울 수 없다. 이곳 새로운 카시 고성에서 보낸 시간이 한 시간이 채 안 되는 너무나 짧은 시간이라서 그런 것일까 생각해 본다.

탐사대는 카시를 떠나기 전 실크 제품, 건과일, 옥, 전통악기 등을 판매하고 있다는 고성 터에서 멀지 않은 시내에 위치한 중서아시아 국제무역시장(Bazaar)을 잠깐 둘러보았다. 다수의 가게는 위구르인들에 의해 운영이 되고 있으며 각각의 좌판 위에는 이 지역과 중앙아시아 지역에서 생

카시 중서아시아 국제무역 시장 상점 자판위의 말린 과일

산되는 말린 대추야자 같은 건과일이 산을 이룰 정도로 수북이 쌓여있고, 또 어떤 가게에서는 실크 제품을 팔고 있다.

카시에서 아커수로

간단히 점심을 마친 우리는 오후 1시 25분, 카시 시내에서 중국 관광의 상징이라고 하는 마답비연(馬踏飛燕)[29]상을 보면서 카시를 출발하였다. 목적지인 아커수(阿克苏, Aksu, 阿克蘇)[30]까지는 약 460여 km에 달하는

카시에서 아커수 (출처: Google.map)

---

29 마답비연(馬踏飛燕) 상은 천마가 날아가는 제비를 밟고 있는 동상인데 날아가는 제비보다 빠른 말이라는 의미로 1969년 한나라의 장군 묘에서 발굴된 동분마상(銅奔馬像)을 지칭한다.

30 아커수는 위구르어로 '흰 강(white water)'이라는 의미가 있는데 아커수라고 하는 강에 인접해 있다. 아커수는 한나라 시대에 고묵(姑墨, Kumo) 왕국이 자리 잡고 있던 곳이고, 인도에서 융성한 불교문화가 중국에 유입되던 첫 번째 가교이기도 해서 불교가 매우 융성하였다. 당나라의 현장법사가 7세기 초반인 서기 629년 방문하여 법사를 펼쳤던 곳으로 유명하며 고대 실크로드 상의 주요한 교차도시였다. 2018년 12월 아커수의 인구는 약 261만 명이다(CEIC). 호두, 대추, 포도와 멜론 생산으로 유명할 뿐만 아니라 넓은 목화밭을 가지고 있어 중국 목화 생산의 11%를 생산하고 있다. 노동집약적인 산업을 광동 삼각주 지역(the Pearl Delta)에서 내륙지방으로 이전하여 신강위구르 지역에 일자리를 창출하고자 하는 중국 정부의 의도에 적절하게 부합하는 곳이라는 평가를 받는 곳이다.

거리로 6시간 정도를 달려야 한다. 탐사대가 달릴 고속도로는 G314인데 이 고속도로가 중간에 G3012로 바뀐다. 이곳 중국에서 버스 기사는 거의 두 시간마다 약 20분에 걸친 휴식을 취하여야 하는 규정이 적용되고 있다고 하고 또 중간중간 검문소가 있으며 탐사대를 태운 버스가 안전을 고려한 탓인지 규정 속도를 넘지 않으니 이보다 더 많은 시간이 소요되리라 생각한다.

출발 후 한 시간 정도가 지난 후 첫 번째 휴게소에서 잠시 휴식을 하기로 하였다. 고속도로를 따라 좌우로 펼쳐지는 빼어난 자연환경이 탐사대 눈을 즐겁게 할 뿐만 아니라 고속도로 휴게소의 화장실은 우리가 상상했던 것보다 훨씬 나아 보인다. 좌변기는 없어도 수세식이고 남성용 칸에는 소변기가 따로 비치되어 있다. 중간의 검문소와 백사호, 카라쿨호 근처에서 사용했던 중국의 악명 높은 화장실과는 판이하다. 고속도로 위라서 그런지 휴게소의 화장실이 많이 개선된 것이 눈에 띄었다. 화장실에 붙은 다소 눈에 익은 문구 '아름다운 사람이 머문 곳은 머문 자리도 아름답다'는 표어와 또 다른 고속도로 휴게소에 본 '당신의 일보전진 문명의 일보전진' 등과 같은 다양한 화장실 선진화를 위한 표현[31]은 우리네 화장실에서도 비슷하게 사용되고 관찰할 수 있는 현상이라 나도 모르게 실소를 머금고 있다.

카시 출발 후 무려 3시간 30분이 지난 오후 5시경, 거리로는 약 300km를 이동 한 지점에서 버스 기사의 휴식과 더불어 20분 정도의 휴식을 취하기로 하였다. 물론 그 중간에 검문을 위해 두 번 정도 검문소에서 휴식 아닌 휴식을 취하였다. 이곳 휴게소에 있는 작은 상점에는 먹거리를 비롯한 다양한 상품이 전시되어 있다. 그중에서 보니 몇 가지의 주류가 있는데 250mL의 자그마한 마오타이주가 눈길을 끌고 있다. 31도짜리 술이라 하니 고급이라고 할 수 없고, 특히 가격은 12위안에 불과하다. 우리나

31 이는 중국이 시진핑(習近平) 주석 취임 이후 2015년부터 지속해서 추진하고 있는 소위 '화장실 혁명'과 '제2차 화장실 혁명'이 지방으로 확대되고 있는 결과라고 할 수 있다.

라 돈으로 계산하면 2,000원 정도밖에 되지 않으니 절대로 고급술일 이유가 없을 것이다. 가짜일 수도 있겠다고 생각하면서도 이런 곳에서 더구나 이렇게 저렴한 술을 굳이 가짜로 만들지는 않을 것이라는 생각에 한 병을 샀다. 술병의 입구를 통해 배어 나오는 냄새를 맡아보니 마오타이 특유의 농향이 진하게 느껴져 가짜라고 만은 할 수 없을 듯하다. 나중에 식당에서 저녁 식사와 함께 먹어보니 무색의 백주(白酒)이고 맛조차 특별히 가짜는 아닌 것 같다는 다른 탐사대원들의 말에 안심하고 마실 수 있었다.

이곳 휴게소에서 출발하여 약 200여 km 거리를 가야 아커수에 도착할 수 있다. 시간상으로 적어도 두 시간 반 정도는 소요될 것이니 빨라도 저녁 7시 30분 아니면 8시가 되어야 목적지에 도착할 수 있을 것이다. 지금 탐사대를 태운 버스가 달리고 있는 G3012 고속도로는 소위 고비(戈壁)사막 형태인 타클라마칸(塔克拉玛干, Taklamakan)사막[32]을 통과하고 있다.

카시에서 아커수에 이르는 G3012 고속도로 주변의 소금 덮인 산

32 타클라마칸사막은 면적 약 34만km^2에 달하는 대표적인 고비 형태의 사막으로 바다에서 가장 멀리 떨어진 내륙분지인 타림분지의 중심부에 해당한다. 타클라마칸 사막은 일교차가 크고 물이 아주 적어 횡단하기 어렵다고 한다. 위구르어로 타클라마칸은 '한 번 들어가면 다시 나올 수 없는 곳' 혹은 '돌아올 수 없는 곳'이라는 의미가 있는데 이 사막의 또 다른 별칭은 '물이 많은 사막', '보물이 많은 사막'이라고도 한다.

여기서 고비사막이란 우리가 흔히 알고 있는 중국과 몽골에 걸쳐있는 그 고비사막이 아니라 풀과 나무가 가끔은 보이는 하지만 몽골어로 '거친 땅' 이라는 의미의 고비사막이다.

G3012 고속도로가 나 있는 타클라마칸사막은 붉은 색깔의 꽃이 피는 홍류(紅柳) 나무[33]가 차창 밖 여기저기서 발견된다. 이 홍류 나무는 중국 정부에서 사막화의 진전을 막기 위해 의도적으로 식재한 것이라고 하는데 천산에서 만년설이 녹아 흘러내리는 지하수를 끌어다가 공급하여 키우고 있다. 이 나무의 뿌리가 지하 30여m까지 파고들어 가기 때문에 건조한 사막에서 키우기에 적절하다고 한다. 이 고속도로는 철로와 가끔 먼 발치에서 나란히 달리는 구간이 나온다. 이 철로 노선은 카시와 투르판을 연결하는 총연장 1천446km의 남강 철로(南疆铁路, Nanjiang Railway, 南疆鐵路)이다. 카시에서 아커수로 이동하는 중 오늘 여객차 및 화물차를 포함하여 총 4회에 걸쳐 기차가 철로를 따라 이동하는 것을 볼 수 있었다. 객차는 기차 칸 수가 적으나 화물열차는 무려 50여 칸이 넘는다. 어릴 적

카시 방향을 향하는 기다란 탱크 화물열차

33 홍류를 중국 타마리스크(Chinese Tamarisk)라고 하는데 중국 정부가 장기간에 걸쳐 사막 적응을 위해 실험한 나무 중 하나이다.

면 시골에서 기차가 오거나 혹은 기차가 지나간 후 철길에 귀를 대고 철커덩 철커덩하는 기차 소리를 듣던 생각이 문득 떠오른다. 50여 칸이 넘는 화물차라면 남아 있는 철로의 따뜻한 열기와 점점 멀어지는 소리를 들으며 한동안 귀를 철로에 대고 있었을 것이다.

아커수 도착 130km 정도를 남긴 지점을 지날 때쯤 창밖으로 주변 흙을 보니 흙들이 젖어 있다. 멀리 보이는 하늘은 잿빛을 머금고 마침 한바탕 퍼부을 듯한 기세이다. 그 뒤로 조금을 더 달려오니 차창에 빗방울이 떨어지고 G3012 고속도로에는 앞서 달리는 트럭의 바퀴로부터 튀어 오르는 물방울로 인해 젖은 앞 유리를 닦기 위해 운전기사는 와이퍼를 작동시키기 바쁘다. 비가 내려도 일시적인 소나기 형태가 아니라, 말 그대로 비다운 비가 내리고 있다. 빗줄기가 굵진 않아도 내린 비가 모이고, 또 모여 흐르는 곳은 제법 많은 유량을 자랑하기도 한다. 차창 밖으로 관심을 가지고 유심히 살펴보니 강물 통로 같은 시설이 만들어져 있다. 이곳에 도로가 건설되고 오늘처럼 비오는 날 일시적으로 불어나는 유량을 해결하기 위하여 중국 정부는 곳곳에 빗물이 모여들어 흐르도록 유도하는 일종의 레인 브레이크를 만들고 일시적으로 불어난 강물이 흐를 수 있도록 도

아커수로 향하는 고속도로 주변에 내린 비로 젖은 고비사막

로 중간마다 강물 통로를 만들어 두었다. 이렇게 모여든 강물이 고속도로 밑을 통과하고, 또한 국도를 통과하고 철길을 통한 후 사막 곳곳에 형성된 제법 큰 규모의 호수로 흘러 들어간다. G3012 고속도로를 달리면서 가끔 보이던 '사막 한가운데의 호수가 웬 말인가?' 했더니 이제야 이해가 된다. 여하튼, 사막의 한 가운데서 맞는 비란 참 반갑기도 하고, 또 다른 한편으로는 앞이 전혀 보이지 않는 모래 폭풍을 만나지 않은 축복받은 탐사대란 생각이 든다.

저녁 7시 15분, 오늘 이동 거리에서 마지막에 해당하는 네 번째 검문을 마치고 달린 버스는 예상한 저녁 8시에 아커수 숙소에 도착하였다. 카시에서 아커수까지 460km에 해당하는 먼 거리의 고비사막을 달린 후, 마치 오아시스처럼 아커수는 우리 탐사대 눈앞에 나타났다. 버스로 달린 우리에게도 그런 감회인데, 과거 대상들에게 이처럼 나타나는 오아시스는 정말 생명과 희망을 주는 곳이었을 것이다. 그래서 이 길을 실크로드의 오아시스 로드라고 부른 모양이다. 아커수에는 신강 생산건설 제1병단(新疆生产建设兵团, 新疆生產建設兵團)이[34] 위치하고 있는 곳이다. 인구는 2018년 현재 256만 명 정도이며 한족이 주류를 이루고 있는 반면, 위구르인들은 도시 끝에 주로 위치하고 있다.

긴 여정에 지친 탐사대를 위해 먼저 숙소에서 여장을 푼 후 외부로 이동하지 않고 저녁 식사를 호텔 내에서 하였다. 지친 몸이지만 탐사대는 저녁 식사 테이블에 둘러앉아 이 이야기 저 이야기로 이야기꽃을 피우며 피로를 잊은 채 오늘 일정을 마무리하고 있다.

---

34 신강위구르 지역에서 개간과 국경 수비를 담당하는 군대 정치 기업 일체화의 특수한 사회조직으로 신강 지역에서 농업, 임업, 목축업과 공업 및 관광업 등의 전반적인 경제활동을 장악하고 있으며 유사시에는 즉시 전력화가 가능하다.

05

아커수에서 고차(庫車 Kuche, 龜玆)로

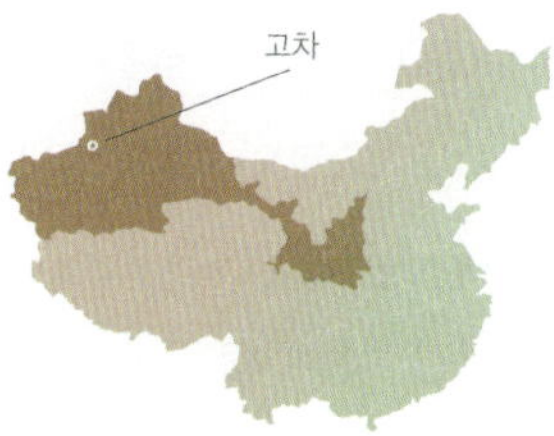

아커수에서 천불동의 키질 석굴로

탐사 다섯 날째인 오늘 탐사를 마치면 탐사대는 고차(庫車 Kuche, 龜玆)라고 하는 도시에서 숙박하게 된다. 아커수에서 곧바로 고차로 이동하면 약 250여 km의 거리로 이동 거리는 상대적으로 짧다. 하지만 탐사대는 중간에 배성(拜城, Baicheng)에 있는 중국의 4대 석굴 중의 하나인 천불동이라는 키질 천불동 석굴(克孜尔千佛洞, Kizil Caves 혹은 Qizil Caves, 克孜爾千佛洞)과 천산 신비 대협곡이라는 곳을 탐사할 예정이다.

또한 몇 군데일지 모르지만 중간중간 검문소를 거치게 되면 오늘의 탐사 일정도 거리와 시간 상 절대 녹록지 않다. 앞에 놓인 오늘의 긴 여정을 염두에 두고 이른 아침 숙소 정문에서 붉게 물든 동녘 하늘과 오동이라는 팻말이 붙은 나무를 보며 서둘러 떠날 준비를 하였다. 거의 매일 다른 도시와 숙소에서 잠자리를 찾게 되는 과거의 대상에 비교되는 보따리 장수와 같은 신세이지만 이 또한 잊을 수 없는 소중한 경험이라고 생각된다.

아침 식사를 마친 탐사대가 짐을 싣고 버스에 올라 8시 45분 출발하니 버스 안의 온도계는 20도를 가리키고 있다. 탐사대가 타고 가는 버스는 G314 고속도로를 따라 이동할 예정이고, 왕복 4차선의 이 고속도로는 G3012 도로와 거의 공통으로 사용되고 있어 우리에게는 약간의 혼란이 느껴지는 도로이다. 이런 혼란이 있음에도 버스 기사는 부지런히 오늘 목적지를 향해 달려가고 있다. 신강 지역 도착 후 줄곧 느끼고 있는 바이지만 버스는 고속도로의 제한속도인 시속 100km를 거의 넘지 않는다. 가끔 버스가 이 제한 속도를 초과하면 '삐~'하는 경고음이 들리는데 이 또한 우리나라의 고속버스와 거의 동일하다고 생각하였을 뿐이다.

탐사대가 아커수를 출발하여 시내를 벗어나자 차창 밖으로 멀리 구름 아래 하얀 머리를 한 높은 산들이 병풍처럼 줄지어 서 있다. 저곳이 천산이다. 차창 너머로 멀리서 얼핏 보아도 가히 장관이다. 천산산맥은 키르기스와 중국에 걸쳐 있는데 가장 높은 곳이 테미르봉(托木尔峰,

이미지 ©2019 TerraMetrics 50km

아커수에서 키질 석굴 가는 길 (출처: Google.map)

아커수 외곽 고속도로에서 창밖으로 보이는 천산

Tuomuerfeng, 托木爾峰)[35]이라고 부르는 산으로 해발고도가 7천439m에 달한다. 이곳에서 보면 마치 뾰족한 모자를 쓰고 있는 산으로 잘 보인다고 가이드가 말하는데 이쪽 지리에 익숙하지 않은 탐사대는 어딘지를 구분할 수가 없다.

오늘 아침 목적지를 향해 출발하면서 탐사대를 안내하고 있는 가이드가 우리나라의 국도에 해당하는 성도(城道)인 S307 도로를 따라 운행할 것이라고 했다. 고속도로를 타면 고차를 갔다가 다시 와야 하는 번거로움이 있는데 S307 도로를 타면 시간이 단축될 것이라고 했다.[36] 배성 근처에는 대규모의 소위 정신 재교육 교육소(혹은 직업훈련소)가 있다고 알려져 있다. 말이 정신교육소이지 사실은 정치범 수용소라고 하는 말을 얼만 전 신문 기사를 통해 접했던 기억이 동시에 떠올랐다. 아마 관광객들에게는 이 지역을 그냥 통과해야 하는 곳이고 일반인들에게도 중국 정부가 의도

35 철(Iron)을 뜻하는 위구르어 Tomur와 중국어가 합쳐진 테미르봉(托木尔峰)은 키르기스어로 Jengish Chokusu라고 하는데 그 의미는 Victory Peak이며 러시아어로는 Pobeda Peak라고 하는데 둘 다 의미가 동일하다.

36 G314(혹은 G3012) 고속도로를 타고 고차까지 가서 키질 석굴로 이동하면 거리가 300km를 넘지만 S317 국도를 탈 때에는 거리가 약 230km로 단축된다.

적으로 보여주고 싶어 하지 않은 시설이라는 생각이 든다.

신강위구르 지역에서는 거의 100km 단위로 검문이 이루어지고 있는데 검문소에서는 평균 20분 정도의 시간이 소요되었다. 숙소 출발 한 시간 반 정도가 지난 10시 20분경, 해발고도 1천460m에 위치한 오늘 두 번째 해당하는 검문소가 있다. 배성(拜城)이라는 검문소이다. 우루무치 도착 후 이동 과정에서 이미 여러 번의 검문을 거쳤기에 이제 검문은 오히려 탐사대와 버스 기사가 휴식을 취할 수 있는 시간이라는 여유를 가지게 되었다.

검문을 마치고 다시 출발한 버스는 오늘의 첫 번째 목적지인 키질 석굴을 향해 쉬지 않고 달려간다. 차창 밖으로 보이는 험한 산 줄거리와 지형이 너무나 훌륭한 경치를 제공한다. 지질학에 대한 조예가 없어 전문적인 용어를 빌릴 수는 없지만 마치 엿가락을 주물러서 하나하나 줄지어 놓은 듯하다.

배성 검문소를 지나지 얼마 되지 않은 11시경 버스는 고속도로를 벗어나 배성 시가지를 지나고 있다. 얼핏 눈에 보이기에도 제법 규모가 있는 도시처럼 보인다. 1천200m에 이르는 해발고도의 사막 도시에도 은 백

키질 석굴로 향하는 고속도로 주변의 기괴한 지형

양목이 가로수처럼 쭉 줄지어 서서 이 도시를 뒤편에 가리고 있다. 은 백양목 가로수들 또 다른 뒤편으로는 대규모의 농경지가 펼쳐져 있는데 그곳에서 옥수수가 재배되고 있다. 이 도로가 뚫리기 전 과거에는 배성이라는 도시가 실크로드 대상들의 숙소인 카라반 사라이 역할을 수행할 수도 있었겠다 싶다. 말 그대로 배성은 하천 주변에 형성된 전형적인 오아시스 도시이기 때문이다. 배성 시내 끝자락에서 천불동 키질 석굴을 향해 가는데 오늘 벌써 세 번째 검문이 이루어진다. 이 검문소는 차량 탑승 인원 점검이 더 우선인 듯하다. 검문소의 공안이 버스 안으로 들어와 일일이 인원과 얼굴을 확인한다. 앞에 보이는 승용차와 승합차의 경우는 트렁크까지 열어서 확인한다. 아마 이곳에 있는 소위 직업훈련원에서 탈주하는 사람이 있는지의 여부를 확인하는 모양이다.

배성 외곽에서 키질 석굴을 가기 위해 오른쪽으로 갈라진 도로에 접어드니 그 도로는 중앙선을 화분으로 장식하여 놓았는데 나름 깨끗한 도로이다. 조금 더 지나 작은 지방도와 같은 길로 버스는 계속 달린다. 창밖으로는 보이는 집들이 눈길을 끌고 있다. 아름답게 혹은 멋있게 지어진 집들이 아니라 일관되게 획일적으로 지어진 집들이다. 빨간색 지붕과 주홍색 대문, 참으로 흉한 모습으로 지어진 집들이다. 그런데 중국 정부가 주는 지원금을 받으려면 다들 똑같이 지어야 한다고 한다. 백사호와 카라쿨호수 근처에서의 키르기스인 거주지역이 생각났다. 집 담장에 붉은 글씨로 새겨진 '人民有信仰, 國家有力量, 人類有希望'이라는 구호가 유난히 눈에 크게 띄지만 매우 낯설게 여겨진다.

왕복 2차선의 지방도와 같은 도로를 따라 운행하니 빈번하게 나타나는 오토바이를 개조한 이곳 지역민들의 운송수단과 도로변을 걸어 다니는 다수의 농사를 짓는 행인들을 피하며 버스 기사는 거의 곡예 같은 수준의 운전을 하고 있다. 탐사대의 안전을 지키면서 운전을 하던 버스 기사가

지쳤는지 중간에 쉬자고 한다. 은 백양목이 만들어 내는 그림자 이외에는 아무것도 없는 임시 노천 휴게소에서 주변을 둘러보니 소 한 마리가 갈대 숲처럼 우거진 곳에서 꼬리를 흔들고 있다. 소가 있는 곳을 피해 오른쪽으로 밭 같은 곳으로 걸어가니 이런저런 다양한 풀들이 나 있고 그중 하나에는 꽃인지 혹은 열매인지 모를 이상한 형태를 가진 풀도 있다. 은 백양나무가 가로수로 줄지어 서 있는 곳에서 약 20분 정도의 휴식을 취하고 탐사대를 태운 버스는 다시 출발하였다.

오후 1시경, 키질 석굴을 향해가던 버스가 중간에 회차하여 조금 전 지나 온 위구르족 마을로 다시 돌아간다. 원래 키질 석굴 앞 식당에서 점심을 먹을 것이라고 예정하였으나 마침 그 식당이 영업하지 않는단다. 탐사대는 키질 석굴 방향으로 해발고도 1천150m에 있는 길가의 허름한 식당에서 국수와 양꼬치구이로 점심을 때우기로 하였다. 이곳 노포식당에서의 식사 또한 한동안 기억에 남으리라고 생각된다. 이곳에서 국수는 미리 삶아 놓은 것이 아니라 주문을 받아야 반죽을 시작한다고 한다. 식당 앞에서는 양동이를 잘라 만든 화로에 나무 숯불을 지피고 화려한 색깔의 옷을 입은 여자 주인이 양꼬치구이를 만들기 시작한다. 양고기꼬치가 뜨거

키질 석굴로 향하는 중간 마을의 노포 식당에서 양꼬치구이 만드는 여인

운 숯불에서 익어가는 향기로운 냄새를 맡으며 갖은 이야기로 담화를 나눈 지 얼마의 시간이 지났을까, 마치 우동면과 같이 굵은 면발을 가진 볶음면이 테이블에 차려지고 그때쯤 잘 구워진 양꼬치구이도 같이 나온다. 면의 차진 맛이 뛰어난 것을 보니 전형적인 수타면이라고 할 수 있다.

식사를 하면서 이 식당의 주인과 그의 가족들, 바로 그 옆의 우리네 구멍가게 같은 조그만 상점 앞에서 담소를 나누며 얼굴에 미소를 짓고 있는 이 지역의 사람들을 보면서 '그들에게 과연 필요한 것은 무엇일까?' 생각해 보았다. 각종 채소와 맛있는 과일이 풍성하고 옥수수와 밀 등이 넉넉하게 생산되고 또한 양과 같은 가축들도 많으니 식량문제는 없을 것이다. 걱정 없이 사는 삶이니 평화롭고 그래서 만족한 삶을 누린다고 할 수 있을까? 최소한 미소 짓고 있는 얼굴에서는 그들의 삶이 만족스러워 보인다.

점심을 마친 오후 2시, 버스는 다시 움직이기 시작하였다. 쭉 빠진 길을 잘 달리는 버스는 어느덧 꼬불꼬불한 내리막길을 조심스럽게 내려가기 시작한다. 천불동 키질 석굴에 가까운 모양이다. 지금 버스가 달리고 있는 길이 커지 관광 도로(克孜旅游专线, Kezi Tourism Special Line), 즉 키질 관광 도로이다. 이 길을 따라 내려가면 수게트(蘇格特) 계곡의 끝에 다다

키질 석굴과 위간강 건너편의 츠르타크산

르게 되고 그곳에 키질 석굴이 있을 것이다. 내려가는 길에서 언덕 좌측으로 넓은 강과 그 왼쪽에는 푸른 숲으로 가려진 곳이 멀리 보이는데 그곳에 키질 석굴이 있을 것으로 짐작한다.

키질 석굴 입구 주차장에 탐사대가 도착하니 시계는 오후 2시 20분을 가리키고 있다. 키질 석굴 출입문에는 많은 방문객이 기다리고 있다. 그래서인지 우리도 바로 입장하지 못하고 약 30분 가까이 기다렸다. 문화재 보호를 위한 차원에서 한 번에 받아들이는 방문객 수를 제한하고 있다는 생각이 들었다. 이곳 키질 석굴 앞의 공중화장실도 중국의 화장실 혁명의 영향 탓인지 수세식으로 매우 깨끗한 상태를 유지하고 있어 탐사대뿐만 아니라 다른 관광객들은 안심하는 듯하다. 키질 석굴 출입문 앞에 좌우로 배치된 해태상을 보니 커다란 요령을 목에 달고 있고 오른발 아래에는 공과 같은 물체를 밟고 있다. 해태상의 이빨은 날카로워 보이지 않고 이마는 튀어나온 모습으로 전체적으로 보면 무서워 보이면서도 약간은 우스꽝스러운 모습을 하고 있다. 아까 언덕에서 본 강이 위간강(渭干江) 혹은 무자르트강(木扎尔特河, Muzart River, 木札爾特江)이다.[37] 짙은 황토색의 매우 빠른 유속의 강물이 무심한 듯 흘러내리고 있다. 위간강 중간의 삼각주 건너편에는 츠르타크산(却勒塔格山, Queletage Mountains)이 황량하면서도 기괴한 모습으로 서 있다.

일인당 70위안에 해당하는 입장료를 내고 키질 석굴 경내로 걸어들어가니 좌우로 은 백양목이 마치 터널을 만들 듯 큰 키를 자랑하며 서 있고 조금 더 올라가니 오른쪽에 포도밭이 보인다. 그 포도밭을 지나 조금 더 걸어 들어가니 멀리 키질 석굴이 자리 잡은 마치 풀 한 포기 살지 않을 것 같은 깎아지른 절벽의 밍우타그산(明屋達格山, Mingwutage Mountain)

37 무자르트강(Muzart River)은 천산의 무자르트 만년설에서 시작하는 물이 타림강으로 흘러들어가는 왼쪽 지류이다.

키질 석굴 입구 해태상

구마라습 청동상

이 보이고 그 앞에 날씬한 모습의 까만 동상이 강한 인상을 남기며 서 있다. 이 날씬한 동상이 구마라습(鸠摩罗什, Kumarajiva, 鳩摩羅什)[38] 청동상인데 인자한 얼굴로 연꽃 위에 앉아 한쪽 발을 올리고 있는 모습이 매우 매력적이다.

절벽에 있는 키질 석굴로 올라가기 전에 우리는 8인으로 구성된 두 개의 조로 구분하였고 각자 가지고 있는 이동전화기를 제외한 카메라 등의 소지품은 물품보관소에 맡기도록 요청을 받았다. '여기서 사진을 찍지 못하게 하는 모양이다'라고 생각하고 있는데 이동전화기 카메라는 사용해도 된다 하여 그것만은 다행이라고 생각하였다.

중국 4대 석굴 중의 하나로 꼽히는 키질 석굴은 약 3세기부터 건설하기 시작하여 9세기까지 석굴이 만들어졌다. 밍우타그산에 동서 1.7km에 걸쳐 마치 벌집처럼 뚫린 총 349개의 석굴이 있고 그중에서 236개의 석굴에 일련번호가 붙어 있다. 키질 석굴은 크게 동쪽 골짜기, 서쪽 골짜기와 골짜기 내부 및 산 후면의 4개의 구역으로 나누어져 있다. 오늘 우리에게 개

38 구마라습(鸠摩罗什, Kumarajiva)은 4세기 구자국(Kingdom of Kucha) 출신으로 산스크리트어의 불경을 중국어로 번역한 승려이다.

천불동 키질 석굴 전경

방되는 굴들은 모두 서쪽 골짜기에 있는 것들이다. 20세기 초반 탐험가들과 도굴꾼들에 의해 이곳의 벽화들이 뜯기고 훼손되었다고 하는데 여전히 많은 면적의 벽화가 남아 있고 또 뜯긴 벽화들은 다른 나라의 박물관에서 보존되고 있다고 하니 그나마 다행이다. 이 많은 석굴과 벽화들을 오늘 짧

키질 석굴 벽화

극히 일부만 남은 훼손된 벽화

은 시간에 다 볼 수 없지만, 오늘 개방된 소수의 석굴만 보더라도 뜯겨나가 아래의 흙들이 마치 맨살처럼 드러나 있는 벽화들을 보면서 인간들의 욕심을 한탄하고 한없는 아픈 마음을 가지기에는 절대 모자라지 않다.

제한된 수이기는 하나 석굴 벽에 부분적으로 훼손되었으면서도 상대적으로 보존상태가 좋다고 알려진 벽화들을 보니 선연한 색채에 감탄을 금할 수 없다. 개방된 굴에서 본 벽화들은 대부분 연녹색, 천금석의 색깔인 푸른색이 주를 이루고 있다. 부처상의 얼굴색이 검은색이 많이 보여 왜 그럴까 궁금해하는데 붉은색 혹은 검은색으로 보이는 것들은 이 푸른색이 햇빛을 받아 산화된 것이라는 설명을 해 주니 그때서야 이해가 된다. 한 석굴에서 보이는 부처만 해도 수십 아니 수백은 넘어 보인다. 왜 키질 석굴을 동시에 천불동이라고 부르는지 이해가 되었다. 이 석굴의 벽화들을 통해서 많은 문명교류의 흔적을 찾을 수 있을 것은 틀림없다. 따라서 이들 벽화를 제대로 보존하고 또 복원하려는 노력이 무엇보다도 중요함은 재차 강조할 필요가 없다고 생각된다. 키질 석굴 중 일부는 불경 공부를 위해 사용되었으며 상당수는 승려들의 생활공간으로 침실과 명상을 위한 공간으로 사용되었다고 한다.

이 키질 석굴에서 발견되는 놀라운 사실은 현재 남아 있는 많은 석굴의 벽화가 소위 '중국의 피카소'라고 불리던 중국 연변 출신의 조선인 한낙연(韓樂然, 1989-1947)이라고 하는 사람에 의해 복원이 된 것이라고 한다. 제10호 굴이 한낙연이 조수와 함께 복원 작업을 하던 공간이다. 이 석굴 벽의 북면에는 키질 석굴의 벽화와 이들 벽화 복원 관련 문장이 새겨져 있는데 한낙연의 조수인 진천(陳天)이 새겼다고 한다. 현재 우리가 보고 있는 키질 석굴의 벽화들은 한낙연의 복원을 위한 노력의 결과라는 사실에 나도 모르게 뿌듯한 자부심이 생긴다. 아쉽게도 한낙연은 1947년 비행기 사고로 사망하였다고 한다. 개방된 석굴들을 보고 난 후 출구로 나가기 전 키질 석굴에서 바라보는 맞은 편 츠르타크산이 키질 석굴 아래로 비치는 초록색과 대비되어 더욱더 뚜렷하게 보이는 것은 왜 그럴까?

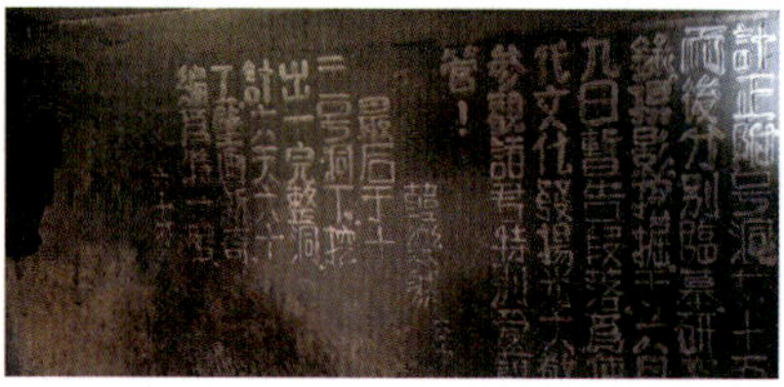

제10호 굴 한낙연 벽문

한낙연 제8호 굴 복원 벽화

키질 석굴에서 바라보는 츠르타크산

천산 신비 대협곡에서 느끼는 당나라 시대 승려의 기운

천불동의 키질 석굴 탐사를 마치고 버스에 오르니 오후 4시 40분인데, 여전히 해는 높이 떠 있다. 고차로 들어가기 전, 버스는 다음 목적지로 이동하기 위해 G217 고속도로에 올랐다. 중국에서 가장 아름다운 도로라는데 버스 창밖으로 펼쳐지는 자연경관이 너무나 훌륭하다. 키질 석굴 방문 후 약 1시간 반 정도를 이동하여 중국 천산의 그랜드캐니언이라고 하는 천산 신비 계곡(The Mystic Grand Canyon of Tianshan)[39]으로 이동하였다.

가는 길 중간중간 바깥 경치는 비경을 형성하고 있으며 멀리는 만년설로 뒤덮인 산봉우리들이 보인다. 중간마다 물이 흐르긴 해도 거의 건천처럼 바닥을 보이는 강의 한편으로는 마치 이 세상의 경치가 아닌 듯 빼어난 자연경관이 좌우로 펼쳐지고 있다. 신비 계곡에 다가갈수록 경관의 수

천산 신비 대협곡으로 가는 길에 펼쳐진 장관

39 장장 5.5km에 걸쳐 있는 천산 신비 계곡은 천산 대협곡(天山大峡谷, Tianshan Daxiagu)이라고도 한다. 천산 신비 계곡은 적갈색의 단층들로 형성되어 있어 위구르어로 붉은 계곡을 뜻하는 '캐질리야 그랜드캐니어(Keziliya Grand Canyon)'이라고도 부른다.

려함은 더 해지고 있다. G217 고속도로가 중국 내에서 가장 아름다운 도로라고 칭하는 이유가 중국의 다른 곳을 다 둘러보진 않았지만, 충분히 납득이 된다.

해발고도 1천600m에 위치한 천산 신비 계곡 입구에 도착하니 저녁 6시를 조금 넘긴 시각이었다. 이곳에서는 여름에 밤 9시가 넘어야 해가 지는 것을 생각하면 결코 늦은 시간이 아니다. 천산 신비 대협곡은 당나라 때부터 많은 수의 수도승들이 득도와 해탈을 위해 수행을 한 곳이다. 입구의 주차장에서 건너편으로 바라보니 주차장의 키 작은 푸른 나무들은 뒤 배경을 바탕으로 더욱더 푸르게 보인다. 천산 신비 계곡임을 알리는 간판의 형상 또한 뒤 배경의 협곡 모습과 더불어 의도적으로 뾰족하게 만들어 놓았다. 천산 신비 계곡 입구에서 바라보니 조물주가 빚은 놀라울 정도로 기교한 자연환경의 아름다움이 인간이 만든 건물의 아름다움과 대결을 벌이고 있는데 인간이 만든 것은 명함조차 내밀 수 없을 정도로 유치하다. 물론, 이렇게 아름다운 자연환경 속에는 굳이 인간이 만든 인공물을 아름답게 만들 이유는 결코 없을 것이니 의도적으로 허접스럽게 보이도록 만들었을 것이다. 이 거대한 자연 속에서 인간은 마치 조그마한

천산 신비 대협곡의 모래알 같이 작아 보이는 인간

모래알처럼 보인다. 허용된 1시간 30분 정도의 시간으로 이 기묘한 협곡을 다 둘러볼 수는 없겠지만 일단 계곡수가 흐르는 곳으로 서둘러 발걸음을 내디뎠다.

좌우에 하늘을 가릴 듯 치솟아 있는 사암과 퇴적암으로 영겁의 시간에 걸쳐 풍식과 침식에 의해 형성된 협곡은 이루 형언하기 어려운 자연이 만들어 낸 엄청난 신비로운 형상을 빚어 내고 있다. 이 협곡의 바위들은 오랜 세월에 쭈글쭈글해져 마치 주름이 잡힌 듯 모습이다. 풀 한 포기 날 것 같지 않은 바위 위에 초록색의 나무들이 군데군데 자리를 잡아 뿌리를 내리고 있다. 이들 초목이 오랜 시간이 지나면 여기 바위들을 뚫게 될 것이다. 높은 바위 아래 한 곳에는 '신의 개'가 지키는 팻말이 세워져 있다. 사람들에게 바위산을 오르거나 하는 허튼 행동을 하지 못하게 하려는 의도일 것이다.

천산의 눈이 녹아내려 만든 계곡수를 따라 유유자적의 마음으로 걸어가면서 즐기는 멋이다. 곳곳에 뚜렷하게 보이는 퇴적층의 암석들을 보면서 자연의 신비를 느낀다. 졸졸 끊임없이 흐르는 계곡수에 손을 담가 보니 예상했던 거와 달리 얼음장처럼 차가운 정도는 아니지만 선선한 기운을 느끼기에 충분하다. 계곡수 속에 박힌 나름대로 의미가 있어 보이는 몇 개의 돌멩이를 손에 들고 길을 걸으니 발길은 어느새 옥녀천(玉女泉)에 이른다. 혹시나 천상의 여인이 목욕 중이면 옷이라도 숨겨볼 못된 생각으로 발걸음을 들이니 선녀의 그림자도 비치지 않고 높은 바위 천장 이곳저곳에서 쉴 새 없이 물방울만 떨어지고 있다. 그곳에는 조그만 웅덩이가 있어 물이 고여 있다. 이곳에서 천녀가 목욕하기에는 너무 작아 보인다. 천상녀가 있었다 하더라도 아마 여기서 손발을 담그고 세안을 했을 정도이다. 옥녀천의 벽에는 구복을 위한 듯 지폐들이 많이 붙어 있다. 관리처가 이를 회수해서 나중에 이곳의 보수 유지를 위해 사용한다고 한다.

천산 신비 대협곡과 옥녀천

천산 신비 대협곡에 들어와서 보니 말 그대로 석림(石林), 그중에서도 붉은색의 홍산 석림(紅石林)이라고 하는 말 이외에는 달리 표현할 말이 없다. 이 협곡에 들어와서 수련하던 당나라 시대의 승려들은 끝없이 작아지는 본인의 모습을 확인할 수 있었을 것이고 그 무한히 작아지는 가운데서 무아지경의 상태에 빠지기도 했을 것이다. 우리들 역시 이곳에서 한없이 작아지는 모습에 무의식적으로 홀연 겸손해진다. 한없이 작아지고 겸손해지다 보니 정해진 시간을 넘고서고 있다. 인간 세상으로 다시 급히 돌아와 버스에 오르니 저녁 7시 30분이 조금 지났다. 이제 오늘의 숙소가 있는 고차로 들어간다.

G217 도로에는 다수의 화물차와 아마 관광지를 찾아 모여든 개인 승용차들로 도로 교통량이 꽤 많은 편이다. 화물차가 많은 이유는 이곳에 광산이 많기 때문이라고 한다. 과거에도 존재했을 이들 광물 자원들을 도로가 제대로 놓이고 닦이니 접근성이 개선되어 개발하기 시작했을 것으로 생각해 본다. 좌우로 펼쳐진 엄청난 장관을 구경하면서 내려오니 승용차가 난간을 들이받은 아찔한 사고가 발생한 모양인지 공안들이 사고 뒷수습 겸 처리를 하고 있다. 사고의 규모를 보니 절대 작지 않다. 운전자가

무사 안전하기를 빌어 보면서 고차로 향하는 버스는 속력을 올린다. 차츰 좌우의 화려한 경관이 사라지고 다시 사막의 길로 들어서니 여기저기 듬성듬성 하지만 상당히 많은 양의 풀들이 나 있어 유난히 눈길을 끌고 있다. 가이드의 말에 따르면 과거에는 이런 초목을 구경할 수 없었다고 하니 이 또한 기후 변화의 영향 탓일 것이라고 섣부르게 추론해본다. 천산 신비 계곡에서 고차에 이르는 도로 또한 비경이다. 홍산 석림이라고 알려질 정도로 고차 주변의 천산 지형은 아단지모(雅丹地貌, Yardang, 혹은 야단지모)[40]인데 이곳의 지형은 독특하고 웅장하여 그 자체로 웅장미를 자랑하고 있다. 기회가 주어진다면 이 지형을 버스가 아닌 발품을 팔아서 걸어 다녀보고 싶다는 생각이 든다.

2019년 고차의 인구는 약 20만 명이며 석유와 천연가스가 많이 생산되는 산업 도시로 알려져 있다. 고차는 타림분지에서 확인된 천연가스와 석유의 90%에 해당하는 매장량이 분포되어 있으며 석탄 매장량과 암염 또한 풍부하게 생산된다. 고차에 도착하기 전 마지막 검문소를 거치고 숙소에 도착하니 밤 9시다. 도착한 시각이 너무 늦어 도착과 더불어 저녁 식사를 먼저하고 여장을 풀기로 하였다. 항상 밥시간은 즐겁다. 긴 일정에 많이들 지쳤을 터인데도 불구하고, 식탁에 둘러앉으니 도란도란 하루의 이야기로 시간 가는 줄 모르는 가운데 탐사 일정의 또 하루가 저물었다.

---

40 야단(Yardang) 지형은 아단(Yadan) 지형이라고도 부르는데 기반암(bedrock)이 풍식과 바람이 동반한 먼지와 모래에 의해 부드러운 재질은 깎여 나가고 단단한 부분만 남아 돌출부를 이루면서 형성된 지형을 말한다. 따라서 아단지모는 주로 건조하고 바람이 심한 사막 지역에서 형성되는데 생긴 형상과 크기가 다양하고 매우 특이하다. 아단이란 명칭은 터키어에 기반을 두고 있는데 위구르어로 '흙무덤으로 이루어진 절벽'이라는 의미이다.

06

고차(庫車, Kucha)[41]

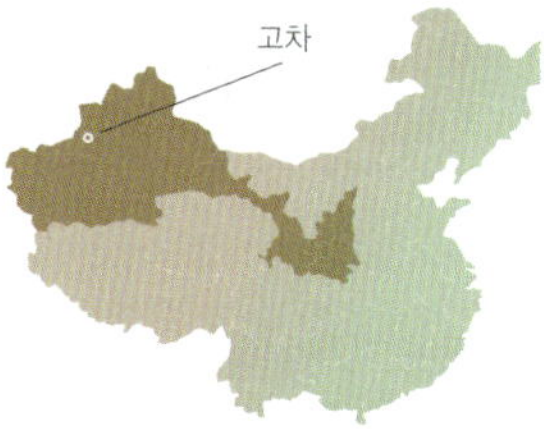

이슬람 사원 고차대사(庫車大寺, Kuche Dasi)

탐사를 시작한 후 여섯째 날, 처음으로 맞는 일요일이다. 아침 식사 전에 숙소 주변의 고차를 둘러보기로 하였다. 우리가 머무는 숙소가 시내에서 조금 떨어져 있어 고차 시내를 걸어서 아침 시간에 둘러보는 것은 어렵지만, 적어도 숙소 주변을 산책해서 나름 파악해 보는 것은 언제나 기대하지 않은 새로운 발견을 가져다줄 수 있어 즐거운 마음으로 몇몇 다른 대원들과 같이 산책을 나섰다. 그러나 숙소 주변에는 건설공사가 한창 진행되고 있어서 걸어 다니기도 불편하고 또한 마땅히 걸어 다니면서 볼 만

41 고차는 고대 구자(龟兹)국이라는 불교 왕국의 이름이다. 고차는 库车(庫車) 혹은 龟兹(龜茲)라고 쓰기도 하며 영어로는 Kucha 혹은 Kuche라고 쓴다. 고차는 고대 실크로드의 중심 도시로서의 역할을 수행하였으며 당나라 시대 때 서역 안정화를 위해 설치했던 안서도호부가 있던 곳이다. 고차는 고구려 유민의 후손인 고선지 장군과 신라의 고승 혜초 스님과도 인연이 깊은 곳이다. 고차는 위구르어로 '교차점'이라는 의미이다.

한 것이 없다. 숙소 뒤편으로 걸어가 보니 조금 사는 것이 좋아 보이는 집들이 몇 채 있고 그 가운데에 있는 일종의 텃밭에 부추와 가지 등이 자라고 있다. 가지는 우리가 국내에서 흔히 보던 길쭉한 것이 아니라 마치 우리나라에서 최근 인기 있다는 채소인 콜라비처럼 보이는 둥글둥글한 모양을 하고 있다.

다시 숙소로 들어와 오늘 일정을 위해 체크아웃을 한 후 로비에서 다른 대원들을 기다리면서 보니 제법 규모가 크고 화려한 색깔의 지구본이 있다. 현재 우리가 와 있는 중국 신강지역을 짚어 보다가 한반도를 보게 되었고 우리의 동해가 일본해(Sea of Japan)로 되어 기분이 살짝 상한다. 상업용으로 제작된 지구본에도 생산지와 상관없이 우리 동해를 동해로 표현할 수 있도록 하는 노력이 절실하다는 생각이 든다. 이는 국제적인 수준의 공감대를 형성하는 접근 방식에 바탕을 두어야 할 것이다. 국제적인 수준의 이해를 도모하기 위해서는 무엇보다도 각 지역에 대한 이해가 선행되어야 하며, 이를 바탕으로 이쪽 사람들과 교감을 형성하는 것이 동반되어야 할 것으로 생각하면서 일정을 위해 우리는 9시 30분 버스에 몸을 실었다.

숙소 출발 20분이 지난 9시 50분, 버스가 고차대사 앞에 도착하니 입구에는 사람의 출입을 막는 줄이 쳐져 있고 바로 입장이 허락되지 않는다. 문을 닫았나 하는 의구심에 조금 기다리니 어떤 여성이 나타나 줄을 열고 탐사대가 경내로 들어갈 수 있도록 해 준다. 고차대사(庫車大寺, Kuche Dasi)로 알려진 이슬람 사원은 정면에서 보면 두 개의 화려하지 않은 탑, 즉 미나레트가 있고 뒤편 잘 보이지 않는 곳에 한 개가 더 있는 총 세 개의 미나레트를 가진 사원이다. 1559년 최초 창건되었고, 1668년 중보 후 화재로 소실되었다가 18세기에 다시 건립되었다.

대사의 실내에는 6개의 기둥이 8개의 줄을 이루며 지붕을 떠받치고 있

고차대사 정면과 내부

다. 천정을 떠받치고 있는 기둥의 천장 가까운 부분은 푸른색과 연초록색 및 빨간색 조각 장식이 있어 눈길을 쉽게 끌고 있다. 실내 뒤편에는 작은 공간이 마련되어 있는데 이 뒤편 공간의 천장에는 다양한 무늬가 다소 화려하게 장식되어 있다. 하지만 경내 바닥은 먼지로 가득 차 있는 것을 보니 이 사원은 더는 이슬람교들의 예배 장소로는 사용되지 않는다고 추측해 보았다.

회당을 벗어나니 이 대사에는 세 개의 미나레트가 보이고 그 탑의 꼭대기에는 전형적인 이슬람을 상징하는 반달 모양의 장식이 각각 붙어 있다. 고차가 한족이 상대적으로 많이 사는 지역이고 중국 정부가 이슬람의 종교적 모임을 제한하니 이 지역에서 이슬람이 스러져 가는 모양이다. 다수가 모이는 것을 제한한다는 핑계로 종교 활동의 자유가 나름 제한되는 것을 보니 안타까운 생각이 든다.

고차대사 경내에 뽕나무가 여러 그루 자라고 있는데 반가운 마음에 자세히 살펴보니 그중 한 그루는 매우 특이하게 일부는 백색 오디와 우리가 흔히 보는 짙은 흑색의 오디를 물고 있는 특이한 모습을 보인다. 중국의 한족과 이곳의 위구르족이 융합된다는 것을 의미하는 것은 아니겠느냐고 생각해본다.

이곳 고차대사를 보면서 과거 중국에서 이슬람문화가 불교문화와 결합하지 않았나 하는 어찌 보면 당연한 추측을 해보게 된다. 고차대사에서 보는 불교와 융합된 이슬람문화는 중국의 내륙에서 중국문화에 융화되던 이슬람문화와는 다른 모습으로 나타났을 것이다. 특히 당나라 시대의 이슬람은 불교, 유교 및 도교의 성격이 강하게 나타난다고 한다. 그러나 명나라 시대부터 이슬람은 차별과 탄압을 받기 시작하였고 이로 인해 아랍과 차단된 이후부터는 중국의 이슬람은 자체적으로 이슬람 지도자들을 양성하기 위한 노력이 필요하였다. 이로 인해 명나라 시대 때는 이슬람을 유교의 입장에서 재해석하여야만 했고 중국에 사는 이슬람의 입장에서는 유교를 받아들일 수밖에 없는 상황이었을 것이다. 이를 통해 유교라는 세속적인 입장과 이슬람의 신적인 입장이 결합이 되는 새로운 형태의 중국식 이슬람이 등장하게 되었다고 생각해 볼 수 있다.

국내 학자들에 따르면 조선 초기 왕실에서 아잔 소리가 들릴 정도로 이슬람이 행해졌다고 하는데 이슬람이 왜 조선 시대 사회 전반에 걸쳐 제대로 전달되지 않고 보편화되지 못했을까하는 의문을 동시에 던져본다. 이는 조선왕조의 태생적 배경과 국제관계 속에서 바라볼 필요가 있을 것이다. 이성계의 위화도 회군으로 인해 탄생한 조선왕조는 신권보다는 왕권을 강조할 필요가 있었고 이에 따라 조선 왕실에서는 불교뿐만 아니라 이슬람을 정책적인 입장에서 장려하지 않았을 것이다. 나아가 조선왕조가 직면한 국제관계 측면에서 보면 사대를 국제관계와 외교정책으로 채택하였던 조선은 명나라 황실에서도 이슬람이 채택되지 않았던 점을 고려할 수밖에 없었을 것이다. 황실의 위세를 과시하려고 하는 명의 압력에 의해 어쩔 수 없이 조선 땅에서도 이슬람이 사라지게 되었을 것으로 추측해 본다.

흔적만 남은 수바시 고성(苏巴什佛寺, Subash Buddhist Temple Ruins, 蘇巴什佛寺)

고차대사를 10시 20분경에 출발한 후 포장은 되어 있으나 다소 협소한 왕복 2차선의 도로를 따라 대략 20여 km를 달리니 수바시 고성이라는 절터가 모습을 드러낸다. 이곳이 세계문화유산이라고 말하기에는 입구에서 있는 커다란 표지석 대비 너무나 허름하다는 생각마저 든다. 출입을 통제하는 쇠기둥 차단기와 입구 왼쪽에 입장권을 파는 곳과 그에 붙은 자그마한 전시실 겸 사무실이 있는 정도이다.

기원후 1세기경부터 절터가 만들어지기 시작하였고 10세기 이후 쇠퇴하기 시작한 수바시 고성은 삼장법사로 알려진 현장 스님이 2개월 동안 체류하면서 설법을 전파한 곳이기도 하다. 20헥타르(ha)에 걸쳐 동쪽과 서쪽 절로 구분된 엄청난 규모의 절터는 해발고도 1천400여m[42]에 달하는 곳에 자리 잡고 있으며 융성기에는 승려가 1만 명 이상 있었다고 알려져 있다. 수바시 고성은 고차강 혹은 동창강이라고 하는 강줄기를 기준으로 강변에 동사(東寺), 즉 동쪽의 절터와 서쪽의 절터인 서사(西寺)로 나누어져 있다. 이 절터들이 해가 떠오르는 방향을 향해 있는 것은 다른 절들이 동쪽을 바라보는 원리와 마찬가지로 예불의 시작을 아침 일찍부터 할 수 있었을 것이기 때문일 것이다. 오늘은 그 중 서쪽의 절터, 즉 서사를 방문할 수가 있었다.

절터는 입구에서부터 나무로 방문객을 위한 탐방로를 별도로 만들어 놓고, 방문객들은 이 탐방로를 따라 참관하도록 하고 있다. 탐사대가 중간에 모르고 그 탐방로에서 벗어나 맨흙을 밟으니 어떻게 알았는지 관리인이 이동용 차를 타고 올라와 주의를 준다. 이곳의 전반적인 지형이 다른

---

42 절터를 설명하는 안내판에는 해발고도가 1천150m라고 되어 있는데 탐사대가 도착하여 서사 쪽을 측정하여 보니 1천400m라고 표시된다.

수바시 고성 터

곳과 마찬가지로 퇴적층으로 이루어져 있어 탐방객들이 발을 딛는 경우 쉽게 허물어지고 현재 남아 있는 터마저 훼손될 것을 염려해서 일 거다. 절터는 허물어져 많은 흔적을 제대로 찾기는 어려웠지만, 절터 뒤로 펼쳐지는 자연은 역사를 거슬러 듯 여전히 웅장한 자태를 뽐내고 있다.

탐방로 좌우편으로 여기저기에서 보이는 잡초더미와 같은 풀들이 보이고 거기에 예쁜 꽃과 함께 열리는 수박 모양의 작은 열매가 달려있다. 처음 보는 열매이다. 척박한 땅에서 자라다 보니 수분 유지를 위해서인지 잎은 작고 상대적으로 가늘며 꽃과 열매를 보호하기 위한 목적의 날카로운 가시가 돋아나 있다. 이 풀과 꽃은 소위 하늘 수박이라고 한다. 그 열매

수바시 고성 터의 하늘 수박 꽃과 붉은 열매

는 익으면 벌어지고 속의 육과는 붉은빛을 띠고 있는데 열매가 약재로 많이 쓰인다고 한다.

무너진 절의 탑과 그 흔적들만이 남아 있을 정도로 황량하게 보이지만 이곳에서 다양한 유물이 발견되었다. 그중에는 1903년 일본의 오타니 코주이(Otani Kozui) 탐사단에 의해 발견된 사리함이 있다. 이 사리함 겉면은 화려한 붉은 색을 띠고 있는데 거기에는 새의 모습과 비파를 연주하는 사람, 춤추는 사람들 혹은 광대들이라고 보이는 사람들의 모습이 그려져 있다. 이들은 총 21명으로 구성된 악단으로 이들이 당시 인기 있었던 악극이었던 '수무제(Su Mu Zhe)' 공연의 일부라고 추정하고 있다. 복원된 모습에 나타나는 머리 모양과 옷의 깃, 옷 모양 등을 통해 당시의 복식 연구에 귀중한 자료가 될 수 있을 것은 틀림없다. 그림에 나타난 사람들의 복장이 너무나 세련되고 현대적이라는 느낌을 강하게 받는다.

또한, 이곳에서 1958년 프랑스의 펠리오라는 학자와 그의 탐사단에 의해 동전을 비롯한 기타 다양한 유물들과 함께 7개의 사리함이 추가로 발

수바시 고성 사리함과 사리함의 악단과 악기연주자

수바시 고성 미라 및 옷감

수바시 고성의 인문탐사대

견되었고, 1978년에는 서편 절에 위치한 무덤에서 완전한 사람 모습으로 발견된 미라는 세계를 떠들썩하게 하였다. 그 미라는 아이와 함께 놓여 있는 상태이었다고 한다. 물론 수바시 절터는 훨씬 더 오래전에 건립되었지만, 여인 미라의 모습과 아이의 앞머리 누른 형태의 모양으로 보아 대당서(大唐書)에 기록된 당시 고차의 습속과 거의 일치하여 당나라 시대의 미라일 것으로 추정하고 있다. 탐사대는 수바시 고성을 12시경 출발하여 쿠얼러(库尔勒, Kuerla, 庫爾勒)로 향하였다.

쿠얼러(库尔勒, Kuerla, 庫爾勒)

수바시 고성을 오후 12시에 출발한 탐사대가 고차 시내에서 점심을 위해 잠시 내린 곳은 해발고도 1천30m에 있는 여아국 쇼핑센터라는 장소이다. 여아국(女兒國; Womanland)은 서유기에 나오는 곳으로 삼장법사와 저팔계가 이곳에서 물을 마시고 잉태하는 곳이며 여인국의 여왕이 삼장 법사와 결혼을 원하는 곳으로 나온다.

쇼핑센터에 들어서니 전형적인 위구르 음악이 흘러나온다. 세 명의 악사가 쇼핑센터 중간에서 탐사대가 들어서니, 마치 대기하고 있었던 듯 타악기를 연주한다. 식당에 들어서니 화려한 곳은 아니지만, 여종업원들이 한쪽 벽에 서서 탐사대를 맞이하고 있다. 다른 한쪽에는 '살아있는 화석나무'라고 불리는 호양나무의 정신(胡楊精神, Hu Yang Jing Shen)[43]을 강조하는 벽화가 붙어 있다.

식사가 어느 정도 진행되었을 때쯤 붉은색의 무희 복장을 한 몇 명의 무희가 식당 안에서 이쪽의 음악에 맞추어 춤을 춘다. 전혀 기대하지 못했던 바이다. '설마 우리 탐사대원들을 여기에 묶어 두려고....'이 식당에서 들리는 음악과 춤 소리가 신기했는지 몇몇 꼬마들

고차 식당에서 민속무용

고차 식당에서 춤구경하는 아이들

43 영웅 나무 혹은 '살아있는 화석나무'라고 불리는 호양나무는 사막에서 유일하게 생존하는 나무로 주로 중국의 신강지역에서 생존하고 있다. 모진 추위와 가뭄, 염화, 바람과 모래를 견뎌내는 생명력이 강해서 살아 천 년을 죽지 않고, 죽어 천 년을 쓰러지지 않으며 쓰러져서 천 년을 썩지 않는다고 한다. 따라서 모진 세월과 험한 시기에도 굴하지 않는 호양정신이라고 한다(Liu, Jensen, 2009).

이미지 ©2019 TerraMetrics,지도 데이터 ©2019 Google 200km

고차에서 쿠얼러 (출처: Google.map)

이 식당 문을 열고 들어와 넋 빠진 듯 구경하고 있고 탐사대 또한 덩달아 넋 빠진 채 구경하고 있다.

식사와 즐거운 공연 관람을 마친 후 탐사대는 G3012 고속도로를 타고 쿠얼러로 이동을 시작하였다. 예상 이동 거리는 약 300km이다.

G3012 고속도로가 어느덧 왕복 4차선의 G314 고속도로로 변경되었다. 한 시간 남짓 달린 시점에 예외 없이 검문소가 나타나 탐사대는 거기서 검문이 끝날 때까지 한동안 기다렸다. 기다리는 동안 갑자기 커피 생각이 난다. 평소에 거들떠보지도 않는 믹서커피에 대한 간절한 욕구가 생긴다. 다행히도 탐사대원들 중에서 믹서커피를 가지고 있는 사람이 있다. 하지만 뜨거운 물을 담을 방법과 커피를 탈 그릇이 없다. 커피 마시는 것을 포기할까 혹은 어떻게 구해볼까 하는 가진 궁리 중인데 마침 버스 기사가 뜨거운 물을 가지고 있다고 한다. 중국인들이 차가운 물을 마시지 않으니 항상 보온병에 뜨거운 물을 넣어 다닌다는 것이다. 어렵사리 탄 커피를 종이컵이 없으니 빈 생수통에 나누어 마신다. 궁여지책, 그러나 그 커피 맛은 '천상의 맛!'이라고 해도 과언이 아니다 싶다.

탐사대원 중 한 명이 때마침 한반도에서 좋은 소식이 있다고 알려 준다. 남북과 미국이 판문점에서 만나고 있다는 반가운 소리가 들린다. 남북 관계에 좋은 일이 생겨서 조만간 북한 내에 실크로드 관련 지역을 탐사할 수 있게 되기를 간절히 소원해 본다.

오후 3시 5분, 다시 쿠얼러로 출발하였다. 검문소를 지나자마자 나타나는 표지판은 쿠얼러까지의 여정이 195km 남았다고 알려준다. G314 길을 따라 공장지대가 보이고 곧이어 대규모 화력발전소가 버스 창밖으로 크게 다가온다. 이런 커다란 화력발전소가 사막 한가운데 있다는 것 자체가 놀랍다. 커다란 굴뚝에는 중국화능(中國火能)이라는 한자가 새겨져 있다. 중국 현대화의 상징을 나타낼 것이다.

쿠얼러로 가는 길의 더위가 만만치 않다. 오후 4시 30분 현재, 버스 내부에 찍히는 외부 온도는 34도를 가리키고 있다. 지금부터 6시(이곳에서는 여전히 대낮이지만)까지가 가장 더운 시간이라고 하니 기온은 조금 더 오를 수 있겠다. 아마 우리가 중국에서 가장 덥다는 투르판 지역으로 가까이 가고 있다는 뜻일 것이다. 쿠얼러에서 멀지 않은 지역의 버스 창밖으로 펼쳐지는 자연환경의 변화가 놀랍다. 기기묘묘한 아단지모의 산악 지형이 눈앞에 나타날 뿐만 아니라 고속도로 한쪽으로는 어마어마한 규모의 면화농장이 펼쳐져 눈이 피곤할 여력이 없다.

철문관

해발고도 890m, 저녁 6시가 조금 지났는데도 외부 온도는 여전히 34도를 나타내고 있다. G314 고속도로 저 너머로 쿠얼러라고 생각되는 커다란 도시가 오른쪽 창밖에 모습을 드러낸다. 이로부터 얼마 지나지 않아 마침내 쿠얼러(库尔勒, Kuerla 혹은 Kurla, 庫爾勒)에 도착한 시각이 6시

30분이다.

고차(庫車, Kuche) 출발 후 5시간 소요되었고 이동 거리는 약 300km가 채 되지 않았지만 세 번의 검문소를 지나고 나서야 쿠얼러에 발을 디딜 수 있었다.

바인궈렁 몽골 자치주(巴音郭楞蒙古自治州, Bayingholin Mongol Autonomous Prefecture)의 주도인 쿠얼러의 인구는 2018년 기준으로 유동 인구를 포함하여 약 80만 명에 달한다. 2018년 기준으로 보았을 때, 쿠얼러는 한족이 시민의 80%를 차지하고 있으며 약 20만 명에 달하는 몽골족과 위구르인들은 쿠얼러 외곽 초원에 방목하면서 주로 살고 있다고 한다. 쿠얼러는 과거에는 북쪽의 적으로부터 비단길 공격을 방어하는 역할을 수행하는 실크로드 도시로 번성했으며 최근에는 타클라마칸사막에서 발견된 유전과 이에 따른 원유 생산으로 신강위구르 자치구에서 두 번째로 큰 도시로 자리매김하였다. 신강위구르 지역에서 두 번째로 잘사는 도시라 그런지 한눈에 보아도 도시가 매우 청결하고 정리가 잘 되어 있다. 공작하(孔雀河, Kongque River)와 개도하(开都河, Kaidu River, 開道河)라고 하는 강이 쿠얼러를 좌우로 나누면서 중심을 흐르고 있다. 이 공작하는 보스텐호로 흘러 들어간다.

탐사대는 곧장 쿠얼러 시내로 들어가지 않고, 대신에 실크로드 병목 지대로서 당나라 시대에 군사 체크포인트로 설치되었으며 옌치 왕국(Kingdom of Yanqi, 焉耆)의 초울라 공주(Princess Tzhouhla)와 가난한 목동 타이르(Tayir)의 슬픈 사랑 이야기가 연루되어 있다는 철문관(铁门关, Iron Gate Pass, 鐵門關)을 탐사하기로 하였다. 해발고도 890m에 위치한 실크로드의 시작점(기점)인 철문관에 탐사대가 도착 한 시각은 7시가 가까운 시점이었다.

철문관은 보스텐호로 흘러드는 공작하의 상류에 있다. 보스텐호(博斯

쿠얼러 철문관

철문관 비림 안내 비석

騰湖, Bosten Lake, 博斯騰湖)[44]는 타림분지의 북동쪽 끝에 있는 수 면적이 약 100km^{2}에 조금 못 미치는 신강위구르 지역에서 가장 큰 담수호인데 쿠얼러로부터 약 57km 정도 떨어져 있다. 보스텐호의 가장 깊은 곳의 수심은 666m에 달하는 곳도 있으나 평균 수심은 약 8.1m에 불과하다. 천산에서 발원하여 남에서 북으로 흐르고 있는 특이한 곳이다.

철문관에서 바라보는 공작하의 상류 계곡은 유량이 풍부하고 유속이 매우 빠르다. 이곳은 더운 여름날 피서하기 좋은 곳이겠다는 생각을 하면서 주변을 살펴보니 이곳 철문관이 경치가 아름다운 지역으로 지정되어 많은 사람이 찾는 곳이라고 하는 안내 팻말이 있다.

이곳 철문관이 실크로드의 시작이라고 하는 것은 당시 중국에서 가장 서쪽에 위치한 관문이었기 때문이다. 이 지점을 넘어가면 서역이 시작되는 것이다. 또한 이 지점은 신강위구르 지역을 남강 지역과 북강 지역으

---

44 보스텐호는 몽골어로는 Bagrax 위구르어로는 Baghrash Kol이라고 불린다. 개도하(开都河, Kaidu River), 황수구(黃水溝, Huangshui Ditch), 청수하(清水河, Qingshui River), 우시탈라강(烏拉司特河, Wushitala River)과 공작하(孔雀河, Kongque River)가 보스텐호의 주요 수원이다. 해발고도 1천48m에 위치한 보스텐호는 신강위구르 지역에서 중요한 어장 역할을 수행하고 있을 뿐만 아니라 사향쥐를 사육할 수 있는 이상적인 장소로도 알려져 있다(China Expedition Tours).

철문관 장건 동상

철문관 당 현장 법사 동

철문관 시비

로 나누는 구분 선이 되며 보스텐호에 접어드는 시점에서 수력 발전이 대규모로 이루어지는 곳이다.

과거 중국, 즉 당나라의 공식적으로 가장 서쪽에 위치한 관문이었던 이곳 철문관에는 다양한 이야기가 전개되는 곳이기도 하다.

철문관은 기원전 2세기에서 1세기에 걸쳐 한나라의 장건(張騫, BCE 164-114)이 흉노에 대항하고 서역을 정벌하러 가기 전 통과한 한나라의 마지막 관문이며 이를 통해 서역과의 교통을 위한 길, 즉 실크로드를 개척하게 된다. 또한 삼장법사인 당의 현장 스님(604-668?)이 인도인 천축국[45]으로 가기 전 지나간 당나라의 마지막 관문이기도 하였다. 이 두 사람의 비석이 철문관 바로 앞 작은 광장에 서 있는 네 개의 동상 중 두 개에 해당한다. 이외에

45 당시 인도를 천축국이라 칭하고 아랍은 천방이라고 칭하였다.

도 중국의 많은 시인이 이곳의 아름다움에 매료되어 시를 짓고 후세에 남겼다. 중국 정부는 이 시들을 석판에 새겨 철관문의 초입에서부터 실크로드의 기점 비석이 있는 곳까지 암벽에 붙여두었다.

그러나 이곳은 무엇보다도 신강위구르 지역을 북강(北疆)과 남강(南疆)으로 나누는 지점에 해당하며 옛날 실크로드 고도의 시작점이라는 데에 탐사대는 무엇보다도 중요한 의미를 부과하였다.

철문관을 출발한 시간이 저녁 7시 25분, 차량의 수은주는 외부 온도가 여전히 34도임을 가리키고 있다. 일요일이자 신강위구르 자치구에서 원유 생산으로 인해 두 번째로 잘 사는 도시답게 곳곳에서 차량정체가 발

고대 실크로드 시작 표지석

북강과 남강 지역 경계선

고대 실크로드 기점에서 선 탐사대

생하고 있다. 숙소에 들어가서 저녁 식사를 한 후 내일의 이른 아침 일정을 위해 빨리 잠자리에 들어야 할 것 같다. 이곳 쿠얼러의 특산 과일 중의 하나인 향기로운 배(梨)자가 이름에 들어가 있는 숙소에 도착하니 8시가 다 되었다. 식사를 마치고 빨리 잠자리에 들어야겠다는 나의 희망에도 불구하고 해는 아직 서쪽 하늘에 높이 떠 있다.

식사 후 탐사대원들은 하나같이 숙소 앞에 있는 쿠얼러 강변, 즉 공작하 강변을 산책하기로 하였다. 강변 주위를 둘러싼 건물 간판에서는 켄터키 치킨, 왓슨과 같은 글로벌 기업들의 체인점들이 자리 잡고 있음을 알 수 있었다. 신강위구르 지역에서 부유한 도시의 모습이라는 생각을 지울 수가 없었다.

공작하 강변에는 셔플 댄스를 추고 있는 일련의 사람들, 강변을 산책하고 있는 사람 등 많은 사람이 모여 뜨거운 여름의 햇볕이 잦아드는 저녁 시간을 즐기고 있었다. 이곳에는 한족이 많이 살고 있기 때문인지 혹은 경제적으로 여유가 있는 곳인지는 몰라도 신강위구르 지역의 여느 곳과 다른 풍경과 느낌을 주기에 충분하였다.

더 오랫동안 공작하의 분위기를 즐기고 싶었으나 몸이 수면을 부르고 있고 또 새로운 한 주가 시작되는 월요일의 일정 또한 녹록지 않아 서둘러 숙소로 발길을 옮겼다.

쿠얼러 공작하의 야경

이른 아침 춤추는 쿠얼러 사람들

07

투르판 가는 길

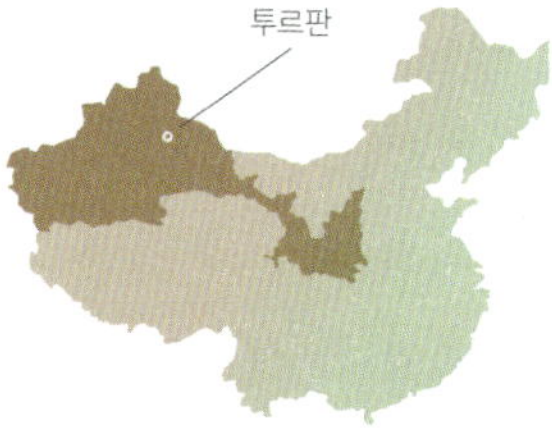

배(梨)의 도시 쿠얼러에서 포도의 도시 투르판으로

7월 1일, 아침에 눈을 뜨니 탐사 일곱째 날이다. 오늘 탐사 목적지는 투르판 지역이다. 오늘부터 2019년의 하반기가 시작되는 날이고 중국에서는 1921년 창당된 중국 공산당 창당일 이기도 하다. 투르판의 오늘 기온이 42도라고 예보되었고 내일은 43도까지 치솟을 것이라고 예보되어 있어 걱정되기도 하지만, 또 한편으로는 기대되는 날씨이기도 하다.

쿠얼러(库尔勒, Korla 혹은 Kurla 혹은 Kurle) 숙소에서 체크아웃하고 로비에서 버스를 기다리고 있는데 어제 저녁에는 보지 못했던 사람보다 높은 키를 가진 짙은 초록색의 커다란 바위가 숙소 로비 중앙을 떡하니 차지하고 있다. 가까이 가서 보니 짙은 초록색에서 윤기가 좔좔 흐르고 있다. 옥석 아래 설명서가 붙어 있어 읽어보니 벽옥 중에서 최고라는 벽옥지존(碧玉至尊)이라는 수식어가 붙어 있다. 쿠얼러 인근 화전(和田,

숙소 로비의 벽옥지존

쿠얼러시 철탑 위 아침 해

Hetian)지역에서 생산된 옥석인데 이 옥석의 무게가 4천200kg이고 가격은 무려 1억6천만 위안이라고 한다. 1위안에 170원 정도만 계산하여도 270억 원이 넘는 엄청난 가격이다. 야산에서 이 옥석을 채취하여 커다란 깨짐이 없이 운반하기도 결코 쉽지 않았을 텐데 어떻게 이곳까지 운반하여 왔을까 하는 놀라움에 상상을 초월할 정도로 비싼 이 벽옥지존의 가격에 다시 한 번 놀라지 않을 수 없다.

9시에 숙소를 떠난 탐사대 버스는 곧바로 근처 주유소에서 기름을 넣기로 하였다. 지금까지 신강위구르 지역의 주유소에서 몇 가지 특이한 장면을 목격하였다.

첫째로, 주유소 입구에 차량의 진입을 관리하는 차단기가 내려져 있고 주변은 철조망으로 둘러 싸여있다는 것이다. 또한 그 이유는 알 수 없지만, 차량의 출입을 철저히 통제하고 있다.

둘째로, 주유소에는 차량 운전자 이외에는 전원 하차하여 주유소 밖에서 기다려야 한다. 승용차든 화물차든 혹은 관광버스이든지 상관없이 승객은 모두 내려야 한다는 것이다. 왜 그리하느냐고 물어봐도 특별한 답을 주지 않는다. 혹시 이와 같은 현상이 중국의 다른 지역과 도시에서도 발생하는지에 관해서 물어보니 이와 같은 현상은 신강위구르 지역에서만 일어나는 것이라고 한다. 추측건대 아마 주유소가 폭발 테러의 대상이 되는 것을 예방하려는 의도일 것이다.

주유를 마친 버스는 쿠얼러 시내를 통과해 가는 데 장식용 철탑 위로 솟아오른 아침 태양이 강렬하게 빛나고 있다. 탐사대를 태운 버스는 곧 G3012 고속도로를 타고 복선의 전철 길을 곁에 나란히 두고 투르판(吐魯番, Turpan)[46]을 향해 달려간다.

오늘 목적지 투르판은 중국에서 네 가지의 '최고'로 유명하다.

먼저, 투르판은 중국 내에서 최고로 낮은 지역에 있다. 지금은 물이 완전히 말라버린 애정호(艾丁湖, Ayding Lake 혹은 Aydingkol Lake)[47]가 투르판 지역에 있는데 이 호수는 해수면 아래 154m에 달하는 곳으로 세계에서 사해 다음으로 낮은 곳으로 알려져 있다.

둘째로, 이곳은 중국에서 최고로 더운 곳으로 알려져 여름에는 화주(火州)라고까지 불린다. 이곳에서는 여름에 빨래하여 밖에 놔두면 30분 이내에 마른다고 하며 날계란을 모래 속에 묻어두면 한 시간 만에 완전히 익어버린다고 한다. 투르판의 애정호 인근 기상관측소에서 2015년 7월 24일 수은주는 무려 50.3도를 기록하였다.

셋째로, 투르판은 중국에서 최고로 건조한 곳으로 연평균 강우량은 16mm에 불과하다.

마지막으로, 이런 척박한 지형과 기후에도 불구하고 중국에서 최고의 당도를 보이는 포도가 생산되고 있다. 이곳에서는 당도 35 이상을 기록하는 포도의 산지로 유명하여 매년 포도 축제가 열리고 있다. 이런 높은 당

46 투르판은 영어로는 Turpan, Turfan 혹은 Tulufan이라고 표현한다.

47 애정호는 아이딩호라고 부르는데, 위구르어로 아이딩콜(Ayding kol)은 '달의 호수(moon lake)'라는 의미이다. 아이딩호는 이제 완전히 말라버렸는데 현재 이곳에서는 암염을 생산하는 소금공장이 운영되고 있다.

이미지 ©2019 TerraMetrics 50km

쿠얼러에서 투르판 카레즈까지 이동 경로 (출처: Google.map)

도를 보이는 포도와 더불어 이곳에서는 말린 포도, 즉 건포도가 유명하다. 특히, 포도를 수확하여 말리는 것이 아니라 나무에서 직접 말리는 건포도[48]가 유명하다. 투루판에서는 카레즈(砍儿井, Karez, 감아정)라는 천산에서 흘러내리는 지하수를 통해 포도에 물을 공급하여 포도를 재배한다. 나무에서 직접 포도를 건조하기 위해서는 포도에 공급되는 물을 차단하게 되면 자연스럽게 포도가 나무에서 건조된다는 것이다.

오늘 일정은 여간 녹록지 않다. 쿠얼러(Kurla)에서 투르판 카레즈까지는 대략 400km, 중간에 해당하는 100여km는 시속 40km 정도로 주행해야 한다고 하니 약 6~7시간이 소요될 것이다. 이곳 고속도로 구간의 속도 제한은 버스 및 화물 트럭들은 80km/h로 표시되어 있다. 버스의 제한속도가 100km/h까지 허용되는 G3012의 다른 고속 구간보다 훨씬 저속으로 달려야 한다.

일반적으로 신강위구르 지역 고속도로에서 버스와 트럭의 제한 속도는

48 투르판의 포도는 크게 씨앗이 있는 포도와 씨앗이 없는 포도로 나누어지고 현지에서는 황제에게 진상하는 조공품으로 사용되었던 씨앗이 있는 포도를 '남자 향 포도'라 하고, 씨앗이 없는 포도는 '여자 향 포도'라고 부르고 있다. 건포도의 씨앗은 고온에 자연 건조되어 씹어 먹을 수 있을 정도이다.

100km/h이고 승용차의 최고 속도는 시속 120km로 정해져 있다. 고속도로에서 최저 제한 속도는 60km/h로 설정되어 있는데 차량의 속도 준수가 철저한 듯 보인다. 그 이유를 물으니 벌금이 엄청나다고 한다. 그래서인지 우리네 고속도로에서보다도 속도, 특히 최고 속도를 잘 지키는 듯하다.

G3012와 같은 고속도로가 중국의 주요 도시들을 연결하고 이런 연결을 통해서 지역별 특화산업과 관광수요를 촉진하여 일자리를 만들게 될 것으로 생각한다. 도로와 철도, 항만 및 공항 등과 같은 인프라의 건설은 직접적으로 경제성장을 촉진하는 요인으로 작용할 것이다. 하지만 중국도 창의성과 지식재산을 중심으로 하는 경제 구조의 전환만이 향후 중국 경제의 지속 가능 성장을 위해 필요한 일이 될 것이다.

투르판으로 가는 고속도로에서 보이는 외부 전경

화석지역 은 백양나무 가로수 뒤편 고추밭 농장

보스텐호를 오른쪽에 두고 탐사대를 태운 버스는 G314 고속도로를 열심히 달려간다. 고속도로 주변에는 듬성듬성 나무가 있는 초지를 옆에 두고 달리기도 하고 또 멀리 물이 모이는 습지 같은 것도 보인다.

버스에 탑승하여 자세히 보니 눈길을 끈 것은 화물차나 버스 등은 반드시 차량 뒤편 차대에 차량의 원래 번호판과 별도로 눈에 띄게 큰 글씨로 그 차량 번호를 새겨 놓았다. 승용차는 이렇게 차량 번호가 차량 뒤에 새겨진 것을 본 적이 없다. 아마 이런 이유로 이 큰 차량이 고속도로 혹은 일반도로에서 과속하지 못하는 모양이다. 가끔 우리네 고속도로에서 운전하다 보면 대형 차량과 상업용 차량들이 너무 빠른 속도로 달려서 겁이

트럭 뒤편 차대에 새겨진 번호판

투르판 가는 왕복 4차선 고속도로

나기도 했다. 우리나라도 중국의 이처럼 차량 번호를 크게 새기는 것을 도입하는 방안을 검토해 볼 필요가 있는 것 같다.

한 시간 반을 달려 오전 10시 반쯤 해발고도 1천100m에 위치한 휴게소 도달하였다. 휴게소에서 약 30분 정도의 휴식을 취한 후 과거 이 머나먼 길을 대상들은 어찌 다녔을까 하는 궁금증을 머릿속에 더하며 다시 장도에 올랐다.

곧이어 화석(和碩) 톨게이트를 지나서 오늘 여정의 첫 번째 검사 지점, 즉 검문소에 11시 11분 도달하여 검문절차를 거쳤다. 이번 검문소의 통과는 쉽게 이루어졌다. 잠시 후 버스 기사는 다시 시동을 걸고 시속 40km로 은 백양나무 가로수 뒤편의 대규모 고추밭을 오른편에 두고 화석 지역을 서서히 통과하였다.

도로에 세워진 여정 안내판은 목적지인 투르판까지 301km 남았다는 것을 알려준다. 출발 후 두 시간 반에 걸쳐 겨우 100km 정도를 온 것이다. 지루한 도로 위의 여정 가운데서도 중간중간 보이는 뿌리가 땅속 30m까지 내린다는 사막의 강력한 생명력을 가진 홍유(紅柳)의 분홍색 꽃들이 한가로이 탐사단원들 눈의 피로를 씻어주고 있다.

간단한 점심을 위해 금화반관(金花飯館)이라는 면을 파는 허름한 노상식당에 12시 정차하였다. 투르판에 이르는 중간에 식사를 할 수 있는 곳이 없기 때문이다. 간단히 수타면으로 식사를 마치고 충분한 휴식을 취한 후 다시 출발하였다. 여기서부터 투르판까지는 280km, 중간의 저속구간을 포함하여 약 5~6시간이 소요될 것으로 예상한다.

G3012 고속도로에 다시 오른 후 얼마 되지 않은 오후 1시 30분경, 해발고도 1천210m에 위치한 두 번째 검문소를 지나게 되었다. 이번 검문은 아주 쉬워서 곧바로 다시 출발하였는데 버스 안에 설치된 온도계에 표시된 외부 온도는 벌써 32도를 나타내고 있다. 오후 4시에서부터 6시가 가장 더우리라 생각해보면 예보된 42도까지는 쉽게 오를 것으로 생각한다.

투르판 고속도로 주변 검문소의 게르 형태의 건물

투르판 고속도로 주변으로 한없이 펼쳐지는 고비사막

투르판까지 남은 여정 230km에 해당하는 길 중간중간 전형적인 메마른 고비 형태의 타클라마칸사막을 지난다. 이 사막의 여기저기 낙타들이 흩어져 있는 것이 보인다. 창밖으로 보이는 메마른 사막과 작열하는 7월의 태양 아래에서 오늘날의 탐사대는 버스를 타고 움직이고 있지만, 먼

투르판 가는 길의 황량한 사막

투르판 가는 길 거북이형태 구름

옛날에는 이 험한 곳을 다니는 것은 목숨 자체를 거는 일이라고 할 수밖에 없었을 것이다.

탐사대가 지금까지 지나서 온 다른 사막들은 중간중간 만년설이 녹아내린 흔적과 어떤 이유에든 물이 흐른 흔적과 물이 고인 크고 작은 호수들이 드문드문 있었으나 여기에는 그런 모습이 거의 보이질 않는다. '저기 멀리 보이는 솟아오른 모래더미 같아 보이는 언덕 뒤의 짙은 군청색은 과연 물기를 머물고 있을까?'라고 반문해본다. 이 메마른 사막에 현대의 중국은 왕복 4차선의 고속도로를 내고 철길을 만들었으며 고압 송전탑과 전화선을 설치하여 교통과 통신의 편리함을 제공하여 나아가 이들 지역을 적극적으로 중국으로 동화시키는 노력을 하고 있다.

투르판 가는 길 주변 지형

투르판 가는 길 주변에 우뚝 솟은 철탑

해발고도가 1천400m인 지점에 도달한 2시 이후부터 버스는 내리막길을 달리고 있는 느낌이다. 해발고도 950m에 다다른 지점에서 창밖으로 보이는 산 위에 떠 있는 거북이 모양을 한 구름이 탐험대의 버스를 따라 마치 느릿느릿한 걸음으로 동행하면서 우리들의 무료함을 달래 주는 듯하다.

좌우로 고개를 돌려서 보면 창밖으로는 산으로 둘러싸여 있어 전형적으로 계곡을 형성하고 있는 지형의 모습이 눈에 들어오는데 외부 기온은 점점 더 올라 2시 30분경에는 외부 온도가 35도를 나타내고 있다. 주변의 흙 색깔은 붉은 황토색을 띠기도 하고 또는 짙은 검은색이 나타나기도 한다. 짙은 검은색의 흙은 마치 석탄이 지표면에 노출된 느낌이 들기에 충분하다.

3시쯤 되었을까? 한동안 내리막길을 가던 버스가 다시 오르막길에서 한참의 시간을 보내고 있다. 트럭들이 엉금엉금 기어가고 있고 탐사대원들을 태운 버스 역시 속도를 내지 못하고 있다. 또한 시간이 가면서 외부 기온이 떨어지고 있어 의아한 생각이 들 수밖에 없다.

차창 밖을 보니 좌우로 협곡이 우리를 둘러싸고 있는 모양이다. 이곳의 해발고도는 1천670m에 달한다. 조금 전에 측정한 곳의 해발고도가 900m 정도였으니 이곳까지 무려 700m 이상을 올라오는 형상이 되었다. 트럭과 버스가 거북이걸음일 수밖에 없다. G314 고속도로 위의 94번 출구 가까이에서는 해발고도가 무려 1천689m로 기록되었다. 그래서인지 이곳에서의 트럭과 버스는 최고 시속이 40km로 속도 제한이 걸려 있다.

최고점을 지나면서부터 투르판까지는 거의 내리막일 것이다. 해발 1천700m에서 해수면보다 150m 낮은 곳에 있는 투르판[49]을 상상해보라. 얼마나 먼 거리에 걸쳐 내리막길일지 모르지만 약 2천m에 가까운 높이를 하강해야 하는 것을 상상해 보면 아찔할 것이다.

이곳에서 내려오는 길의 제한속도는 평지에서보다 훨씬 낮아 화물트럭과 버스는 시속 40km이고 승용차조차도 60km에 불과하다. 여기저기 굽은 길이 많고 한동안 내리막길이니 브레이크에 무리를 주지 않기 위해서 고안한 방법일 것이다. 약 45km에 걸쳐 1천500m를 내려오니 말 그대로 수직하강이다. 귀가 먹먹해지고 소리가 제대로 들리지 않을 정도이다.

내려오는 도로의 주변에는 모래언덕이 좌우로 펼쳐져 있고 말 그대로 풀 한 포기 보이지 않는 모래사막이 눈을 꽉 채운다. 사실 운전하기에는

---

49 투르판(Turpan)은 위구르어로 '낮은 곳'이라는 의미이다. 투르판에서 가장 낮은 곳은 애정호(Aydingkol)라고 부르는 곳으로 해발고도는 수면 아래 154m이다.

투르판 가는 길의 트럭 해열소

투르판 탁극손 주변의 사막

내심 겁나는 지형이다. 화물을 잔뜩 실은 트럭들을 위해서는 화물 중량을 점검하는 검사소가 있고 검사소 경내에 트럭 바퀴와 브레이크의 열을 식힐 수 있도록 물이 채워진 곳, 즉 해열소가 있다.

투르판 인근에 위치한 탁극손 지역 주변의 험한 지형

황량한 고속도로 저 멀리 보이는 투르판 인근 지역인 탁극손

중간쯤 내려오니 탁극손(托克逊, Toksun, 託克遜)이라는 도시가 짙은 녹색을 띠며 저 멀리 어렴풋이 보인다. 과거의 순례자와 대상들은 이 도시를 보면서 안도의 한숨을 내쉬었으리라. 탐사단 대원들도 누구나 할 것 없이 긴장을 풀고 안도의 숨을 내쉬고 있다. 과연 이와 같은 도로와 장비가 없던 시대에는 여기를 어떻게, 왜 이 길을 걸어가야 했을까? '종교적인 신념과 헌신?'에서 혹은 '상업적 이윤을 찾아서?' 대답은 자명한 것 같으면서도 절대 쉽게는 찾을 수 없을 것 같다.

급경사의 고속도로를 내려오는 종점, 해발고도가 190m에 불과한 지점에 검문소와 탁극손 휴게소가 있다. 현재 시각 4시 40분, 외부온도는 41도를 가리키고 있다. '후~~~덥다'는 말이 입에서 저절로 나온다. 이 휴게소에는 아주 많은 수의 양고기와 면을 파는 식당들이 즐비해 있다. 잠시 휴식을 취하는 사이 조그만 슈퍼마켓에 들러 아이스크림을 탐사대원들과 운전기사 및 가이드를 위해 샀다. 다들 맛있게 아이스크림을 먹으면서 이 뜨거운 탁극손의 날씨를 즐기고 있다. 이런 소소한 것들이 험한 여정 가운데서 느낄 수 있는 작은 행복이라고 생각해 본다.

탁극손 휴게소

탁극손 발전소

검문소에서 검문을 마치고 나니 거의 5시가 되었다. 그러나 외부 온도는 여전히 42도를 나타내고 있다. 짧지만 충분한 휴식을 취한 후 탐사대는 다시 투르판을 향해 출발하였다. 덥더라도 더는 아찔하다는 생각은 들지 않는다. 이번 탐사가 한여름에 이루어지는 것이고 이 지역이 북경의 표준시를 따르더라도 실질적으로 두 시간 정도의 시차가 있어 늦은 오후 혹은 이른 저녁 시간에 무더위를 피하여 탐사를 진행할 수 있어 다행이라고 생각했다. 당시의 순례자들도 하절기에는 폭염을 피해 저녁 시간에 이동을 하였을 것으로 생각해 본다.

탁극손 휴게소를 지난 지 얼마 되지 않아 차창의 오른쪽으로 커다란 화력발전소가 보인다.[50] 발전소 굴뚝에서 연기가 피어오르는 것으로 보아 이곳 탁극손 지역과 투르판 지역으로 공급하기 위한 전력생산이 이루어

50 2015년 완공된 600MW의 발전능력을 가진 탁극손 중태석탄화력발전소(新疆中泰化学托克逊能化公司动力站, Zhongtai Toksun Coal Power Plant)이다.

탁극손에 이르는 고속도로

탁극손–투르판 고속도로

지고 있는 모양이다.

5시 20분을 지나는 시점에서부터 해발고도가 0m 이하로 떨어졌다. 투르판이라는 표지판이 보이는 지점의 해발고도는 -15m를 기록하고 있다. 차창 밖으로 보이는 은 백양나무 가로수를 위시한 풍성한 초록이 눈의 피로를 들어주고 있다. 앞서 내리막 길에서 마주친 장면과 극단적인 대조를 이루고 있다. 이런 초록색은 오늘 탐사대뿐만 아니라 과거의 수도승 및 대상들과 또 다른 여행자들에게도 많은 위로와 평화의 기운을 주었을 것이다. 탁극손에서 투르판에 이르는 길은 나름 잘 닦여진 왕복 2차선 도로이다.

투르판 초입에는 현재 중국 정부가 대규모의 식수를 진행하고 스프링클러를 사용하여 나무에 물을 공급해 주고 있는 것이 눈에 띈다.[51] 이와

투르판 탁극손의 푸른 나무들

탁극손 고속도로 주변의 식재목

51 지금까지 거쳐 온 신장위구르 지역에서 식수에 사용되는 수목의 종은 은 백양목이 주를 이루고 있었으나 은 백양목과 더불어 투르판에서는 도로변에 뽕나무를 사용하여 식재하고 여기에 물을 공급하는 급수시설을 갖추고 있다. 이곳 투르판에서는 적은 강수량과 높은 기온 때문에 나무 한 그루 그루마다 물을 인위적으로 공급하지 않으면 나무들이 말라 죽는다고 한다.

같은 대량의 식수가 성공하려면 상당량의 물이 필요할 터인데 '도대체 이렇게 엄청나게 더운 사막성 기후를 가진 투르판 지역 어디서 이 물들을 공급하는 것일까?'라는 의문이 든다. 이곳에 심어진 나무들은 이곳의 토양을 옥토로 바꾸어 보겠다는 의도일까? 경관의 아름다움을 더하려는 의도일까? 아니면 모래바람을 막는 방풍의 의도일까? 궁금해진다.

결코 짧다고 할 수 없는 거리를 지나고 나니 왼편으로 낮은 모래 산들이 자리 잡고 있고 오른쪽으로는 자갈사막이 끊임없이 펼쳐지고 있다. 투르판으로 조금 더 들어오니 왼편으로 거대한 풍력발전단지가 눈에 확 들어온다.[52] 얼핏 눈에 보이는 풍력발전기 수를 대충 어렴풋이 계산해 봐도 최소 몇백대는 되어 보인다. 이 풍력 발전단지가 우루무치까지 이어진다고 하니 대단하다고 할 수 밖에 없다. 경북 영덕의 풍력 발전단지와 제주 구좌의 풍력발전단지의 규모와 비교조차 할 수 없는 정도이다. 탁극손에 화력발전소가 있고 여기에는 대규모 풍력발전단지가 있으니 중국의 신재생에너지 생산 규모를 짐작해 볼 수 있다. 더구나 이곳저곳에서 식목작업이 이루어지고 있으니 이는 궁극적으로 중국의 지속 가능 성장을 달성하

탁극손 고속도로 주변 자갈사막

투르판 달반성 풍력발전단지

52 이 풍력발전단지는 고비사막 주변 길이 80km, 면적 1천600km²에 이르는 배리 풍력 지구(Barry Wind Area)에 설치된 풍력발전단지인 달반성(达坂城, Dabancheng, 達坂城) 풍력단지이다. 연간 발전용량 500MW를 가진 달반성 풍력단지는 중국 최초의 대규모 풍력발전단지일 뿐만 아니라 아시아에서 가장 큰 풍력발전단지이기도 하다. 배리 풍력 지구는 북강(北疆, Beijiang)이라고도 하는 준가리(准噶尔, Junggar, 準噶爾)분지와 타클라마칸사막 사이에 형성된 좁은 통로를 지칭한다.

는 데 기여하게 될 것이다.

30분여를 달려 다시 G3012 고속도로를 타고 우루무치와 반대 방향으로 가는 길을 잡았다. 5시 45분 현재, 외부 온도는 42도를 기록하며 끓어오르고 있고, 버스는 쉴 새 없이 좌우로 홍유 나무를 지나고 또 새로이 식재된 묘목 같아 보이는 작은 나무들을 오른쪽에 두고 달리고 있다.

이번 일정의 마지막 검문소인 투르판 검문소를 6시가 조금 안 되어 통과하게 되었다. 돈황이 있는 감숙성으로 들어가게 되면 더 이상의 검문이 없을 것이라는 말에 탐사대 단원들은 모두 안도의 한숨과 함께 약간의 아쉬움을 표시한다. 저녁 6시, 현재 밖의 온도는 여전히 42도를 보인다. 검문소에서 잠깐 차 밖으로 나와 걸으니 피부로 느끼는 실제 체감온도는 복사열로 인해 마치 뜨거운 찜질 황토방에 들어와 있는 듯한 60~70도 이른다고 느껴진다.

투르판 포도밭과 카레즈

투르판에 도착하면서 곧바로 임공정(林公井), 등공정(邓公井)이라는 이름을 가진 투르판의 수로 시스템인 감아정, 즉 카레즈(砍儿井, Karez)[53] 유적지를 방문하기로 하였다. 아직 해가 많이 남아 있기도 하였지만, 내일 일정을 여유를 가지고 충분히 소화하기 위해서이다.

투르판에 들어와 문화관광 안내소를 지나면서 눈에 가장 먼저 들어 온 것들은 좌우 노변에 여기저기 싸여 있는 많은 수의 흙더미들이었다. 문화

53 카레즈(Karez)는 페르시아어로 '파서 물을 통하게 하는 시설'이라는 의미이며 위구르어로는 '우물(well)'을 나타낸다. 지하수로 시설인 카레즈는 중국의 만리장성, 대운하와 더불어 중국의 고대 3대 토목 사업 중의 하나에 해당한다.

감아정, 즉 카레즈

등소평 방문 기념 카레즈

재 발굴을 한 흔적인가 혹은 다른 이유가 있는 것일까 궁금해하는 가운데 탐사대는 카레즈 입구에 도착하였다.

투르판에서는 약 2,000여 년 전부터 수로를 파기 시작하였고, 당나라 시대에 더 많은 수로가 건설되었다. 청나라 시대에는 아편을 불태움으로써 궁극적으로 아편전쟁을 야기한 임칙서(林則徐, Lin Zexu)가 이곳으로 유배되어 오면서 이를 확대하여 건설하였다. 임칙서를 기리기 위해 카레즈에 임공정(林公井)이라는 명칭을 부여하였다고 한다. 또한 1981년에는 중국의 등소평이 이곳을 방문하여 시찰하고 지도하였기에 이곳이 등공정(邓公井)이라는 이름을 가지게 되었다. 지하수로를 파기 시작한 기술은 페르시아에서 유래하였는데 이 기술이 중앙아시아에 전파되었다가 중국으로 그 기술이 유입되었다.

카레즈 내부로 내려가기 전에 설명을 들으니 카레즈 건설은 먼저 용천 지점을 파악한 후 역으로 천산 혹은 인근의 화염산까지 지하수로를 파서 건설했다. 그 건설된 수로를 따라 물이 내려오면 저장하고 지하수의 온도를 자연적으로 높인 후 물을 포도 재배지에 공급하였고 식수로도 사용하였다. 여기에 포도농원이 많은 이유를 짐작하게 하는 이유이다.[54] 또한 카

54 물론 투르판에 왜 많은 과수 중 포도가 주력 생산품목으로 자리 잡게 된 이유는 알 수가 없다.

레즈의 존재로 인해 건조한 기후의 투르판이 과거 실크로드 대상들과 순례자들 그리고 그들이 데리고 다니던 낙타를 포함한 가축들이 쉴 수 있는 곳으로 자리 잡을 수 있었다.

투르판의 카레즈는 만년설이 녹아 지하로 흘러든 물을 지하수로를 통해 활용하고 있는 세계에서 유일한 지역이다. 카레즈는 얕은 곳이 지하 40여m, 깊은 곳은 최고 98m까지의 깊이로 파서 물이 흐르도록 관개수로를 만들었다. 수로의 넓이는 약 1m 이내(70~90cm 정도)로 되어있으며 천산까지 짧게는 40km, 길게는 60km 정도가 되는 길이의 수로가 지하에 건설되어 있고 현재 1천100개의 수로가 존재한다고 알려져 있다. 이 수치를 바탕으로 카레즈를 전부 합한 총연장은 어림잡아 5천km 이상에 달할 것이라고 계산해본다. 이와 같은 수로의 길이를 고려해볼 때 지하의 경사

입구에서 내려다 본 카레즈

카레즈의 맑은 수로

카레즈 입구 춤추는 위구르인

면에 대한 고려가 무엇보다도 중요했을 것이니 그 세심한 측량기술에 그저 감탄할 뿐이다. 중국의 고대 3대 토목사업 중의 하나라고 하는 것이 충분히 이해된다. 그 덕분으로 사막의 한가운데 있어 화주라고까지 통칭하는 이곳 투르판이 포도 농사로 이름을 날리는 오아시스로 번성할 수 있었을 것이다.

카레즈 방문을 마친 탐사대는 7시 숙소를 향해 이동하였다. 투르판 시내에서 간단한 식사로 요기하고 탐사대가 숙소에 체크인하니 밤 9시가 다 되었다. 쿠얼러에서부터 이곳까지 참으로 멀고 험한 탐사의 하루였다. 내일 탐사는 더욱더 흥미로우리라 생각하며 하루 일정을 마무리하였다.

08

투르판 화염산, 천불동 및 교하고성

서유기의 화염산에서 느끼는 불꽃 열기

7월 2일 화요일, 이번 실크로드 인문탐사대의 일정이 꼭 절반을 지난 시점이다. 먼 여정에 쉴 새 없이 달리면서 세어보니 지금까지 총 14개의 검문소를 통과하였다. 오늘은 신강위구르 지역에서 거의 마지막에 해당할 투르판에서 화염산(火炎山, Flaming Mountain, Huoyanshan)과 이에 인접한 천불동(千佛洞, Beziklik Grottoes 혹은 Beziklik Thousand Buddha Caves)[55], 중국 차사(車師, Cheshi)족[56]에 의해 설립된 야마즈계곡(Yamaz Valley)에 있는 교하고성(交河故城, Jiaohe)과 투르판 박물관이

55 Beziklik는 '아름답게 장식된 곳'이라는 의미의 석굴로 고창왕국의 초기에는 영융사(寧戎寺)라는 이름으로도 불렀다.

56 차사족은 이전에는 고사(姑師, Gushi)족이라고 불렀다. 교하(交河, Jiaohe)고성은 전차사(前車師, Former Cheshi) 왕국의 수도였다(ChinaKnowledge.de).

일정에 포함되어 있다.

오늘 일정은 다른 어떤 날보다도 매우 고될 것이다. 투르판 지역은 중국 내에서 가장 더운 지방으로 알려져 있고 일기 예보에 따르면 오늘의 낮 최고 기온은 45도로 예보되어 있다. 이런 날씨에 지표 온도는 쉽게 60~70도를 보일 것이다. 날계란을 흙에 묻어 두면 1시간 이내에 익어 버린다는 곳이고 자외선이 무엇보다도 강할 것이기 때문에 가급적 투르판의 뜨거운 열기를 피할 수 있도록 단단히 준비하는 것이 중요하다.

뜨거운 날씨를 고려하여 평소보다 조금 일찍 숙소를 떠난 탐사대는 오늘 첫 번째 탐사 목적지인 화염산을 향해 출발하였다. G30 도로를 따라 약 40분 동쪽으로 이동하여야 화염산에 도달할 수 있다.

투르판을 빠져나와 화염산 가는 길은 초록의 나무들로 가로수 길이 만들어져 있다. 투르판은 연간 강수량이 21mm[57]에 불가한 지역으로 도대체 이런 도시가 사막 한가운데 있다는 생각이 전혀 들지 않는다. 고속도로 주변의 나무를 자세히 살펴보니 뽕나무가 도로를 따라 식재되어 있다. 모든 나무는 야간에 물을 공급하기 위한 스프링클러 호스가 설치되어 있다. 그 너머로 보이는 다소 황량한 벌판으로는 작은 규모의 석유 시추기가 여기저기 보여 이곳에서도 석유생산 이루어지고 있음을 알 수 있다.

투르판에서 화염산 가는 길 가로수

화염산 가는 길 사막의 석유시추기

57 Climate-data Org.

차창 밖으로 보이는 화염산 산맥

화염산 위로 솟아오른 아침 해

동서로 100여 km에 달하는 화염산 산맥[58]이 좌측에 우뚝 솟아 있다. 이 화염산 산맥도 예외 없이 붉은 물감을 뿌린 사암으로 이루어진 아단지모(雅丹地貌, Yardang)의 지형 형태로 마치 마구잡이로 밀가루 반죽을 해 놓은 것처럼 보인다.

화염산은 명나라 시대의 소설 서유기(The Journey to the West)의 배경이 되는 곳이기도 하며 또한 현지 위구르인들의 이야기에 따르면 화염산을 파괴하는 용을 한 전사가 죽이면서 그 죽은 용의 피가 산에 뿌려져 산의 흙 색깔이 붉은색으로 물들었다고 한다(Dhwty, 2018). 화염산은 여름철 기온이 쉽게 50도에 육박하며 햇살을 직접 받는 곳은 최고 기온이 80도까지 이른다고 하니 자칫하면 통째로 바비큐 구이가 될 수도 있겠다.

G30 고속도로를 내려와 작은 길을 따라 화염산으로 오른다. 황토산으로 만들어진 것 같은 화염산 오르는 길 동쪽 산머리 위로 솟아 오른 태양에 벌써 산 전체가 이글거리는 듯하다. 느낌상 그런 것인지 아니면 실제로 그런 것이지는 조만간 알게 될 것이다.

58 고창산맥(Gaochang Mountains)이라고도 불리는 천산산맥의 줄기인 화염산 산맥은 주로 붉은색의 사암을 기반암으로써 이루어져 있는데 히말라야산맥이 형성된 약 5천만 년 전의 지각변동에 의해 이루어졌다. 투르판분지의 북쪽 끝에 자리하고 있는 화염산 산맥은 약 10km의 폭으로 동서로 약 100km에 걸쳐 자리 잡고 있다. 화염산 산맥은 가장 높은 곳의 해발고도는 831m인 반면 평균 해발고도는 약 500m 정도에 달한다고 한다(Wikipedia). 화염산 산맥은 풀 한 포기조차 제대로 보이지 않은 황량한 산으로 이글거리는 태양과 열기로 인해 마치 불꽃이 솟아오르는 모습이다.

화염산으로 올라가는 중간에 창밖으로 내다보니 탐사대가 탄 차량이 움직이고 있는 도로와 맞은 편 붉은 산언덕 사이로 강물이 보이고 푸른 숲이 간간이 보인다. 아마 과거 실크로드를 따라 이동하는 승려들과 대상들은 이 푸른 숲을 보고 화적 구이가 되는 것을 피할 수 있을 것이라는 안도의 한숨을 내 쉬었을 것이다.

화염산 도로변 계곡 아래 숲

화염산 계곡 절벽

9시 15분, 탐사대는 화염산 중간, 전망대가 있는 곳에 잠시 정차하였다. 이곳에서 탐사대의 눈길을 끈 것은 이곳이 얼마나 뜨거운지를 보여주는 흙무덤이 쌓여 있고 거기에는 沙烤鷄蛋(사고계단), 즉 모래 화덕에 구운 계란이라는 팻말이 서 있다. 이 팻말이 서 있는 것을 보니 계란을 땅에 묻어 두면 익어 버린다는 말이 사실이다. 이 팻말이 서 있는 옆의 조그만 테이블 위에는 최근 중국의 디지털금융을 대표하는 위챗페이(wechatpay)를 활용하여 대금을 지불할 수 있게 되어 있다.

쉬는 시간에 눈을 돌려 주변을 보니 산과 산 사이에 길이 나 있고 아무것도 없어 보이는 더욱더 황량한 지형의 발아래 계곡을 보니 풍성한 물이 흐르고 있다. 지금처럼 산등성이를 따라 수행자와 대상 행렬이 한낮에 움직였다면 얼마 지나지 않아 소위 말하는 햄버거패티처럼 불꽃에 구워졌을 것이다. 과거 대상과 수행자에게는 이 계곡에서 흐르는 강물과 숲은 말 그대로 휴식의 공간, 생명의 오아시스였을 것이다. 왜 이번 탐사대가 다니는 길이 천산 중로의 실크로드에 해당하는지 이해된다.

화염산 중간의 계곡과 전망대

화염산 전망대에서 보는 발 아래 계곡의 오아시스

화염산 전망대의 계란구이

탐사대가 다시 버스를 타고 휴게소를 지나 조금 더 올라가니 산은 더욱 더 거칠어지고 토양은 더 붉어지고 있다. 아침 해가 이곳 산머리까지 솟아올랐기 때문일 것이다.

탐사대가 산 중턱에 있는 천불동 입구에 도착한 시각은 9시 35분, 주차장 정면에서 오른쪽으로 보이는 한 곳에는 천불동이라는 팻말이 붙어 있고 주차장 아래의 다른 한쪽에는 관광객들을 위한 산악용 오토바이인 ATV(all terrain vehicle)가 줄지어 서 있다. 주차장 건너편 화염산을 통과하는 도로 주변에 삼장법사와 손오공의 형상을 본뜬 조형물이 설치되어 있어 이곳이 서유기와 관련되어 있음을 시사해 주고 있다.

산악용 오토바이 ATV를 타고 주차장 맞은편 바로 앞의 대염산(大炎山)까지 올라 가 볼 수 있다고 하니 흥미가 생긴다. 이 ATV는 이곳에서 일하는 현지인들이 직접 운전한다. 비포장도로를 따라 재미를 주기 위해 약간

천불동 입구에서 본 화염산

화염산 천불동 입구 팻말

은 의도적으로 거칠게 운전하면서 대염산 정상에 오르니 장관이 눈 앞에 펼쳐진다. 이곳이 대염산임을 알리는 표석과 거기에서 약 10여m 떨어진 곳에 고목 한 그루가 건너편의 붉은 산자락을 배경으로 서 있다. 고목을 자세히 옆으로 누워놓고 상상력을 총동원하여 생각해보면 이 고목이 마치 하늘을 날고 있는 비룡(飛龍) 같은 느낌이 든다. 위구르인들의 전설을 반영한 것이리라. 이글거리는 태양 아래 대염산 정상에서 날고 있는 이

대염산 정상

대염산 정상에서 멀리 보이는 푸른빛

대염산 정상 비룡 고목

대염산 정상에서의 인문탐사대

비룡을 보면 마치 용이 불을 타고 있는 모습으로 보일 것이다.

대염산에서 북쪽을 바라보니 또 다른 산의 정상이 저 멀리, 마치 푸른 빛을 머금은 신기루처럼 눈에 들어온다. 공기가 참 맑다.

이곳의 자외선이 무척이나 강한 모양이다. 얼굴이 화끈거릴 뿐만 아니라 손에 들고 있는 전화기가 뜨거워지고 있다. 탐사대가 서 있는 대염산의 해발고도가 겨우 159m에 불과한 것으로 나타나는데 이토록 뜨거울 수 있는 이유를 이해하기가 어렵다.[59] '청정한 공기, 오존 등과 같은 요인뿐만 아니라 이 지역을 둘러싸고 있는 지형과 지질도 이유가 될 수 있을 것이다'라고 추측해본다.

천불동에서 구하는 석가모니 구원 자비

10시 20분, 석가모니불은 굶고 있는 어미 호랑이와 새끼 호랑이를 위하여 본인의 몸을 희생하였다고 하지만 아직 그런 심정이 생기지 않는 탐사

59 2008년 인공위성이 측정한 지표 온도는 무려 섭씨 149도였다고 한다.

베제크리크 천불동 전경

대원들은 대염산에서 생으로 불고기가 되어 제물로 바쳐지는 것을 피하고자 천불동으로 이동하였다.

위구르어로 '그림이 있는 장소' 혹은 '아름답게 장식된 집'이라는 뜻을 가진 베제크리크 천불동(柏孜克里克千佛洞, Bezeklik Thousand Buddha Caves 혹은 Bozikrik Qianfo Cave, 이하 천불동)은 대염산 중턱 동남쪽에 가까운 방향으로 무토우(Mutou)계곡 사이로 흐르는 강물과 그 옆의 오아시스를 발아래에 두고 있는데 그 멋진 경관에 감탄이 절로 나온다. 천불동은 남북조 시대의 말기인 5세기부터 축조되기 시작하여, 당나라 시대를 거쳐 원나라 시대인 14세기까지 만들어졌다고 한다.

오늘 탐사대에 참관이 허용된 굴을 보기 위해 계단을 내려가서 보니 입구에서부터 보이는 굴은 지형과 지질 자체의 문제로 인한 오랜 세월 역사 탓인지 혹은 불교와 이슬람 간의 종교적인 갈등에 의한 것인지 혹은 도굴에 의한 탓인지 마치 허물어질 것 같은 상태에 여기저기 훼손된 흔적이 너무나 역력하다.

천불동의 바위를 깎아 만든 총 77개에 달하는 여러 개의 굴 중 오늘 우리 탐사대에 참관이 허용된 굴은 16호 굴, 22호 굴, 27호 굴과 31호 굴을 포함한 총 4개이다. 그중에 주악도와 일련의 위구르 남자들이 부처께 공양하고 있는 공양도는 16호 굴에 있다. 이 굴의 벽화를 통해서 당나라 시대 때 중국의 남쪽 지역과 북쪽 지역 간의 문물교류가 있었다고 추측이 가능하다고 한다.

16호 굴의 벽감이 훼손된 정도는 매우 심해 안타까운 마음이 가득하였다. 그러나 16호 굴만이 아니었다. 22호 굴, 27호 굴과 31호 굴 등 우리가 방문한 나머지 굴들도 화려한 벽화의 일부가 남아 있기는 하였으나 너무나 심하게 훼손되어 있어 마음이 짠해졌다. 남아 있는 벽화의 군데군데 부처 좌상이 보인다. 그러나 그 남아 있는 흔적마저도 각 굴의 입구에 자리 잡고 있는 관리원들이 카메라 촬영을 제재하고 있다. 다른 곳의 석굴들을 탐사하였을 때는 대부분 개방된 굴에서 이동전화기를 활용한 사진 촬영은 허용하였으나 여기서는 이것마저도 전혀 허락하지 않아 아쉬움이 크게 남는다. 할 수 없이 눈으로, 마음으로만 그 흔적을 담고 많고 많은 아쉬움을 달래기로 하였다.

천불동의 토굴과 훼손 자국

허물어질 것 같은 천불동

11세기 축조된 31호 굴을 보고 나오니 석굴 앞에 앉아 목이 가늘고 긴 기타처럼 생긴 악기[60]를 연주하고 있는 위구르인과 함께 탬버린처럼 생긴 북을 같이 연주해 보라고 한다. 음악이 상당히 경쾌하다. 위구르인 연주자

60 이 악기를 소홀뢰(小忽雷, Xiao Hu Lei)라고 하는데 당나라 시대 때 악기로 생김새는 가늘고 긴 목을 가진 비파 형태로 운남성 류트(Lute)와 생김이 비슷하다(memory.net).

천불동 16호 굴

천불동 전경

도, 같이 연주하는 탐사대원도 보고 있는 사람도 무척이나 즐거워지면서 조금 전의 짠한 마음을 달랜다.

남북조 시대부터 만들어졌다고 하는 천불동의 석굴은 동굴마다 수많은 부처상이 좌우 벽면과 천정에 그려져 있다. 동굴의 안쪽 끝쪽으로 석가모니불이 앉아 있었을 만한 자리가 있고 그 주변을 돌아가는 일종의 탑돌이를 할 수 있도록 공간과 통로가 마련되어 있다. 나도 모르게 그 길을 따라 시계 방향으로 돌며 탐사 대원들의 안전을 기원하고 있다.

천불동의 굴을 보면서 색즉시공(色卽是空)이라는 불가의 말이 자연스럽게 머릿속에 떠오른다. 인간의 욕심과 종교적인 충돌로 인해 그리고 시간이라는 자연적 요소에 의해 이 굴이 본연의 모습을 찾아보기 힘들 정도로 훼손되었을 것으로 생각하니 속으로 화가 솟아오르며 허무한 감정과 동시에 휩싸인다. 그나마 훔쳐 간 벽화들이 이곳이 아닌 다른 곳에서 부분적이나마 인간의 손에 보존될 수 있다는 것이 다행이라고 생각한다. 이 관점에서 보니 이 또한 공즉시색(空卽是色)이다. 인생사 돌고 도는 것인가 보다.

천불동이라는 곳을 지금은 산허리 중턱에서 접근하지만, 과거에는 산 아래 물이 흐르는 계곡에서 접근할 수밖에 없었을 것이다. 천불동 아래은 백양나무 혹은 미루나무로 둘러싸인 계곡물 근처에서 웃음소리가 피어오른다. 지금 그렇듯이 과거에는 많은 대상이 자리 잡으며 밤새 음주·

천불동 무토우 계곡 오아시스

천불동 무토우 계곡

가무로 사바세계를 밝혔을 것이다. 이곳 천불동의 수행승들은 발아래 사바세계에서 들려오는 소리를 이겨내고 무토우(Mutou) 계곡 위로 솟아오르는 아침 해를 바라보며 수행을 하는 것 자체가 고행을 이기고 해탈에 도달하는 과정이 아니었을까?

교하고성(交河故城, Jiaohe Ruins or Yargul Ruins)

11시를 조금 넘은 시각에 천불동을 출발하여 야르나즈계곡(Yarnaz Valley)에 있는 교하고성(交河故城, Jiaohe Ruins or Yarghul Ruins)[61]에 도착한 것은 정오가 되기 조금 전이다. 교하고성 입구는 박물관 형태로 되어 있다. 거기에는 교하고성에 대한 간단한 역사와 관련 인물들에 대한 소개를 담고 있으니 이 건물은 간단한 역사박물관에 해당한다.

무르투크(Murtuk) 강이 두 갈래로 갈라져 강 중간에 섬을 만들고 다시

61 교하고성은 야르고터(Yar City, Yarkhoto)라고 불리기도 한다. '계곡'을 뜻하는 터키어 야르(Yar)와 '마을'을 뜻하는 몽골어 고터(Khoto)가 합쳐져 만들어진 이름이다.

이 두 강이 만난다는 의미의 교하고성은 세계 유일의 생토 혹은 황토를 가지고 수양버들 잎사귀 모양으로 지금으로부터 약 2천200여 년 전인 기원전 2세기에 고사(姑師, Gushi or Jushi)족에 의해 만들어진 성이다. 교하고성은 실크로드를 따라 천산산맥 동쪽의 남쪽 끝에 위치하여 남북조시대와 당나라 시대 때까지 융성하였다가 연이은 전쟁 끝에 14세기 말 원나라 말의 차가타이 왕조(Chagatai Khanate)에 의해 멸망하였다.

강 중간의 섬을 중심으로 강의 양쪽 절벽을 두고 만들어진 교하고성은 전체 면적이 37만6천m^2에 달하는데 커다란 정원구역, 행정구역, 창고구역, 주거구역, 불교사원 구역과 묘지 구역 등의 6개 구역으로 나누어져 있다.

교하고성의 실제 위치가 박물관과 조금 떨어진 곳이라 간이 차량으로 이동하기로 하였다. 박물관 입구에서 고성의 실제 입구까지 이동하면서 보여주는 전경은 풍부한 수종과 더불어 그 중간을 흐르고 있는 강이다. 한마디로 말하면 여유가 있다. 교하고성 입구에는 진흙으로 만든 교하고성의 모형이 전시되어 있어 그 성의 형태를 쉽게 가늠할 수 있으며 구역별 위치도 나름 쉽게 이해할 수 있다.

교하고성 입구 박물관

교하고성 입구의 찰흙 모형도

입장권을 내고 조금을 걸어 들어가니 일단의 서양인들이 땀을 뻘뻘 흘리며 걸어 나오고 있다. 이곳의 열기를 대변하고 있다는 생각이 얼핏 들면서 벌써 엄청 더울 것이라는 생각에 압도된다.

교하고성 주변을 조용히 흐르는 강

교하고성 성문 앞 수양버들

고성 입구에서 성문 앞쪽까지 가는 짧은 거리에는 강 옆으로 몇 개의 기념품 가게와 그늘에 간이음식점이 자리하고 있다. 성문 입구로 이어지는 거리의 좌측에는 수양버들이 짙은 녹음을 뽐내며 가지를 내리고 있고 오른쪽에는 조그만 화분에 화려한 꽃들이 마치 탐사대를 환영하는 듯 피어 있다. 가까이 가서 보니 채송화 같은데 노란색과 분홍색의 꽃잎이 매우 크다. 왠지 모르게 기분이 상쾌해진다.

고성 입구를 통과하여 살짝 오르막의 길을 걸어 들어가니 뜨거운 열기가 온몸을 감싼다. 고성의 중앙대로를 따라 천천히 올라가면서 살펴보니 진흙으로 만든 성채의 규모가 그리 작다고 느껴지지는 않는다. 중앙대로에서 올라가면 성의 문, 즉 성 입구에 해당하는 곳에 두 개의 기둥 흔적

교하고성 남문 유적터

교하고성 중앙대로

이 좌우에 남아 있다. 여기서부터 천천히 올라가면 앞쪽으로 상당한 규모의 교하고성 흔적이 시야의 앞쪽에 그리고 좌우로 펼쳐진다. 눈을 들어 조금 더 멀리 살펴보면 강물이 좌우로 흐르고 있음을 알 수 있다. 왼쪽은 성과 반대편의 지리적 위치가 적의 공격으로부터 쉽게 방어될 수 있는 구조로 약 30여m에 달할 정도로 상당히 높은 절벽이 자리 잡고 있으나 오른편으로는 계곡이 다소 낮이 적이 오히려 쉽게 건너올 수 있는 상태로 되어 있다.

교하고성 터

중앙관서 터라고 표시되어 곳에서 계단을 따라 내려가면 진흙을 긁어서 만든 벽으로 둘러싸인 행정구역 정원(Courtyard)이 있고 그 좌우로는 기다란 통로가 있어 사람이 이동할 수 있게 되어 있다. 그 통로 끝을 바라보니 나무로 된 사용 목적을 알 수 없는 목재 기구가 덩그러니 놓여 있다.

중앙관서에서 조금 더 북쪽으로 걸어 올라가면 이 고성의 전반을 한눈

교하고성 행정구역 정원

교하고성 통로 끝의 목재 기구

교하고성 정원 좌측 통로

교하고성 정원 우측 통로

에 볼 수 있는 전망대가 있다. 전망대에 서니 이곳의 태양이 얼마나 뜨거운지 느낄 수 있다. 멀리 서 있는 탐사대원의 사진을 찍으려고 눈 가까이 초점을 통해 보니 뜨거운 열기의 파동이 연속으로 휙휙 지나간다. 이 열기에 의해 사진기의 조리개가 제대로 작동하지 않는지 찍은 사진을 보니 부옇게 흐려져 있다. 몇 번을 시도해도 동일한 현상이 나타난다.

이러한 이유 때문이었을 것이다. 과거 고사족들은 이곳에서 진흙을 파고 또 진흙을 쌓아가면서 반지하에 해당하는 고성을 건축하였을 것이다. 그러나 이 성의 규모가 전체적으로 크지 않은 편이고 다수의 적이 강의 합류 지점과 그 주변을 둘러싸고 공격을 한다면 진퇴양난의 어려움에 쉽게 노출될 수 있었을 것이다. 강 벽에 의해 보호를 받는 전략적 요충지면서 동시에 그 자체가 이 성을 위험에 빠뜨릴 수 있는 지리적 약점으로 작용할 수도 있겠다는 생각이 들었다.

이 성의 북쪽에 해당하는 북문까지 이동하는 탐사대원들을 뒤로하고 전망대를 정점으로 하여 뙤약볕의 열기를 피해 성 입구로 걸어 내려갔다. 남문으로 내려가는 중앙대로에서는 정말로 엄청난 정도의 열기가 지표에서 솟아오른다. 아까 보았던 서양인들이 땀을 뻘뻘 흘린 이유를 알 것 같다.

전망대에서 보이는 교하고성 북쪽 전경

고성의 입구 성문 근처에는 작은 상점이 자리 잡고 있는데 그곳에서 얼음물에 재어 둔 커다란 수박 한 통을 사서 나누기로 하였다. 뜨거운 뙤약볕 아래에서 먹는 수박 맛은 꿀맛이고 지금까지 먹어 본 수박 가운데 가장 달콤한 그래서 꿀맛이라는 표현이 가장 적당하다는 생각이 들었다.

교하고성 입구를 간이 차량으로 빠져나와 주차장에서 기다리고 있는 버스에 오르니 오후 1시 30분이다. 버스 안의 온도계는 이미 41도를 가리키고 있다. 앞으로 2~3시간 후가 가장 더우리라 생각해 보면 온몸에 소름이 돋는다.

투르판 박물관

투르판 시내에서 간단히 점심을 하고 난 후 투르판의 다른 지역을 탐사하는 것은 이 뜨거운 태양 아래서는 너무나 힘든 곤욕이 아닐 수 없을 것이라는 생각이 들어 다른 지역을 탐사하는 것은 포기하였다. 과거의 대상들도 수도승들도 이 시간에 움직이는 것을 최대한 자제하였을 것임이 분명하다. 그 대신 탐사대는 투르판 박물관을 살펴보기로 하고 그쪽으로 이동하여 오후 3시가 되기 조금 전 박물관에 도착하였다.

박물관 건물 뒤편 주차장에 버스를 세우고 계단을 올라 짙은 붉은 벽돌색을 띤 박물관 안으로 들어가니 내부 규모가 상당히 크다. 2008년 현재 이곳으로 이전하여 개장한 투르판 박물관은 총면적 1만7천500여m^2에 전시 공간만 약 4천300여m^2에 달하는 신강위구르 지역에서 우루무치에 있는 박물관에 이어 두 번째로 큰 박물관이라고 한다. 박물관은 크게 투르판 지역 일반역사 전시관, 고대 공룡화석 전시관, 미라 전시관과 문서와 동전 전시관 등의 4개의 전시관으로 구분되어 있다.

투르판 일반역사 전시실에 들어서니 커다란 실크로드를 나타내는 지도가 벽에 조형물로 걸려 있다. 당나라 시대의 실크로드를 표시하고 있다. 서안에서 서역으로 그리고 유럽으로 향하는 실크로드가 표시되어 있고 한반도에는 경주가 표시되어 있으나 해상 실크로드에 해당하는 부분만 표시되어 있다. 이번 실크로드 인문탐사의 주요한 목적 중의 하나가 서안에서 끝나 있는 동쪽 실크로드가 육상으로 한반도를 통해 경주로 연결되어 있다는 흔적을 찾아내는 것이다. 투르판 박물관 지도에서 관찰되는 실

투르판 박물관의 실크로드 지도와 한반도의 경주

투르판 박물관 입불상화와
신 목용

투르판 박물관 불본행경변도

아스타나 묘터 발굴 6세기
부(麴) 왕조 건포도

당나라 시대 비단에 그린
복희씨와 동생 여신의 그림

고창국 딩구석굴 모형도

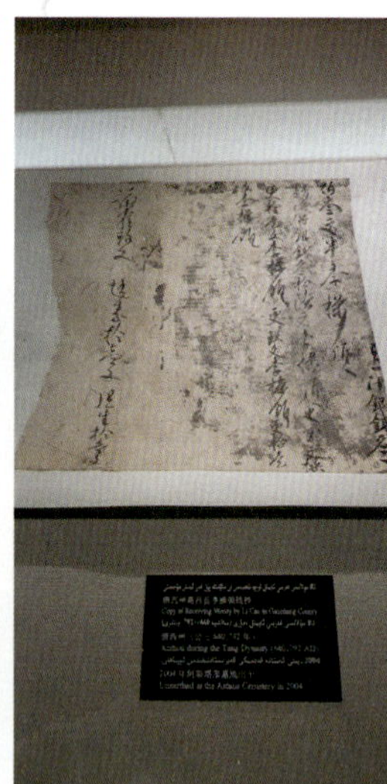

당나라 서주시대 돈을 받았다는
금전 영수 문서

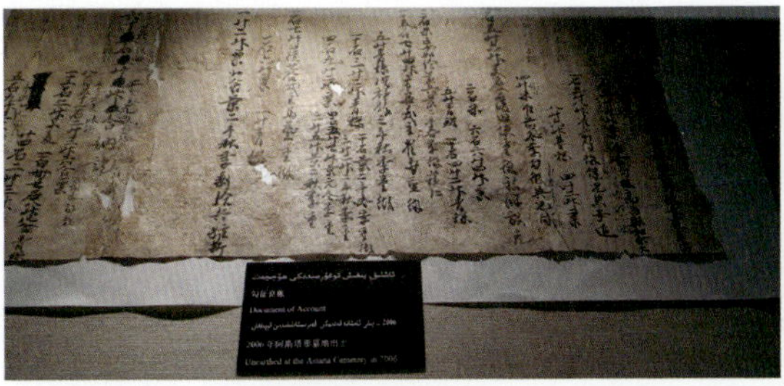

2006년 발굴 장부문서

6세기 부(麴)왕조 시대 과일 공급 기록

크로드의 지형에는 우리나라의 경주라는 지역이 선명하게 주요 지점으로 표시되어 있다는 사실이다. 불완전한 그리고 해상 실크로드의 일부로만 표시되어 있지만 적어도 역사적 관점에서 경주는 실크로드와 관련된 중요한 지점이었음을 나타낸다고 할 수 있다.

일반역사 전시실에는 불교 벽화, 당나라 시대의 청동거울, 즉 동경과 실크 위에 그린 복희 황제와 그의 누이의 여신 그림 등이 있다. 투르판 아스타나 묘터에서 발굴된 6세기 부(麴)왕조 시대 때의 건포도, 탐사대가 볼 수 없었던 천불동 44호 석굴인 딩구석굴(Dinggu Cave) 모형 등을 비롯하여 다양한 의복 등을 관찰할 수 있도록 그림과 유물들이 전시되어 있다.

그러나 특별히 내 눈길을 잡는 것은 당나라 시대 때의 호구조사 기록과 금융, 물류 및 거래와 관련된 소위 회계 장부들이었다. 이를 통해 당시의 상업 거래 내용에 대한 중요한 연구를 진행할 수 있다고 생각된다. 이곳 투르판 박물관에서 이번 탐사대가 일정에 쫓기어 스치듯 관람한 문화재들뿐만 아니라 이곳의 역사를 고스란히 담고 있는 다른 전시실들의 문화유적 또한 충분한 시간적 여유를 가지고 탐구하듯 둘러볼 수 있었으면 하는 아쉬움이 마음 한구석에 가득히 남는다. 아마 이런 이유에서 고고학자들이 역사가들이 쉴 새 없이 현장을 방문하고 박물관에 들러는 이유일 것이다.

투르판 시내에서 느끼는 위구르인의 삶의 현장

투르판 박물관을 마치고 숙소로 들어오니 오후 4시가 되었다. 뙤약볕 아래에서 몇 군데 탐사를 진행하다 보니 녹초가 되어 다들 쉬고 싶어 한다. 내일 아침 고속전철을 타고 투르판을 떠나야 하는 일정이 있어 쉬는 것이 바람직하다고 생각하고 있는데 탐사대원들 중 일부가 투르판 시내 구경을 가자고 제안한다. 투르판이 별로 크지 않은 도시이기 때문에 택시로 이동하더라도 요금이 비쌀 것 같지 않고 단순히 투르판의 유물만을 스치듯이 보는 것이 아니라 실제 생활을 눈으로 직접 보는 것이 지금의 중국을 이해하는 데는 더 중요할 것 같다는 생각이 들었다.

대부분의 탐사대원이 휴식을 취하겠다는 의사를 표시했지만, 시내 구경을 하러 가겠다는 대원은 다섯 명에 불과하다. 숙소에서 택시를 요청하니 한 대가 숙소 입구에 왔다. 그런데 우리 인원을 보더니, 택시기사가 난색을 보인다. 택시 승차 인원이 운전사를 포함하여 다섯 명이기 때문에 우리가 타서 적발될 때는 정원 초과로 커다란 벌금을 물 뿐만 아니라 아주 곤란한 상황이 발생한다고 한다. 괜한 엄살을 피는 것 같지 않다. 우리를 태운 택시가 숙소를 천천히 빠져나가면서 또 다른 택시를 부르기로 하고 이동하였다. 천천히 움직이던 버스는 공안서 근처를 도저히 통과하지 못하겠다고 하면서 다른 택시를 부르겠다고 한다. 할 수 없이 그 근처에서 정차하여 기다리니 호출한 또 다른 택시가 금방 도착하여 두 명, 세 명으로 나누어 투르판 시내로 커다란 걱정 없이 달려 나갔다.

시내에 가서 제일 먼저 들린 곳은 신화서점이라는 책방이다. 탐사 대원들이 필요한 문헌을 살 수 있을 뿐만 아니라 그곳에 전시된 책들을 훑어보면 대략적인 정세를 읽어낼 수도 있기 때문이다. 우리가 가려고 하는 서점이 투르판에서 제일 큰 서점이라고 해서 들어가 보기로 하였다. 이 서점을 들어가려고 하니 안전요원들이 소지하고 있는 가방을 맡기라고 해서 가방을 입구에 맡기고 간단한 검사대를 통과한 후 들어갈 수 있었다. 출입구에서 신분증 검사를 하지 않은 것이 다행이라고 생각하면서 책들이 펼쳐져 있는 판매대와 책꽂이들을 보니 지금 중국의 대통령이라고 할 수 있는 시진핑(习近平, Xi Jinping) 주석에 관한 서적이 1층 입구부터 꽉 채우고 있다. 이것이 현재 신강위구르 지역, 특히 투르판 지역의 정세일 것이라고 내심 생각하였다.

2층으로 올라가니 보이는 책들은 크게 대학 입학을 위한 교과서들과 일종의 자격시험을 위한 책들도 가득 차 있다. 우리네와 마찬가지로 이곳에서도 공무원이 되는 것을 중요하게 여기는 모양이다. 2층의 한구석에 보니 작은 문방구가 자리 잡고 있다. 발길을 옮겨 보았다. 특별히 살 물건은 없는데 눈에 들어오는 것이 유화용 물감이다. 180mL라는 커다란 튜브에 들어 있는데 가격은 색깔에 따라 18위안에서 28위안 정도밖에 하지 않으니 국내에서 살 수 있는 물감 용량과 가격에 비해 엄청나게 저렴하다. 귀국 시의 가방 무게를 생각하지 않고 얼른 5개를 사서 비닐봉지에 넣었다. 같이 서점을 방문한 다른 탐사대원 중 한 명은 펜촉에 화려한 무늬가 새겨진 만년필을 하나 구입하고 대단히 만족해한다.

다시 1층으로 내려가 입구에서 오른쪽을 보니 영어 학습 관련 서적들과 번역서들이 있고 심지어는 일본어 학습 관련 서적도 일부 있다. 한국 관련 서적이나 한국어 학습을 위한 책이 있나 유심히 살펴보았는데 아직 여기까지는 한국어와 한류에 대한 바람이 닿지 않은 모양인지 찾을 수가 없다. 아쉬움이 남는 부분이기는 하나 조만간 여기에도 한류 바람이 불어 이곳 서점에서도 한국 관련 서적이 채워지기를 기대해 본다. 아동용 서적 중에는 일부 중국 이야기에 영어식 발음기호가 표시된 책들이 있다. 호기심이 생겨 이런 책자들을 몇 권을 사기로 하였다. 계산대에서 책값을 지불하려고 보니 서점 2층 문구점에서 산 유화물감 튜브 한 개보다 어린아이들 책 한 권이 더 비싸다. 그래도 나중에 유용하게 사용하리라 생각하고 주저하지 않고 샀다.

서점을 나와서 보니 많은 사람이 모여 있는 시장을 구경하기로 하고 발걸음을 옮겼다. 그런데 시장 입구에는 검사대가 마련되어 있고 이곳에서는 출입하는 사람들의 신분증을 일일이 확인하고 있다. 카스 고성 근처 국제무역 시장에서도 비슷하게 검사대가 있기는 하였으나 그곳에서는 소지하고 있던 가방만을 검사대에 통과시키고 신분증을 검사하지는 않았다. 여기서는 신분증 검사까지 하고 있으니 이 또한 굉장히 낯선 모습으로 다가왔다. 시장 입구에서 신분증 검사가 있을 것이라는 예상을 전혀 하지 않았기 때문에 시장을 구경하는 것은 포기하고 대신 우리는 그 주변의 가게들을 구경하였다.

이곳 투르판 지역의 거주민들은 대부분 위구르인들이었고 그들의 매일 매일의 생활이 불편할 수 있음에도 불구하고 겉으로 드러난 그들의 표정은 그다지 어두워 보이지 않았다. 옷을 입은 형색이나 다른 것들을 보더라도 결코 부유한 것처럼 보이지 않는데 얼굴에는 오히려 웃음이 있어 보인다. 이런 생활에 적응한 탓일까? 아니면 이슬람이라는 종교가 주는 정신적인 부유함 탓일까? 쉽게 납득이 가지 않는다. 이런 사람들이 운영하는 가게에서 아이스크림을 사 먹고 음료를 사서 먹으면서 우리도 불평하지 않고 즐기고 있다.

약속한 저녁 식사 시간이 다 되어 우리는 숙소로 돌아가기 위해 택시를 불렀다. 이곳 투르판 지역의 택시들은 대부분 한국의 기아자동차 차량인 것이 특이하다. 기아가 이곳 외진 곳까지 나와서 더구나 택시업체를 상대로 차량을 판매하고 있는 현지화 영업 전략에 나름의 박수를 보내고 싶다. 사실 택시는 운행 거리가 많아서 유지비가 많이 들고 잔고장이 쉽게 생길 수 있어 차량 제조업체가 웬 만큼의 자신이 있지 않으면 택시로 판매하지 않는 것이 일반적이다. 택시 운전기사들이 기아 차량에 대해 품질에 문제가 없고 잔고장이 없다는 것을 입에서 입으로 전하게 되면 시간은 다소 걸릴지 몰라도 추후에는 판매량이 오히려 급속도로 증가할 가능성이 농후하다고 생각한다.

탐사대가 호출한 택시가 도착하였다. 택시 주정차 금지 구간이라 급히 타도록 요구한다. 충분히 이해할 수 있는 상황이라서 시내로 나올 때와 마찬가지로 두 대의 택시로 나누어 재빨리 택시에 몸을 실었다. 운전기사는 위구르족인데 얼굴이 매우 선해 보인다. 우리가 탄 택시 또한 기아자동차 차량이라 차에 대해 슬쩍 물어보니 매우 만족스럽다고 이야기한다. 운행 중에 택시기사의 아이가 걸어 온 전화에 마냥 행복해한다. 기사에게 몇 명의 아이가 있냐고 물어보니 두 명의 자녀를 두었다고 한다. 갑자기 타지에 두고 온 아이들 생각이 간절하게 났다.

숙소 내에서 식사를 마치고 잠자리에 들기로 했다. 내일 아침 돈황으로 가기 위해서 일찍 서둘러야 하기 때문에 샤워를 마치고 자리에 누웠다. 그러나 잠이 쉽게 들지 않는다. 오늘 밤이 이곳 신강위구르 지역에서의 마지막 밤이라는 서운한 마음이 가시지 않는다. 정치적인 이유야 어찌하여든 간에 이곳 신강위구르 지역 사람들의 따사롭고 온아하며 미소를 머금은 표정이 마음속 깊이 남아 있다.

아직 낮의 열기가 채 가시지 않는 시간인 밤 11시 40분, 방을 나와 숙소 근방을 잠시 산책하였다. 산책을 마치고 다시 방으로 들어가려 하니 숙소 뒤편에 다양하게 색깔이 변하는 조명을 받는 뽕나무 한 그루를 발견하였다. 우리네 같으면 필요하면 간단한 조명을 비추거나 혹은 조명이 아예 없을 터인데 중국인들은 나름대로 조명을 다양하게 사용해서 아름다움을 더하는 모양이라고 생각했다. 숙소와 숙소 근방의 나무들이 대부분 은 백양목인데 뽕나무를 보니 마치 새로운 무엇인가를 발견한 듯 마음이 설렌다. 설레는 마음을 붙들고 숙소로 들어가 내일을 위한 꿈의 나라로 접어들었다.

09

신기술과 통합의 상징 고속철로를 따라 돈황으로

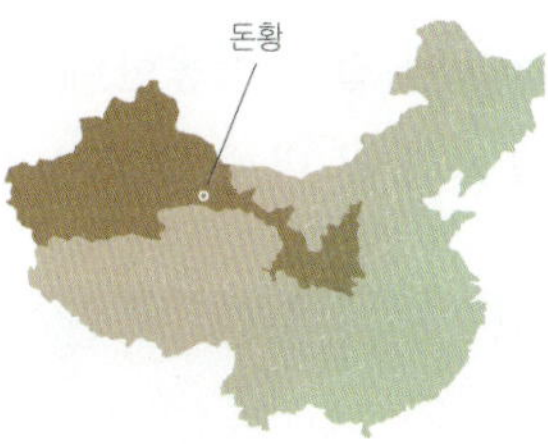

돈황(敦煌, Dunhuang, 둔황)

아침 일찍 일어나 식사를 마치고 부산을 떨어 투르판을 떠날 준비를 하였다. 오늘은 탐사대가 카스부터 우리 탐사대와 시간을 같이했던 운전기사와 이별하는 날이기도 하다. 지난 일주일에 걸친 어찌 보면 긴 시간을 같이했고 힘든 일정도 같이 보내었기 때문에 많은 생각이 날듯 하다. 항상 탐사대의 안전을 위해 운전을 하였던 기사에게 여러 가지로 감사의 마음을 전달하고 탐사대는 8시 20분 숙소를 출발하였다.

투르판에서 돈황(敦煌, Dunhuang, 둔황)까지 도로를 따라 이동하면 거리가 무려 800km에 달한다. 아무리 중간에 고속도로상의 검문이 없다 하더라도 중간중간 쉬는 시간과 식사 시간 등을 고려하면 이동 시간만 11시간 정도가 소요될 것이다.

고속도로상에서의 시간을 최소화하기 위해 탐사대는 신강-란주 고속전철 노선 중 투르판 북역-유원 남역 구간은 고속전철을 활용하기로 하였다. 투르판에서 돈황에 도달하기 위해서는 먼저, 투르판 북역(吐鲁番北站, Turpan North Station)에서 출발하여 유원 남역(柳园南, Liuyuan South Station)까지 고속전철을 타고 630여 km에 해당하는 거리를 3시간 30분 정도에 걸쳐 이동한다. 그 후 유원 남역에서 버스로 약 200km를 더 가야 오늘의 첫 번째 목적지인 돈황 박물관에 도착할 수 있다.

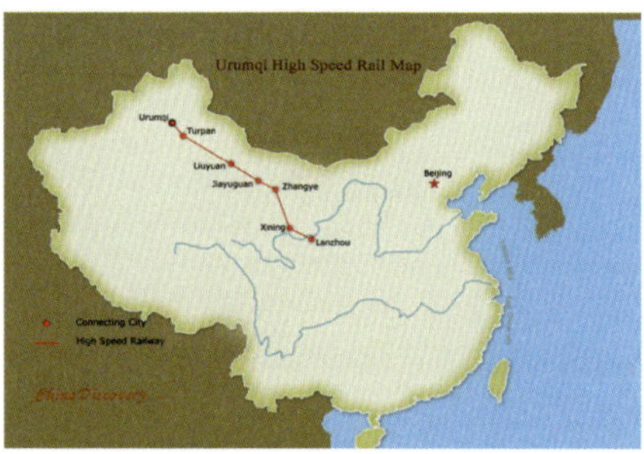

투르판-돈황 고속전철 (출처: ChinaDiscovery.com)

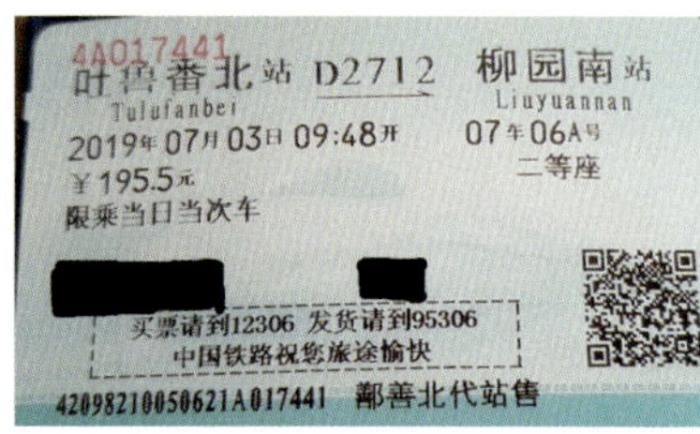

투르판-돈황 고속전철표

고속전철표에는 출발 일자 및 출발 시각, 요금과 도착역이 표시되어 있고, 차량번호와 좌석번호가 찍혀있다. 특이한 것은 승객의 신분을 확인하기 위한 신분증 번호가 표시되어 있다. 국내에서 출발할 때 여행사에서 기차표를 사는 데 필요하다고 여권 번호를 요청한 것이 이해된다. 물론, 최소한의 조치로 개인정보 노출을 최대한 자제하려는 노력도 같이하고 있다. 이 구간의 고속전철 이동을 위해 일 인당 195.5위안, 우리 돈으로 약 3만3천 원에 해당하는 운임을 지급하였다.

오늘 투르판의 최고 기온이 47도로 예보된 상태로, 차량 뒤편으로 떠오른 성하의 태양은 아침인데도 불구하고 벌써 이글거리고 있다. 그나마 탐사대는 오늘 중국에서 최고로 더운 투르판을 떠나 돈황으로 이동하니,

일종의 피서를 가는 셈이라 다행이라는 생각이 든다.

탐사단원 중 한 명, 한 명씩 번갈아 가며 매일 탈이 나더니 오늘 아침에는 다들 경쾌한 표정이라 안도의 한숨을 내실 수 있다. 숙소를 떠난 지 20여 분 만에 투르판의 고속전철역인 투르판 북역에 도착하였다.

전철을 타러 가는 검사대가 여간 복잡한 게 아니다. 먼저, 신분증과 기차표를 확인하고 사진을 찍어 인물 대조 과정을 거친다. 그리고 엑스레이 짐 검사대를 지나야 한다. 물과 같은 액체 종류는 뚜껑을 열어 냄새를 맡고 마시게 한다. 내가 가지고 있던 물병은 마시던 물을 마셔서 안전한 액체라는 것을 보여주었다. 그랬더니 큰 가방을 열어보라고 한다. 개인 위생용품 가운데에 샴푸가 들어 있는 병을 열어서 무엇이냐고 물어보기에 샴푸라고 이야기했더니 그대로 통과시켜준다. 그 때문에 짐 가방이 엉망이 되어버렸다.

'머피의 법칙'이 적용하는 것일까? 하필이면 오늘 대합실로 올라가는 에스컬레이터가 고장이란다. 삼단에 걸친 계단을 짐을 끌고 올라가려 하니 여간 힘든 것이 아니다. 특히, 탐사대원 중 무거운 짐을 가지고 있는 여성 탐사 대원들은 어쩔 줄 모르고 있다. 이때, 남자 대원들이 앞서서 계단을 구간별로 나누어서 짐을 들어주는 수고를 마다하지 않는다. 참으로 고마운 일이다.

승차 전까지 약 50분의 시간이 남아 대합실에서 무료하게 기다리기보다 커피를 나누면서 담소를 나누기로 하였다. 탐사대 전원이 가장 선호하

투르판 북역 대합실 기차 전광판

승강장의 고속전철 동차

는 아메리카노를 주문하였다. 한 잔에 15위안, 한화로 약 2,700원에 해당하는 절대 싸지 않은 가격이다. 우루무치 도착 후 이곳에서 직접 내린 원두커피를 마신 적이 없고 다소 이른 아침이라 탐사대원들 전원이 원하고 있는 듯해서 커피를 한 잔씩 대접하였다. 동대구역에서 마실 때 갓 내린 원두커피 한 잔이 대략 4천 원 정도이니 이곳의 커피 가격은 한국 커피 가격의 약 65% 수준에 해당한다. 물론 이곳 투르판의 커피 가격이 싸다고 느낄 수 있겠지만 한국의 1인당 국내총생산액, 즉 GDP가 2018년 기준 대략 3만3천 달러이고 중국의 1인당 GDP가 약 9천900 달러인 점을 고려해보면 엄청나게 비싼 가격이다. 만약, 원두커피를 좋아하고 중국을 여행할 계획이 있다면 카누와 같은 원두커피 분말을 준비해 갈 것을 강력히 추천한다. 중국에서 뜨거운 물은 오히려 쉽게 구할 수 있기 때문이다.

기차 출발 20분 전, 탑승을 위해 개찰구 앞에 줄을 서서 대기하기로 하였다. 탐사대가 타야 할 우루무치 발 란주행 고속전철의 출발 시간이 9시 48분으로 전광판에 표시된 출발시간 15분 정도를 남기고 기차역의 복무원이 기차표를 일일이 점검한 후에 개표기로 구멍을 내고 돌려준다. 이 모습은 약 20여 년 전 서울역에서의 개찰구 모습과 유사하다.

대합실에서 개찰구를 지나 승강장으로 올라가는 곳에는 아예 승강기 혹은 에스컬레이터가 설치되어 있지 않다. 아까 기차역 밖에서 대합실로 들어올 때와 마찬가지의 수고로 탐사 대원들은 낙오됨 없이 무사히 승강장에 도착하였다. 일단의 노인들로 구성된 일본인 여행객들도 같은 차를 타는 모양인지 이들을 인솔하고 있는 이가 조금씩 우리 탐사 대원들이 줄 서 있는 곳으로 밀고 들어온다. 얼핏 철로를 보니 고속철로의 철로 넓이가 우리나라 고속전철의 철로 넓이와 같은 표준계[62]인 것처럼 보인다.

---

62 기차 철로의 폭은 보통 협궤(Narrow Gauge), 표준궤(Standard Gauge) 및 광궤(Broad Gauge)로 나누는데 표준계의 폭은 1435mm이고 이보다 좁으면 협궤, 넓으면 광궤라고 부른다.

9시 45분, 우루무치 출발 란주까지 가는 D2712 기차[63]가 날렵한 맵시로 정시에 5번 플랫폼에 들어온다. 탐사대가 이곳 투르판 북역에서 돈황 근처의 유원 남역까지 가는데 요금이 195.5위안, 한국 돈으로 계산하면 약 3만3천 원에 상당하는 고가이다. 이동 거리를 생각하더라도 상당히 비싼 생각이 든다. 제품과 서비스에 대한 절대적인 화폐 단위가 낮아 저렴하다고 느낄 뿐 한화로 계산하면 중국의 물가가 더는 저렴하다고 할 수는 없다. 그 가격에도 불구하고 고속철을 오르고 내리는 승객이 상당수에 이른다. 저렴한 가격에 많은 시간이 걸리는 도로를 타고 이동하는 것보다는 비싸더라도 편리하고 신속하게 목적지에 도달하려고 하는 기본적인 욕망을 가진 사람들이 고속전철을 이용한다고 생각된다.

기차가 승차장으로 진입하니 역무원이 노란 안전선 밖으로 나가도록 호루라기를 불고 큰소리로 외쳐대고 있다. 동차가 투르판 북역에서 정차하는 시간은 3분에 불과하다. 그 시간 내에 승객이 내리고 타야 하는데 그러다 보니 마음이 급하다. 다행히도 이곳 투르판 북역에서 내리는 승객이 많지 않다. 그러나 일본인 여행객들과 우리 탐사대를 포함한 많은 승객이 탑승해야 하니 몸과 마음이 급할 수밖에 없고 또 많은 짐을 가지고 타야 하니 시간 내에 탈 수 있을까 하는 불안한 생각마저 든다. 겨우겨우 객

---

63 중국에서 승객용 기차 종류는 속도에 따라서 고속 기차와 일반 기차로 구분한다. 고속전철인 경우 일명 부흥호(Fuxinghao)라고 불리는 기차는 최고 시속 350km까지 달릴 수 있으며 고철(高铁, Gao Tie)라고 부르고 Gao Tie의 머리글자 G를 써서 표시한다. 같은 최고속도를 낼 수 있지만, 장거리가 아니라 상호 인접한 도시들만 운행하는 고속전철은 성제열차(城际列车, Cheng Ji Lie Che)라고 하고 머리글자 C를 써서 표시한다. 최고 시속 250km까지 달릴 수 있는 두 번째로 빠른 기차는 화해호(和谐号, Hexie Hao)라고 부르는 동차(动车, Dongche)이며 머리글자 D를 써서 표시하고, 보통열차 중에는 동차보다는 느리지만 최고시속 160km로 달릴 수 있으며 출발지에서 목적지까지 쉬지 않고 달리는 직달특쾌(直达特快, Zhi Da Te Kuai)열차는 머리글자 Z를 사용하고, 최고 시속 140km로 주요 도시들에서만 정차하는 특쾌(特快, Te Kuai)는 머리글자 T를 그리고 최고 시속 120km에 특쾌보다 조금 더 많은 곳에 정차하는 쾌차(快车, Kuai Che)는 머리글자 K를 써서 표시한다(Top China Travel).

차 안으로 들어가니 기차의 차량은 2열과 3열의 형태로 좌석이 배치되어 있다. 아마 이등석 칸이라 그런 모양이다. 이 모습은 우리네의 이코노미석 차량 내부가 좌우로 2열씩 좌석이 배치된 모습과 차이가 있다.

탐사 대원들 전원이 겨우 시간에 맞추어 기차에 올라타 안도의 한숨을 내 쉬었다. 객차와 객차 사이에 짐을 싣는 공간이 있기는 하지만 턱없이 부족하다. 객차 내의 선반에 짐을 얹고 또 각 호차의 맨 뒷자리 뒤에 약간의 공간이 있어 무거운 짐들을 이곳저곳에 분산하여 대충 꾸역꾸역 밀어 넣고 나니 기차가 출발한다. 이 고속전철에서 좋은 것은 승차장과 기차의 문 높이가 비슷하여 객차에 오르기 위해 열차의 계단을 올라가야 하는 불편함은 없다. 중국에서도 이렇게 승객들을 배려하고 있는데 왜 우리나라의 고속철 KTX와 SRT는 모두 객차로 바로 들어가지 못하고 2~3개의 계단을 올라가야 하는지 이해가 되지 않는다. 무거운 짐을 들고 있다면 계단을 올라가는 것은 여간 불편한 일이 아닌데 말이다.

고속철은 투르판 북역에서 3분 정차한 후 출발한다. 기차가 출발할 시점에 젊은이 두 명이 승강장으로 뛰어 올라오지만 기차 문이 닫힌 이후라 승차가 안 되는 모양이다. 젊은이들이 발을 동동 굴러보지만 이미 기차는 철로를 따라 서서히 미끄러져 간다. 기차를 놓친 두 젊은이의 모습이 한동안 여운으로 남는다.

객차 내에서 가끔 여기저기서 도란도란하는 소리가 들리고, 아이들 소리가 들려오긴 하지만 귀에 거슬리는 소리는 아니다. 대체로 조용한 편이고 승객들은 나름 질서를 잘 지켜 쾌적한 환경이다. 얼마나 빠른 속도로 기차가 이동하고 있는지는 모르겠지만 시속 200여 km는 된다고 느껴진다.

투르판 북역을 출발한 기차는 10시 30분 토합(吐哈, Tuha)[64]역에 2

---

64 토합(吐哈, Tuha)은 신강위구르 지역의 투르판-하미 분지 내에 위치한 주요 석유 및 가스 생산지역 중의 하나로 중국석유공사가 셰일가스 개발을 위해 집중하고 있는 지역 중 하나이다.

토합-하밀 구간 안전망과 자갈사막

하밀 고속전철역 인근 초록빛의 농장

분 정차한 후 출발하였다. 기차 내부 전광판에 두 번째 역이 하밀(哈密, Hami)역이라고 알려주는데 그때 시간이 11시 32분이고 기차의 시속이 189km라고 표시된다. 고속전철 차창 밖으로는 황량한 자갈사막 같은 지형이 펼쳐지고 있고, 기차 안의 전광판에서는 외부온도가 39도라고 가리키고 있는데 냉방시설이 잘 갖추어진 객차 안에서는 전혀 그런 더위를 느낄 수 없을 정도로 쾌적하다.

신강위구르 지역의 거의 마지막 도시이며 감숙성과의 경계에 위치하고 있는 하밀[65]역에 11시 53분 도착하였다. 도착 6분 전에 도착역에 대해 안내방송을 하였는데 승객들이 충분히 내릴 준비를 하도록 배려하는 듯하다. 다수의 승객이 하밀역에서 내리고 또 많은 수의 승객이 다시 탑승하였다. 하밀 주변은 초록색이 많이 보인다. 아마 이곳도 실크로드의 오아시스 중의 한 곳으로 풍성한 곡식과 달콤한 멜론을 제공하는 도시의 역할을 하였을 것이다.

하밀역을 지난 지 얼마 되지 않았는데 대규모의 풍력발전단지가 돈황 진행 방향 왼쪽에서 나타난다. 실로 엄청난 규모이다. 금방 진행 방향 왼쪽으로 고속전철로를 보호하기 위한 방풍 벽에 해당하는 콘크리트 벽이 나타나 시야를 가려 그 규모를 파악하기 어려우나 시속 180km 이상으로

65 하밀(哈密, Hami)은 신강위구르 자치구의 도시로서 감숙성의 경계에 인접하고 있다. 하밀은 하니멜론의 본고장이며 석탄, 철, 금, 동, 니켈 등의 지하자원이 풍부하다.

하밀역 인근 풍력발전단지

달리는 고속전철로 10분 가까이 달려도 여전히 보이니 이곳에 있는 풍력 발전기의 대수가 족히 몇천 대는 넘을 것이다. 투르판 지역 입구에서 목격되었던 달반성 풍력단지보다 더 큰 규모일 수도 있으리라 생각해 본다.

다음 정차 역은 탐사대의 목적지인 유원 남역(柳园南, Liuyuan South)이며 도착 예상 시간은 13시 21분이라고 알려준다. 고속전철 내에서 점심을 먹기로 하였다. 오늘 탐사 일정이 매우 빡빡하고 유원 남역 가까운 곳에서 식사할 장소가 마땅치 않다.

기차 내에는 과자 및 기타 간단한 군것질을 할 수 있는 간식 판매 이동 카트, 커피와 다른 음료를 파는 이동 카트뿐만 아니라 쟁반에 담아 다니는 식사용 도시락을 판매하고 있다. 탐사대는 중국철도공사에서 판매하는 도시락을 구매하여 점심을 때웠다. 도시락 하나의 가격은 중국 돈 35위안, 약 6,000원짜리 따뜻한 도시락으로 꽤 비싼 편이다. 사찬일식의 소소한 형태로 특별히 고급스럽진 않지만 그래도 허기를 채우기에는 충분

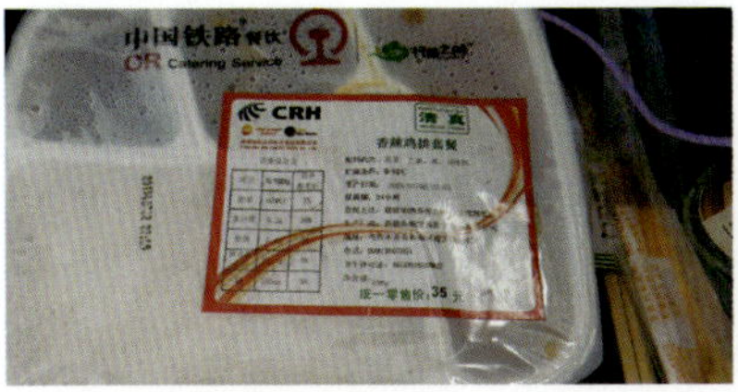

고속전철에서 판매하는 도시락

고속전철 주변 경관과 안전철조망

하다.

고속철은 어느새 오르막길을 달리고 있다. 쏟아져 드리우는 햇볕을 차단하기 위한 차양과 왼쪽의 콘크리트 벽으로 인해 창밖을 제대로 볼 수는 없지만, 오르막을 달리고 있는 것은 분명하다.

유원 남역 도착하기 직전 고속전철 내부 화장실을 일부러 사용해 보았다. 동차 관련 기차 정보에는 서구식 화장실이 설치되어 있다고 하고 있으니 확인해보기 위해서이다. 화장실 내부도 우리나라 고속철인 KTX나 SRT 내부의 화장실과 비교하여 결코 나쁘다고 할 수 없다. 용변기가 흔히 일본식이라는 수세식의 화장실 형태이다. 화장실 내 휴지도 제대로 갖추어져 있고 손을 씻을 수 있는 물도 나온다. 아직 전동 손 건조기는 없지만 나름대로 곧잘 갖추어진 상태이다. 중국이 화장실 문화의 개선을 통해 중국의 이미지를 개선하려고 하는 노력이 충분히 반영된 듯하다.

해발고도 1천734m에 있는 감숙성(甘肃省, Gansu) 유원 남역(柳园南, Liuyuan South)에 도착하니 정확히 오후 1시 21분, 이번에도 역 도착 6분 전에 안내 방송을 통해 도착역을 알려주었고 기차 내의 여승무원은 승객이 편히 내릴 수 있도록 통로와 짐들을 한곳으로 치워주었다. 높은 해발고도 탓인지 기온은 31도를 가리키고 있고 바람이 꽤 많이 불었다. 이곳 역시 하밀 인근의 풍력단지처럼 바람이 많은 곳 인가보다 생각하였다.

투르판 북역에서 유원 남역까지의 고속전철 이동 거리는 약 630km, 이

유원 남역 정시 도착 고속전철

유원 남역 전면

곳 유원 남역에서부터 오늘의 최종 목적지인 돈황까지는 약 130km 정도 떨어져 있지만 도로 공사로 인해 우회하여야 하는 상황이라고 하니 200여 km의 이동 거리에 약 3시간 정도가 소요될 것이라고 생각된다.

유원 남역을 빠져나와 탐사대를 기다리고 있을 버스가 대기하고 있는 주차장으로 이동하면서 유원 남역 역사를 보니 황량한 사막 가운데 덩그러니 서 있다. 탐사대가 주차장에 도착하였으나 우리를 태울 버스는 아직 도착하지 않았다. 사막 한가운데니 특별히 할 것도 없어 그냥 무작정 제법 긴 시간을 기다리니 버스 한 대가 급하게 달려 들어오더니 승객을 내리고 있다. 나이 든 일본 사람들인 듯싶은 한 무리의 승객을 내리고 곧바로 그 차에 탐사대는 올랐다.

유원 남역을 빠져나온 버스는 얼마 지나지 않아 란주로 향하는 G30 고속도로를 따라 이동하기 시작하였는데 시계는 오후 2시 23분을 가리키고 있다. 달리는 버스의 왼쪽 차장 밖에는 또다시 엄청난 규모의 풍력발전단지가 눈에 들어온다. 과주 풍력발전단지이다.[66] 그 엄청난 규모에 눈을 뗄 수가 없을 정도이다.

약 30분 정도를 G30 고속도로를 따라 달리는 탐사대는 과주(瓜州,

66 과주(瓜州)는 과거 안서(安西)라고 불리던 곳으로 현재는 '세계 풍력 창고'라는 별명을 가질 정도로 엄청난 풍력발전단지가 있는데 2020년까지 2만MW 규모의 풍력단지로 조성된다고 한다.

과주 풍력발전단지

Guazhou) 교차로에서 G30 고속도로를 벗어나 우리의 국도 격인 S341 도로로 진입하였다. 초록색의 가로수 길을 따라 약 10여 분 정도를 S314 도로를 따라 달리던 탐사대를 태운 버스가 해발고도 1천111m에 위치한 과주-돈황 분기점을 지나 곧바로 주천돈황분기점에서 G3011[67] 고속도로와 합류한 시각이 오후 3시를 조금 지난 시점이었다.

S314와 평행을 이루고 있는 한가한 G3011 고속도로

---

67 G3011 고속도로는 G30(Lianyungang-Khoras) 고속도로의 보조 고속도로인데 감숙성의 류원(柳园)과 몽골장족 자치주(海西蒙古族藏族自治州, Mongol and Tibetan Autonomous Prefecture)의 해서(海西)를 연결하는 류원-고르목(柳园—格尔木, Liuyuan-Golmud) 고속도로로 일명 류격(柳格, Liuge) 고속도로라고 부른다.

G3011 고속도로에는 전자통행료납부 장치가 장착되어 있는데 이곳을 지나 남서 방향이 돈황으로 가는 방향이다. 도로 표지판에 돈황까지 98km가 남았다고 표시되어 있다. 이 버스에도 속도제한 경보기가 설치되어 있는지 속도를 조금만 넘겨도 경보음이 울린다. G3011 고속도로는 S314 왕복 2차선 도로와 나란히 평행을 이루며 달리고 있다.

돈황 가는 길의 왼쪽으로 펼쳐진 고비사막, 이쪽 지역의 연평균 강우량은 60mm에 불과하다. G3011 고속도로와 평행을 이루며 쌍을 지어 늘어선 무수한 고압 송전탑들이 고비사막의 황량함에 더욱더 심한 황량함을 더해 주고 있다. 서부지역의 전기를 동부지역으로 보내기 위한 중국 정부의 서부지역 개발 사업인 서전동송(西電東送)이라는 말이 피부에 와 닿는다.

오후 3시 30분 돈황까지 남은 거리는 67km, 별다른 상황이 없다면 시속 100km로 달리는 버스로 약 40분 후면 도착할 수 있겠다. 고비사막 위로 쏟아지는 뜨거운 태양은 외부 기온을 38도까지 끌어 올리고 있는데 아침부터 장거리를 이동한 탐사대원들 중 상당수가 피곤한 듯 버스에서 잠을 청하고 있다. 여기도 신강위구르 지역과 마찬가지로 지금부터 한 시간 후쯤인 오후 4~5시쯤이 가장 더울 것으로 생각된다. 이곳도 과연 순례자와 대상들이 오고 갔을까? 하천을 따라 오아시

S314 도로상의 화물차량

G3011 고속도로 주변 고압선

스의 도시를 형성했던 신강위구르 지역과는 또 다른 모습을 보여주는 것 같다고 속단하고 있다.

G3011 고속도로에는 차량 통행이 아주 드문드문해 보인다. 가끔 버스 혹은 화물차가 반대편에서 지나가고 어쩌다가 같은 방향으로 달리는 승용차가 탐사대를 태운 버스를 추월해 간다. 돈황 방향으로 오른쪽에 있는 S314 도로도 상황은 거의 비슷하다. 화물차는 G3011 고속도로보다 더 자주 S314를 이용하기는 해도 이 도로 역시 교통체증이라던가 하는 것은 전혀 목격할 수가 없다. G3011 고속도로는 아마도 중국 정부의 일대일로 프로젝트의 일환일 것인데 이렇게 교통 통행량이 적어서 비효율적이고 경제성이 떨어지는 예산 낭비의 사업이라는 꼬리표가 붙은 모양이라는 생각이 들었다.

G3011 주변 사막

G3011 옆으로 달리는 여객 전철

그러나 끝없이 직선으로 뻗어 있는 왕복 4차선의 G3011 고속도로와 이와 평행을 이루며 달리고 있는 왕복 2차선의 S314 도로와 그 위의 화물차들, 왕복 2차선의 복선 전철, 끝없이 연결되어 보이는 쌍으로 이루어진 고압 송전탑들을 보며 중국은 이미 과거 실크로드의 부활을 위한 준비를 마치고 또 다른 도약을 위해 전진해 나가고 있다고 해도 단언해도 과언이 아니겠다고 생각했다.

이렇게 마련된 교통과 통신 등의 기반시설을 바탕으로 돈황과 란주를 포함하고 있는 감숙성과 우루무치, 카스, 아커수, 고차, 쿠얼러, 투르판도 중국의 경제성장 과정에 참여하며 이를 향유할 수 있는 기반이 이제 마련되었다고 할 수 있겠다. 혹자는 이들 인프라를 활용하는 물동량이 없어서 경제성이 떨어진다고, 그래서 효율성 매우 낮으며 지속 가능성이 없다고 주장한다. 그러나 이에 대한 생각과 관점을 바꾸어 생각해 볼 필요가 있다.

무엇보다도 기반시설이 제대로 구축되어 있지 않았던 멀지 않은 과거에는 이들 지역이 과거 실크로드라는 공통분모 위에 보유하고 있었던 훌륭한 역사적, 문화적 자산들을 제대로 활용할 수가 없었다. 그래서 이들 지역은 단순히 유적지를 포함한 역사의 한 공간으로 남아 있을 뿐이었다. 이 역사적 산물은 이곳 주민들에게 간헐적으로 찾아오는 소수의 관광객을 상대하는 미약한 경제적 효과만을 줄 수 있었고 그 효과는 미미한 정도에 불과하였을 것이다. 이들 지역에 거주하는 주민들, 특히 위구르인, 티베트인, 몽골인과 같은 소수민족들의 경제적 욕구를 충족시키기에는 부족하였을 것이다. 이제는 새로 건설된 기반시설을 통해 과거의 실크로드 지역에 있는 도시와 이 지역이 보유하고 있는 훌륭한 인류문화 유산이라는 관광자원에 대한 잠재수요는 머지않은 미래에 폭발적으로 성장할 수 있다고 쉽게 예상할 수 있다.

두 번째로 고려하여야 할 요소는 이들 지역이 가진 석유, 석탄, 희토류 등에 대한 개발 잠재력의 확대 측면이다. 과거에도 이들 지역에 지하자원이 있었던 것은 자명한 사실이다. 그러나 이들 지역 내에 교통 등 기반시설의 구축이 미비했기 때문에 수요가 있는 동쪽 지역으로의 운송비 등을 고려하면 전반적인 채산성이 매우 낮은 수준에 머무를 수밖에 없었다. 낮은 채산성과 경제적 비효율성은 이 지역에 매장된 지하자원 개발에 대한 투자 수요를 끌어내지 못하였을 것이다. 이로 인해 이 지역에 대한 투자는 미약할 수밖에 없었고 궁극적으로 이 지역이 경제적 후진성으로부터 탈출할 기회를 효율적으로 제공하지 못하였다. 이제는 상황이 달라졌다고 할 수 있다. 이 지역에 대한 자원개발 등의 투자를 끌어낼 수 있는 기본역량을 갖추었다고 할 수 있다.

세 번째로 자원개발과 관련된 측면에서 심사숙고해야 할 또 다른 측면은 풍력과 풍부한 태양력 등을 활용한 신재생에너지 관련 분야이다. 이미, 신강위구르 지역 내의 투르판에서, 하미에서, 감숙성 내의 과주에서 본 엄청난 규모의 풍력발전단지는 이들 지역에 대한 개발 잠재력이 가시화된 사업의 일부에 불과할 것이다. 현재에도 그리고 지속 가능한 미래의 성장을 위해 이들 신재생에너지 분야에 대한 투자는 증가할 수밖에 없는 상황이라는 점을 고려하면 이들 지역의 개발 잠재력은 무궁무진하다고 할 수밖에 없다. 궁극적으로 이와 같은 신재생에너지 분야의 투자는 이곳에 거주하는 지역민의 소득 창출과 복지향상에 기여하게 될 것이라고 확신할 수 있다. 물론, 중국 정부가 이 지역의 잠재력이 개발될 수 있도록 제도적 법률적 장치를 충분히 갖추고 우수한 교육 기회 제공을 통한 기틀을 마련하여야 할 것이다.

마지막으로 이곳 지역민의 소득증대와 복지향상은 인권과 관련된 문제, 인적 자원 개발에 대한 문제를 가지고 중국에 정부 커다란 도전을 던지게 될 것이다. 절대 쉽지 않은 문제이다. 그러나 이와 같은 문제도 이 지역에 대한 경제발전과 복지향상을 위한 지속적인 노력이 이루어질 때 완전하지는 않지만 완만한 속도 이상의 개선이 이루어질 수 있을 것이다. 이런 끊임없는 노력의 결과는 이 지역이 중국 내 통합을 더욱더 견고하게 하는 데 기여하게 될 것은 자명하다. 중국 정부도 이들 지역이 가지고 있는 문제해결을 위해서 이 지역과 타지역에 사는 소수 민족의 신뢰를 얻기 위한 지속적인 노력을 기울여야 할 필요가 있으며, 궁극적으로 이러한 노력은 이 지역의 중국 내 통합을 자연스럽게 이루는데 중요한 기여를 하게 될 것이다.

돈황 박물관

다시 S314 성도로 빠져나오며 돈황(敦煌, Dunhuang, 둔황)[68]으로 향하였다. 오후 4시를 조금 지난 시점에 돈황톨게이트를 빠져나오니 막고굴(莫高窟, Mogao Caves)까지는 22km 남았다고 하는 도로표지판이 눈에 들어온다. 이 안내 표지판은 다른 지역에서의 문화유적지에서와 마찬가지로 고동색 바탕에 흰색 글씨로 표시되어 있는데 주요 관광지를 표시하기 위한 목적으로 사용하고 있는 국제표준으로 우리나라도 같은 고동색을 사용하고 있다. 돈황톨게이트를 빠져나와 10여 분 정도를 가니 돈황임을 알리는 높은 지붕의 시내 출입문이 보인다. 탐사대의 오늘 일정은 돈황 시내에 있는 돈황 박물관이 첫 번째 목적지이다.

돈황 톨게이트

돈황 주요 관광지 안내 표지판

돈황 박물관에 도착한 시각은 4시 30분, 탐사대에 허용된 시간은 40분에 불과하다. 이 짧은 시간 내에 박물관 전체를 본다는 것은 어불성설이다. 그러나 돈황과 막고굴에 관련된 사항은 너무나 많이 알려져 있기 때문에 이토록 무리하게 촉박한 시간이 허용되었을 것이라고 위로해 본다.

68 돈황은 과거 실크로드 남로와 인도에서 티베트의 라사를 거쳐 몽골과 남부 시베리아까지 연결되는 도로 및 장안까지 연결되는 하서주랑의 초입에 해당하는 곳으로 사주(沙州, Shazhou)라고 불렸다. 사주의 청나라 때 붙여진 명칭이 돈황이다.

돈황 박물관에는 막고굴에서 출토된 유물들과 한나라 이후 당나라 시대 때까지의 유물뿐만 아니라 실크 관련 물건들이 전시되어 있다. 너무나 짧게 할애된 시간에 천천히 제대로 관찰해가면서 관람할 여유는 없었다. 소그드인과 그들의 복장, 실크 관련 유물 등 몇 개의 유물만을 눈여겨보았다. 다음에 시간과 기회를 만들어서 다시 방문해서 심도 있게 관찰해야 할 필요가 있다고 느꼈다. 지금까지 방문했던 어느 국가와 지역의 박물관에서든지 느낀 것이지만 박물관이 소장하고 있는 자료들보다 항상 적은 시간이 할애되어 서둘러 보게 되고

돈황 박물관 북량시대 석탑

돈황 박물관 소그디아인 화

돈황 박물관 소그디아 여인화

돈황 박물관 막고굴 103호 굴 그림

돈황 박물관 당나라 시대 바둑 그림

돈황 박물관 당나라 시대 벽돌 문양

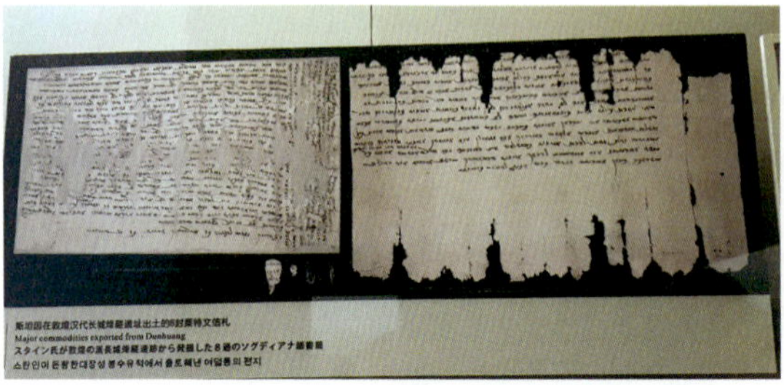

돈황 박물관 스타인 발굴 서한

돈황 박물관 실크조각 무늬

그로 인해 항상 아쉬움을 남긴다.

돈황 박물관을 나선 탐사대는 다음 목적지인 명사산(鳴沙山, Mingshashan)과 월아천(月牙湖, Crescent Moon Lake, Yueyaquan)으로 5시 25분 이동하였다.

명사산과 월아천

명사산은 돈황 박물관으로부터 약 20여 킬로미터 정도의 거리에 있다. 입장 시간이 늦어서 입장이 가능할지 의아해하고 있는데 지금이 여름철이라 명사산의 입장 시간이 연장되어 있어 입장이 가능할 것이라고 한다. 인문탐사 출발 전 참석한 한 콜로키엄에서 명사산과 월아천은 반드시 가 보아야 할 장소라고 강력히 추천한 곳이라 탐사대는 주저하지 않고 향하기로 하였다.

돈황 박물관에서 명사산으로 가는 버스 차창 밖으로 강이 보인다. 기련산맥(祁连山脈, Qilian Mountains, 祁連山脈)에서 발원하는 당하강(党河, Danghe River)이라고 하는데 그 주변으로 나 있는, 쭉 뻗어 있는 도로의

돈황 당허강

돈황 당허강 도로 가로등

가로등이 인상적이다. 멀리서 보면 마치 물고리가 무엇을 물고 있는 형상인데 자세히 보니 물고기가 아니라 비천상이다. 하늘의 선녀가 한 손에 등을 들고 도로를 비추고 있는 모습이 멀리 보이는 명사산의 언덕과 절묘한 조화를 이루고 있다.

명사산 주차장에 버스를 세우고 입장권을 살 수 있는 입구까지 약 200여m 정도를 걸어 들어가야 한다. 먼 길은 아니지만, 주변의 기념품을 팔고 있는 상점들에서 일종의 호객행위를 하고 있다. 강렬한 햇빛을 가릴 수 있는 모자, 얼굴을 가릴 수 있는 수건과 돈황 지역의 특산물품 등을 팔고 있었다.

명사산 쪽으로 걸어 들어가면서 보는 명사산의 모습이 장관이다. 얼핏 보기에 명사산이 마치 피라미드처럼 끝이 뾰족해 보인다. 이곳에서는 헬리콥터를 타고 명사산 주

명사산 입구의 탐사대

명사산 입구 특산물 가게

명사산 입구에서 보이는 광경

명사산 입구 위로 나르는 헬리콥터

변을 둘러볼 수도 있는 모양이다. 한 대의 헬리콥터가 명사산 머리 위로, 창공을 배경으로 날아간다.

탐사대는 입구를 지나 걸어서 명사산과 월아천을 보기로 하였다. 명사산 입구를 들어서니 멀리서 보이던 아름다운 모래 산이 더욱더 눈앞에 크게 다가온다. 중국의 대 역사가인 사마천은 그의 사기(史記, the Records of the Grand Historian)에서 이곳 명사산을 묘사하기를 날씨 좋은 날 바람이 불면 다섯 색깔의 모래로 이루어진 명사산이 부르는 노랫소리가 들린다고 했다. 그래서 명사산의 명 자가 한자로 울 명(鳴)를 쓰고 있다. 이곳 명사산의 모래가 노래를 부른다고 하는데 사람이 많아 시끄러워서인지 혹은 부는 바람이 없어서인지 명사산의 노래를 오늘은 들을 수가 없다.

일련의 긴 낙타 행렬이 지나간다. 멀리서 보이는 낙타행렬은 꼭 옛날

명사산과 낙타 행렬

대상들이 움직이는 듯 보인다. 이 또한 진한 감동으로 다가온다. 그래서 유홍준 전 문화부 장관은 '나의 문화답사기 중국편 돈황과 하서주랑'에서 이곳을 보고 명불허전(鳴不虛傳)이라는 말을 사용한 모양이다. 가까이 가서 보니 각각의 낙타는 사람을 등에 태우고 있다. 과거 실크로드가 융성했던 시절에는 낙타들은 등에 사람 대신에 향신료, 도자기, 실크와 각종의 상품들을 싣고 다녔을 것이다. 낙타들에게는 지금이 더 행복한지 혹은 그 당시가 더 행복했는지 알 수 없다. 이곳 명사산과 월아천이 워낙 유명한 관광지이다 보니 방문하는 사람마다 낙타를 타 본다고 하니 성수기에는 낙타가 쉴 틈이 없다고 한다. 가까이에서 보는 낙타 눈은 마치 눈물을 머금은 듯 그냥 한없이 슬퍼 보여 애잔한 마음이 든다.

명사산 월아천

명사산 앞 인문탐사대

모래 언덕 사이로 만들어진 인도를 계속 따라가니 왼쪽의 모래 산으로는 수많은 사람이 걸어 올라가고 있고 해발고도 1천150m에 있는 월아천이 오른쪽 앞에 나타난다. 간이매점이 있는 곳에 물기를 머금고 있는 작은 정원이 있어 물이 이곳에서 솟아나냐고 물어보았더니 인공으로 조달한 물이라고 한다. 중국 정부의 농업장려 정책으로 돈황의 젖줄인 당하 상류에 댐을 만들어 농사를 장려한 결과로 인구가 급격히 증가하였고, 이로 인해 지하수의 수위 또한 급격하게 낮아져 월아천의 수위가 급속도로 낮아지는 결과를 초래하였다. 돈황 오아시스의 상징인 월아천이 말라붙는 것을 방지하기 위해 처음에는 물을 가져다 부었으나 오염이 될 가능성이 높아 이를 중단하고 월아천으로 스며드는 지하수에 물을 공급하기 시작하여 현재의 월아천 규모를 겨우 유지할 수 있었다고 한다. 이에 더하여 중국 정부는 세 가지 금지조치를 취하였는데 더 이상의 이쪽 지역으로의 인구 유입을 불허하고, 새로운 농장건설을 허락하지 않으며 새로운 우물을 파지 못하도록 하였다(Yardley, 2005).

월아천을 둘러보고 난 후 뒤편 명사산 봉우리 중 가장 가까운 곳에 위치하고 있는 한 봉우리의 정상까지 걸어 올라가 보기로 하였다. 많은 사람이 설치해 놓은 모래 산의 계단을 따라 올라가는데 미끄러지고 푹푹 빠지는 모래에 여간 힘든 것이 아니다. 겨우겨우 정상에 올라서 발아래 월아천을 내려다보니 발아래로 펼쳐지는 장관에, 그 아름다움을 말로 표현할 길이 없다. 과거 이 힘든 모래투성이의 명사산을 넘어오다 월아천을 발견한 대상과 수도승의 마음이 어떠했을지 짐작이 간다. 월아천 앞 모래산 너머로 초록의 푸른빛의 돈황이 눈앞에 보이니 아마 여기가 천국이라고 생각했을 것이다.

명사산에 올라가서 해가 먼 산으로 넘어가고 별이 총총 빛나는 밤에 별을 보며 맥주 한잔하면 매우 운치가 있다는 어느 분의 말씀이 이곳에

명사산 발아래 월아천

더 남아 있도록 유혹하기는 하지만 탐사대는 내일 중요한 일정이 있어 다음에는 꼭 그리해보리라는 무언의 약속을 속으로 하고 숙소를 향해 내려갔다.

돈황의 숙소는 탐사대가 머물렀던 숙소 중에서는 가장 중국식 냄새가 난다. 그렇다고 전혀 불편한 숙소는 아니다. 로비에는 돈황 사막챌린지에 참여하는 일련의 젊은 학생들이 모여 시끌벅적하다. 체크인한 후 바로 늦은 시간이지만 숙소에서 식사하기로 하였다. 벌써 9시 30분이다. 오늘 겪었던 일정에 대해 논의하면서, 특히 신강위구르 지역에서 느낀 바와 이곳 감숙성 돈황에서 피부로 느끼는 현격한 차이에 대해 각자의 생각을 논의하였다.

돈황 야시장 호양목 도장가게

돈황 야시장 기념품가게

식사를 마치고 피곤함에 쉽게 잠자리에 들 거라는 예상과 달리 모든 단원이 이곳 돈황의 야시장이 유명하니 야시장 구경을 하자고 한다. 사실 신강에서 머물렀던 도시들은 안전이라는 이유로 가이드가 야시장에 나가는 것을 결코 반기는 눈치가 아니었는데 이곳에서는 오히려 장려한다는 느낌을 강하게 받았다. 숙소에서 멀지 않은 곳에 야시장이 있어서 걸어서 갈 수 있다고 한다.

밤 10시가 훨씬 지난 시점, 숙소에서 조금 걸어 나가니 비파를 머리 뒤에 들고 연주하고 있는 비천상이 있는 로터리가 나오고 거기서 조금 더 걸어가니 사주 야시장(沙州夜市), 즉 돈황 야시장이 나타난다. 입구에서부터 야시장은 불야성이다. 한쪽에는 각종의 신선한 과일과 말린 과일을 팔고 있는 위구르인의 가게가 있고 중앙에는 호양목 도장과 옥을 파는 가게가 즐비하다. 또한 실크로드와 관련된 기념품 등 각종 돈황 특유의 수공예 제품을 팔고 있는 가게가 야시장 좌우뿐만 아니라 중앙에도 서로 맞대어 줄지어 서 있다. 무수히 많은 가게를 보고 저급하다는 생각보다는 정겹다는 느낌이 앞설 정도로 돈황 특유의 냄새가 진하게 나는 특이한 곳이기도 하다.

이곳을 지나 조금 더 걸어 들어가니 위구르인이 하는 양꼬치구이와 면을 파는 식당이 줄지어 서 있다. 고소하고 향기로운 냄새에 식사한 지 얼마 되지 않았는데 입에 침이 고인다. 신기하고 기가 찰 노릇이다. 모든 탐사대원이 같이 앉을 수 있는 식당이 없어서 두 팀으로 나누어 각각 다른 식당에 앉아 양꼬치구이를 먹어 보기로 하였다. 환하게 별이 빛나는 돈황의 하늘 아래서 시간 가는 줄 모르게 돈황은 밤은 점점 더 깊어가고 있다. 숙소로 돌아오는 길의 비천상이 더욱더 아름답게 보인다.

돈황 야시장 위구르인 식당가

돈황 시내 비파상

10

돈황 막고굴

막고굴

중국의 3대 석굴[69] 중의 하나이며 사막에 있는 굴 중에서 가장 높은 곳이라는 막고굴(莫高窟, Mogao Caves)을 방문하기 위해 탐사대는 어떤 날보다도 서둘렀다. 중국의 16조 시대인 4세기 후반인 366년부터 석굴이 처음으로 건설되기 시작하여 14세기까지 축조되고 활용된 막고굴을 보기 위해서는 먼저 막고굴과 관련된 영상을 보아야 막고굴 관람이 허용되기 때문이다. 또한 오늘은 이곳에 있는 돈황연구소와 간단한 업무협의를 위한 방문과 간담회가 예정되어 있어 오전 일정이 상당히 빡빡하다. 게다가 오후에는 위진 묘 군이 있는 주천으로 이동하여야 한다.

---

69 중국의 3대 석굴은 감숙성(甘肃, Gansu, 甘肅) 돈황의 막고굴(莫高窟, Mogao Grottoes), 하남(河南, Henan)성 낙양(洛阳, Luoyang)의 용문석굴(龙门石窟, Longmen Grottoes) 및 섬서성(山西, Shanxi) 대동(大同, Tatung)의 운강석굴(云冈石窟, Yungang Grottoes)을 지칭한다.

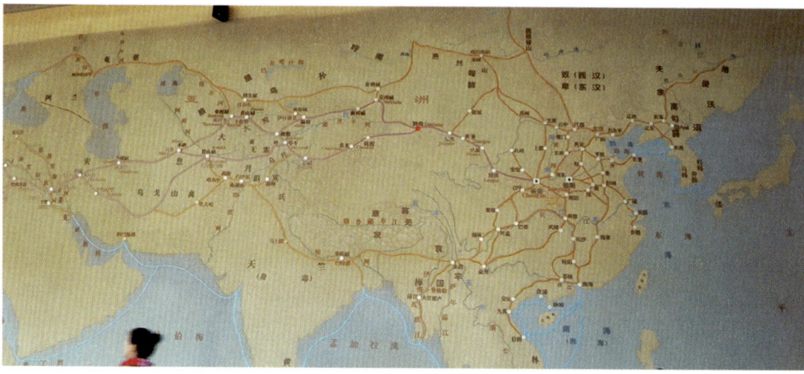

둔황 막고굴 극장 벽에 걸린 중국 고대 실크로드 표시 지도

7시 30분, 아침 햇살을 받으며 탐사대는 숙소를 출발하였다. 막고굴은 돈황 시내에서 약 20분 정도의 이동 거리에 있다. 탐사대는 얼굴에 쏟아지는 눈부신 아침 햇살을 맞으며 해발고도 1천54m에 위치한 막고굴 입구에 도착하였다. 숙소에서부터 30분이 채 안 걸렸다.

막고굴 관람을 위한 입장권을 사고 막고굴 관련 영상을 보기 위해 극장 입구로 이동하니 1987년 유네스코에 의해 세계문화유산으로 지정되었다고 하는 설명서가 커다란 안내판에 새겨져 있고 극장 입구 쪽 벽으로는 중국 고대 실크로드와 주요 교통로를 나타내는 지도가 벽에 표시되어 있다. 실크로드는 아니지만, 주요 교통로로 한반도의 평양까지 다다른 길이 표시되어 있다. 탐사대가 하여야 하는 일 중의 하나가 이 교통로 나아가 실크로드가 한반도의 남단, 즉 경주까지 다다르게 표시될 수 있도록 연구하고 발표하는 것으로 생각하였다.

극장 입구에는 이미 탐사대를 제외한 많은 사람이 벌써 줄 서서 기다리고 있다. 8시 30분이 되어서야 극장 안으로 들어갔다. 막고굴에서의 주의사항과 더불어 막고굴 역사에 대한 영상을 틀기 시작한다. 애니메이션이 많이 들어 있기는 하나 막고굴의 기원에 관해 설명하는 것 이외의 특별한 의미가 담긴 영상은 아니다. 다소 지루하다는 생각이 들 때쯤 영상은 끝났다.

탐사대는 곧바로 막고굴로 향하지 않고 사전 약속된 돈황연구소를 방문하기 위하여 버스로 이동하였다. 해발고도 1천270m에 있는 돈황연구소에 도착하니 피치 못할 사정으로 연구원을 비운 소장을 대신하여 장원리 박사와 기호경 연구원이 탐사대를 맞이한다. 실크로드 중앙아시아연구원에 대한 간단한 역사와 활동 및 지금까지의 실적에 대해 간단히 소개하고 향후 돈황연구소와 연구를 비롯한 다양한 분야에서 상호 협업 관계를 유지하기로 약속하였다.

돈황연구소 웹사이트 지도에는 실크로드와 더불어 서안에서 출발한 주

돈황연구소 입구 현판

돈황연구소와 인문탐사대

돈황연구소 실크로드 및 기타 무역로 표시 지도 (출처: 돈황연구소 웹사이트)

요 무역로가 북경과 한반도의 평양을 거쳐 서울과 경주를 통해 일본까지 연결되어 있다. 아까 보았던 돈황 관련 영상을 상영하던 극장의 벽에는 서안-경주 구간이 교통로로 포함되어 있었으나 여기에는 같은 구간이 무역로로 표시되어 있다는 것은 커다란 의미가 있다. 실크로드 연구와 관련하여 세계적으로 선도적인 역할을 진행하고 있는 중국의 돈황연구소에 이처럼 표시된 지도를 발견한 것도 커다란 수확 중의 하나이다. 이번 인문탐사에 참여한 탐사 대원들은 이 무역로를 실크로드로 확정할 수 있도록 연구 결과를 발표하고 확산 시켜 나갈 것이다.

10시를 조금 넘어 탐사대는 돈황연구소를 떠나 막고굴로 향했다. 연구소를 더 세세하게 둘러볼 수도 있지만, 탐사대를 위해 예약된 관람 시간이 정해져 있어서 불가피한 선택을 할 수밖에 없었다.

막고굴 탐방에서 고마운 일이 생겼다. 일반 관람객을 위해서는 특별히 관람이 허용된 굴 1개를 포함하여 총 6개의 굴을 방문하는 것이 허용되는데 돈황연구소에서 탐사 대원들을 위해 추가로 2개의 굴을 더 탐방할 수 있도록 사전 조치해 놓았다는 사실이다. 버스를 타고 막고굴 근처로 이동하니, 앞에 막고굴이 눈앞에 확 다가선다.

막고굴 전경

막고굴에 도착하니 조금 전 만났던 돈황연구소의 기호경 박사가 미리 와서 우리를 반겨준다. 조금 있으니 막고굴 현지의 전문 가이드가 도착해서 기호경 박사와 이야기를 나누고, 그 후 전문 가이드가 탐사대를 인도하기로 한다. 한국말을 굉장히 잘하는 한족이다. 어디에서 한국어를 배웠느냐고 했더니 한국에 교환학생으로 와서 독학했단다. 차분하게 또박또박하게 한국어를 구사하고 최근의 용어까지 사용하고 있는 그녀의 언어 능력과 어휘력에 감탄을 금하지 못한다. 탐사대원들의 칭찬이 자자하다.

막고굴 현지 가이드가 인도하는 데로 탐사대는 뒤를 따랐다. 막고굴에는 총 429개의 굴이 있는데 이 중에서 40개의 굴이 한국과 관련 있는 굴이라고 한다. 어떤 의미에서 한국과 관련되어 있다는 뜻인지는 설명해 주지 않아 궁금증만 쌓인다. 현지 가이드가 안내하는 데로 따라가면서 석굴이 있는 것을 보니 1층으로 된 것이 아니라 3~4층으로 되어 보인다. 아까 멀리서 볼 때도 마치 벼랑에 지은 아파트와 같은 모습을 하고 있다고 생각했는데 실제로 가까이에서 보니 영락없이 다닥다닥 붙은 아파트 모습이다. 층별로 각각의 굴을 이어 주는 복도가 나 있고 각 층을 오르내릴 수 있도록 계단이 여기저기 설치되어 있다.

맨 위에 혹은 그 아래쪽으로 처마 같은 구조물이 돌출되어 있는데 이것이 막고굴의 지붕이라고 한다. 천 년 이상 된 것이라고 하니 놀라운 마음을 금치 못한다. 그 지붕 밑에 붉은색의 비천상들이 그려져 있는데 그 선명함이

막고굴 층루, 복도와 지붕

막고굴 지붕 처마 아래 비천벽화

막고굴 외벽 기둥

막고굴 외벽 축대

뚜렷하다. 이 석굴의 기둥과 축대에 해당하는 구조물들을 보니 전형적인 사암으로 이루어진 것이라는 것을 파악할 수 있다.

벽감과 벽화 등은 문화재를 보호한다는 의미에서 탐방하는 막고굴 내에서의 사진 촬영이 허락되지 않아 제대로 보여주지 못하는 아쉬움이 무엇보다도 크다. 그러나 상대적으로 각 굴에 관련된 벽화와 벽감들이 인터넷에 많이 나와 있어서 조그만 노력하면 찾을 수 있기 때문에 그것으로나마 위안을 삼기로 하였다. 특히, 최근에는 일부 굴은 굴 전체를 세부적으로 입체감 있게 둘러볼 수 있도록 하는 돈황 디지털 이미지화 작업이 진행되고 있어서 마치 현장에 방문한 것과 같은 생동감을 살릴 수도 있다.

탐사대에 탐방이 허락된 첫 번째 석굴은 당나라 시대에 축조되어 막고굴 천 년 역사의 상징이며 막고굴 미술관이라 불리는 23호 굴이었다.[70] 전형적인 불교의 내용을 그린 경변화가 있는데 입구에서 들어서면 정면에서 보이는 의자에 앉아 있는 부처의 모습이 매우 낯설고 특이하게 느껴진다. 23호 굴은 부처의 영취산 설법을 그리고 있을 뿐만 아니라 춤추는 사람, 놀고 있는 아이의 일상적인 모습이 그려져 있다. 벽면 좌우와 굴의 천장 할 것 없이 부처 그림으로 도배가 되어 있다고 해도 과언이 아닐 정도

70 https://www.e-dunhuang.com/cave/10.0001/0001.0001.0023을 클릭하면 돈황 막고굴 23호 굴의 내부를 자세히 볼 수 있다.

로 많은 부처가 그려져 있다. 천장 한가운데는 6개의 잎을 가진 연화 문양이 선명하게 그려져 있다.

탐사대가 두 번째로 방문한 335호 굴은 초기 당나라 시대 때 만들어진 굴로 작은 석가모니 좌불을 볼 수 있다. 이 굴은 천장에 연꽃 부처가 많이 그려져 있어 천 불이라고 불리기도 하고 각 부처에는 이름이 적혀져 있다. 335호 굴은 앞서 언급한 막고굴에서 한국과 관련된 40개 굴 중의 하나이다. 문수보살 밑에 중국 황제와 각국의 사신들이 보이는 데 그중에 고구려 양식의 초두관을 착용한 인물이 보인다. 이 사신들로 보아서 당시의 국제교류 양상을 파악할 수 있겠다. 그러나 초두관을 쓰고 있는 사람의 복장, 특히 숄과 옷깃을 보면 한국의 고구려 복식에서는 아직 발견되지 않아서 과연 고구려 사람이 맞는지를 연구해 볼 필요가 있다고 탐사대원 중 복식을 연구하는 분이 이야기한다. 가이드가 지적하는 입구 쪽을 보니 686이라는 수가 보인다. 아마 이 석굴이 건설되었을 때의 연도를 표시하는 것일 것이다. 이 335호 굴은 건설 연도와 기부자 등이 명확하게 나타나 있는 기록 표준 굴 중의 하나라고 한다.

당나라 말기에 축조되었다는 16호 굴과 17호 굴 표시가 같이 나란히 있는 굴로 탐사대는 인도되었다. 입구에서 보면 16호 굴은 정면에 석가모니 좌불이 있다. 그 앞에 작은 좌불이 좌우에 있는 것이 보인다. 특이한 것은 부처님의 눈이 유리로 만들어져 있다. 16호 굴은 굴 자체의 불화로도 의미가 있지만, 입구에서 오른쪽에 있는 흔히 장경동(藏經洞)이라 불리는 17호 굴[71]로 인해 더욱더 유명해졌다. 쇠창살이 처진 문의 정면에서 바라보면 좌선 중인 홍변(洪辯, Hong Bian) 스님의 상이 보인다. 여기에서 막고굴을 세계에 알리게 되는 각종의 문서와 벽화, 천 조각과 기타 유물들

---

71 https://www.e-dunhuang.com/cave/10.0001/0001.0001.0017을 클릭하면 17호 굴 내부를 볼 수 있다.

이 1900년 왕원록(王圓籙, Wang Yuanlu) 도사에 의해 발견되었다.

다음으로 당나라 초기에 만들어진 328호 굴을 탐방하였다. 반가부좌의 날렵한 부처상이 있는 328호 굴은 막고굴 중에서 가장 보존상태가 좋은 굴이라고 알려져 있다. 부처 오른편에 서 있는 보살의 옷깃을 살펴보니 장삼의 왼쪽 깃이 위로 올라와 있다. 이 328호 굴에서 출토된 반 무릎 자세로 꿇어 불공을 드리고 있는 보살상은 현재 미국 하버드대학의 박물관에 보관되어 있다고 한다.

오늘 탐사대에 개방되는 특별한 굴 중의 하나인 285호 굴[72]을 11시 36분 방문하였다. 285호 굴은 서위(西魏) 때인 538년~539년에 걸쳐 축조된 것으로 막고굴의 석굴 중에서 초기에 해당하는 시기에 건설된 것이다. 이 굴의 정면에서 바라보면 부처가 좌불의 형태가 아닌 의자에 앉아 있는 형태이다. 부처가 입고 있는 가사의 주름이 매우 선명하게 보이고 가슴 중앙의 매듭이 뚜렷하게 보인다. 부처가 앉은 의자 뒤의 화려한 청색 위에는 비천상들이 그려져 있고 천장에는 둥근 톱니바퀴 같은 문양을 중심에 두고 그 주변으로 중국의 신화 중에서 바람 신, 비 신, 번개 신과 더불어 천둥 신의 풍우뢰전(風雨雷電)을 의미하는 중국의 자연신이 그려져 있다. 이 굴에서는 마니보주의 모습과 불교뿐만 아니라 다른 외래종교와 중국의 종교가 같이 관찰되는 굴이라고 하는데 나와 같은 범인의 눈에는 쉽게 잡히지 않는다. 그러나 입구에 들어서면 좌측과 우측의 벽면에 그려진 벽화와 천장 벽화를 보면 매우 화려하다고 생각되는데 이는 청금석인 라피스 라줄리를 안료로 많이 사용하였기 때문일 것으로 생각하였다.

탐사대에 개방된 두 번째 특별 굴인 259호 굴을 방문하였다. 이는 우리 탐사대를 위해 한국어를 하는 막고굴의 안내원이 특별히 보여준 굴이다.

---

72 https://www.e-dunhuang.com/cave/10.0001/0001.0001.0285을 클릭하면 285호 굴 내부를 자세히 볼 수 있다.

이 굴은 북위(北魏) 시대인 서기 470년경에 축조되었다고 하는데 벽화와 불상에서 관찰되는 바가 인도와 서역인 중앙아시아의 영향을 많이 받았다는 것을 강하게 느낄 수 있다. 굴 천장에 그려진 벽화, 석가모니불과 그 주변의 불과 보살들, 벽화에 그려진 인물과 이와 관련된 섬세함에서 서역의 영향을 풍미하고도 남는다. 입구 정면에서 보면 2명의 부처[73]가, 마치 거울에 비친 모습처럼 반가부좌를 틀어 앉아 있다. 이렇게 두 개의 부처가 쌍으로 발견된 것은 돈황 석굴에서 가장 오래된 것이라고 한다. 이 굴에서는 명상에 잠긴 부처상을 볼 수 있는데 특이한 것은 참선 중인 부처의 오른손 등이 앞을 향하고 있다. 또 부처는 눈을 아래로 지그시 감고 있는데 좌선 중에 부처가 깊은 명상에 빠져있거나 해탈하는 모습을 나타내고 있다고 할 수 있겠다. 특히, 부처는 진지한 표정을 하고 있으나 조명을 위에서 비추자 자애로운 표정과 눈매와 더불어 입꼬리가 위로 올라가며 순간 해탈의 찰나적 행복한 표정을 짓고 있어 서역의 건축과 조각 기술이 뛰어났음을 보여주고 있다. 당나라와 수나라 이후 시대에는 중국의 영향이 득세하여 정형화된 양식으로 나타나고 있다고 한다. 그래서 이 좌불을 '동양의 모나리자'라고 부른다고 한다.

막고굴의 영내에 들어서면 커다란 누각과 같은 건물이 보인다. 처음에는 누각이라고 생각하였으나 다른 굴들을 보고 난 후 탐사대는 이 누각 안으로 인도되어 발을 옮겼다. 여기가 96호 굴 일명 구층루(九層樓, the Nine Storey Building)로 불리는 석굴로 막고굴의 상징에 해당하는 곳이라고 한다. 당나라 초기인 7세기 후반에 건설되었다고 하는데 초기에는 4층 건물로 지어졌다가, 9세기에 5층으로, 19세기 말에는 7층으로 그리고 20세기 초에 9층 건물로 지어졌다고 한다. 마치 가운데 우뚝 서서 막고굴

73 이 2명의 부처는 석가모니불과 다보불(Buddha Prabhutaratna)이라고 하는데 부처의 무한함을 나타낸다고 한다.

전체를 휘하에 두고 보호하고 있는 것 같은 느낌을 주고 있다. 이 96호 굴에는 높이가 35.5m에 달하는 진흙으로 만든 커다란 불상인 미래불, 즉 미륵불상이 안치되어 있다. 세계에서 두 번째로 큰 이 미륵 석불은 여러 번의 보수와 채색과정을 거치면서 변형되었는데 이 미륵불의 팔만 당나라 시대 것이라고 한다. 이 미륵불은 당나라 시대 여제였던 측천무후, 즉 무측천(武則天; Wu Zetian)과 관련 있다고 하는데 원래 불교 신자였던 측천무후는 본인이 향후 미래의 미륵불로 탄생할 것이라고 주장하며 권력을 유지하였다고 한다. 입구에서 조금 내려간 1층에서 이 커다란 미륵불의 모습을 올려다보니 장엄하면서도 약간의 무서움이 들기도 한다. 지은 죄가 많은 탓일까? 아니면 이 미륵불이 측천무후의 얼굴이 반영되어서일까?

막고굴 구층루 전경

막고굴에서 탐사대와 전문 가이드

막고굴 입구에서 인문탐사대

탐사대가 마지막으로 탐방한 굴은 220호 굴[74]이다. 이 굴은 굴 입구 여백 위에 남녀가 그려져 있고 그 옆에 서기 642년에 해당하는 천관(Zhengguan) 16년이라는 글씨가 새겨져 있어 당나라 초기 시대에 만들어진 것임을 알 수 있다고 한다. 원래는 송나라 시대에 해당하는 벽화가 있었는데 그 벽화를 걷어내니 아래에 당나라 초기의 벽화가 나타났다고 가이드는 설명한다. 입구에서 서쪽에 해당하는, 정면으로 보면 벽감 안에 부처와 사제 및 보살이 좌우에 각각 서 있다. 천장에는 무수한 부처상이 그려져 있다. 서쪽 벽감 부처의 천관 양식은 중앙아시아에서 중국으로 전해진 것으로 판단하고 있는데 중국식 화풍으로 변경된 것이라고 한다. 북벽에는 연등 공양이 이루어지고 있는 벽화가 있는데 여기에서 비천상의 모습을 관찰할 수 있다. 벽화의 아래쪽으로 아름다운 춤을 추고 있는 모습과 악사들이 연주하고 있는 다양한 종류의 악기들을 볼 수가 있다. 공양에 참석한 사람 중에서 초우관을 한 고구려 복장의 사신을 볼 수 있다고 하는데 내 눈에는 쉽게 들어오지 않는다.

12시 30분, 막고굴의 일부에 해당하는 굴만을 탐사한 후 많은 아쉬움을 가지고 탐사를 마쳤다. 오늘 탐사대에 아주 유용한 설명을 차분하게 해준 막고굴 가이드에게 진심으로 감사를 표하였다. 대학을 나온 젊은 인재가 이렇게 역사 깊은 현장에서 역사 깊은 내용을 자세하게 설명해주며 자부심을 가지는 것을 보면서 우리나라의 역사 및 문화 해설가와의 차이를 곰곰이 생각해 보았다. 우리나라도 대학을 나온 젊은이 중 외국어를 잘 구사하는 젊은이들을 세계적으로 알릴만한 문화유적지에 배치할 수 있도록 하는 것은 어떨까 곰곰이 생각해보게 되었다.

이곳 막고굴의 유적을 보존하기 위한 차원에서 방문하는 굴마다 사

74 https://www.e-dunhuang.com/cave/10.0001/0001.0001.0220을 클릭하면 220호 굴을 자세하게 볼 수 있다.

막고굴 앞 송대 팔각정

막고굴 앞 팔각정 조각

진 촬영이 금지되어 있어 제대로 된 탐사대만의 이미지를 남기지 못한 아쉬움이 크게 남는다. 하지만 돈황연구소를 비롯하여 여러 가지 차원에서 굴마다 디지털 영상화 작업을 하고 있으니 기대가 크다.

7~9세기 티베트 문화 교류전이 열리고 있는 장소로 이동하기로 하였다. 샛길로 막 접어드는 순간, 눈앞에 팔각 정자가 눈에 들어온다. 송나라 때 건립되어 천 년의 역사를 가지고 있는 나무로 만들어진 정자이다. 팔각 홈에는 여덟 명의 인물이 조각되어 있는데 한 명을 제외한 일곱 개의 조각상이 우리가 흔히 말하는 연미복, 즉 윗도리의 뒷면 끝자락이 펭귄의 꼬리 모양처럼 내려와 있는 특이한 모습의 복장을 하고 있다. 짙은 눈썹, 커다란 눈에 특이한 머리 모양을 하고 있다. 왼팔과 오른팔 모두 훼손된 채로 남아 있지만 특이한 것은 각 팔에 나뭇가지와 짚 등을 사용하여 뼈대를 만들고 그 위에 진흙을 발라 만든 조각상이다. 특히 나무와 풀 등을 사용한 조각품을 만든 것은 서역으로부터 영향을 받은 단적인 예라고 하는 것으로 보아 이미 당송 시대에 세계적으로 문물의 교류가 있었다는 것을 단적으로 보여주는 예 중의 하나라고 할 수 있겠다. 돈황의 건조한 날씨가 목재로 된 건물의 원형을 제대로 보존할 수 있도록 해준 것이다.

막고굴 입구에 세워진 2층 누각을 아침에 들어갈 때는 서둔다고 제대

막고굴 전경

로 관찰하지 못하였는데 그 문을 자세히 살펴보니 화려한 단청이라고 할 수 있는 채색 처마가 있어 눈길을 끈다. 아래쪽 현판에는 석실보장(石室寶藏)이라고 쓰여 있고 위쪽 수직의 현판에는 영고굴(英高窟)이라는 글씨가 희미하게 적혀 있다. 아마 이곳 막고굴의 석실에는 보물이 숨겨져 있고 이 굴은 아주 출중한 수준의 굴이라는 의미가 아닐까 지레짐작해본다.

7~9세기 실크로드 상 문화교류전(토번 왕조 시기)이 진행되고 있는 곳으로 내려오니 아침에 연구원에서 만났던 장원리(Zhang Yuanli) 박사가 우리를 기다리고 있다. 이번 문화교류전은 7월 3일부터 10월 22일까지 열리는 토번 왕국을 주제로 한 세계 최초의 특별전시회라고 하면서 우리 탐사대원들에게 직접 설명해 주는 수고를 마다하지 않았다.

이번 특별전시전에는 7~9세기 티베트를 지배하였던 토번 왕조 시기(the Tubo period)[75]에 해당하는 유적들을 중심으로 전시하고 있는데 토번의 궁중생활 모습에서 드러난 중앙아시아 예술적 측면의 영향을 제대로 보여주고 있다. 특히 눈길을 끈 것은 소그드인 신랑과 더불어 같이 엎

75 티베트의 토번 왕조는 당나라 시대와 동일한 시기에 티베트 고원과 청해(Qinghai) 지역의 사람들을 통합하여 200여 년 이상(618년~814년) 지속한 강력한 왕조였다.

티베트 왕족 수렵화

소그드 신랑과 궁중 여인상

에 전시된 궁중 여인상으로 신랑의 뾰족한 모자와 복장 및 궁녀의 화려한 삼색 복장이다. 참으로 아름다운 예술품이다.

장원리 박사와 탐사대는 서로 탐사대의 일정이 빡빡하여 더 많은 시간을 할애하지 못하는 아쉬움을 감추지 못하였고, 무엇보다도 향후 돈황연구원과 실크로드 중앙아시아연구원이 상호 협력할 수 있도록 노력하고 조만간 장 박사를 한국의 학술대회에서 볼 수 있기를 기대하며 아쉬운 작별을 고하였다.

오후 1시 40분, 막고굴 관람의 일정을 종료하고 다음 목적지로 이동하기로 하였다. 외부온도는 37도를 나타내고 수은주는 계속 상승 중이다. 평소보다 조금 늦은 시간에 탐사대원들은 점심으로 허기를 달래고 난 후 아쉽지만 돈황을 뒤로 하기로 하였다.

원래의 계획으로는 이곳 돈황에서의 일정을 빨리 마치고 주천으로 이동한 후 다른 일정을 부분 소화하기로 하였으나 이곳 돈황의 전체적인 일정이 원래 계획보다 많이 지체되어 오늘은 무엇보다도 주천(酒泉, Jiu Quan)으로 하는 데 초점을 두기로 하였다. 원래의 오늘 늦은 오후 일정은 내일 이른 아침부터 소화하기로 하고 오후 3시 돈황에서 출발하였다.

돈황에서 주천으로

오후 3시에 돈황을 떠난 탐사대는 주천(酒泉, Jiuquan)까지 약 380km의 거리를 G3011 고속도로를 따라 이동할 것이다. 두 시간마다 버스 운전사가 조금씩 쉬어야 하는 규정 때문에 약 5시간 정도가 소요될 것이라고 한다.

S314 도로를 따라 조금 이동하여 막고굴 요금소를 통과한 후 G3011 고속도로를 따라 이동한다. 이 지역 고속도로에도 신강위구르 지역에서와 마찬가지로 쭉 뻗어 있는 고속도로 대비 교통량은 거의 없다. 감숙성의 뜨거운 태양 아래 다소 휑하다는 느낌이 드는 고속도로를 달리는 버스는 이 황량한 사막 위의 고속도로를 오히려 더욱더 황량하게 만들고 있다.

출발한 지 얼마 되지 않았는데 버스 기사가 힘이 드는지 쉬어가자고 한다. 졸리기도 하고 또 너무 뜨거운 오후의 열기 때문일 것으로 생각했다.

잠시 휴식을 위해 버스는 사막 한가운데, 쭉 뻗은 G3011 고속도로 위

돈황 막고굴에서 주천으로 이동 (출처: Google.map)

에 몇 개의 간이 상점이 줄지어 자리 잡고 있는 간이휴게소[76]에 정차하였다. 이곳 간이휴게소는 간판도 보이지 않는 말 그대로 임시휴게소이다. 버스에서 내려 상점 안으로 걸어 들어가니 사막의 뜨거운 열기가 해발고도 1천170m에 위치한 간이휴게소 안으로 불어 들어온다. 가게 안에 있던 몇몇의 종업원이 탐사 대원을 반갑게 맞아 준다. 이곳 과주에서 생산되는 것으로 생각되는 하미과와 이것저것의 말린 과일들, 예쁜 색깔의 다양한 말린 꽃차, 동충하초 등을 보고 있자니 휴게소의 양철 지붕을 녹여버릴 듯 맹위를 떨치고 있는 과주의 뜨거운 오후 열기가 몸으로 전달되는 듯하다.

특별히 살 만한 것이 없어 빈손으로 가게를 나오는 것이 미안하다고 생각하고 있는데 가이드가 이곳에서 생산되는 하미과[77]를 맛보자고 한다.

단맛이 강하고 과즙이 풍부한 하미과로 입술을 적시고 나니 정확히 4시, 탐사대는 다시 버스에 몸을 실었다. 휴식 시간 동안 버스 기사가 차문을 열어 놓은 탓에 무수히 많은 파리 떼가 날아 들어와 버스 안을 온통 점령하고 있다. 수건으로 모자로 손으로 이들을 겨우겨우 쫓아내고 다시 고속도로를 달리니 기온은 41도를 가리키고 있다. '후~ 대단한 열기다.' 에어컨이 설치된 버스 안에서도 그 열기가 그대로 느껴지는 듯하다.

탐사대를 태운 버스가 2시간여를 쉬지 않고 달린 오후 6시, 뜨거운 햇볕의 수위가 한풀 꺾였는지 혹은 1천369m에 달하는 높은 해발고도 탓인

---

76 나중에 찾아보니 이곳이 돈황과 과주 중간에 위치한 첨수정(甜水井, Tianshujing)이라는 주차 지역이다.

77 하미과(哈密瓜)는 꿀맛 같은 단맛이 나고 과즙이 풍부해서 과거 중국 청나라 시대 황제 진상품으로 사용되었던 과일이다. 흔히 말하는 하미과는 약간의 노란색이 곁들여진 거미줄이 처진 겉이 약간은 거칠고 과육은 노란 캔털루프 멜론 혹은 록 멜론이다. 그러나 이곳 첨수정 휴게소에서 탐사대가 맛본 하미과는 우리가 흔히 알고 있는 머스크멜론 종류이다. 이곳 하미과는 겉이 연한 푸른색을 띤 초록색에 표면이 매끈매끈하고 과육은 연초록색에 가까운 하미과인 하니듀 멜론(honeydew melon)이라고 부르는 감로 멜론이다. 감로 멜론은 우즈베키스탄 농촌 지역에서도 흔히 맛볼 수 있는 과일이다.

지 외부 기온이 다소 떨어진 36도를 나타내고 있다. 주천을 향해 황량한 고속도로를 부지런히 달리고 있는 버스 반대편과 진행 방향으로 아까보다는 많은 수의 트럭과 승용차들이 고속도로상에 보인다. 이와 더불어 눈에 띄는 변화가 나타났는데 고속도로는 어느새 G3011에서 G30으로 변해 있었고 도로 주변의 모습도 더 이상의 사막이 아니라 농작물과 은 백양목의 가로수와 기타 초록이 가득 찬 농업지대의 환경으로 변화되어 있었다.

옥문 인근 경관

옥문 인근 풍력발전단지

주천 방향으로 옥문(玉门, Yumen)을 지난 지 얼마 되지 않아 넓은 평원에 또다시 대규모의 풍력발전단지가 눈앞에 나타난다.[78] 이 풍력발전단지는 태양열발전도 함께 이루어지고 있다. 해발고도 1천570m에서 주천을 115km 남기고 있는 지점에 G30 고속도로 옆으로 란주와 신강위구르 지역의 우루무치를 연결하는 장장 1천890km의 달하는 란신선(兰新线) 철로가 나란히 달리고 있는 것이 보인다.

오후 6시 50분, 적금(赤金, Chijin)이라고 하는 휴게소에서 잠시 휴식을 취하기로 하였다. 긴장도 풀고 더위도 식힐 겸 해서 이곳에서 파는 빙과류를 사서 탐사대들과 나누었다. 이곳 적금휴게소에서 신강위구르 지역 이외의 장소에서 처음으로 주유소와 LNG CNG 충전소를 볼 수 있었

78 옥문(Yumen)은 2만MEW의 발전용량을 가진 감숙성 풍력단지 프로젝트(Gansu Wind Farm Project) 혹은 주천 풍력기반 프로젝트(Jiuquan Wind Power Base)에 속하는 곳으로 이 풍력단지는 과주(Guazhou)와 옥문에 걸쳐 펼쳐져 있다. 감숙성 풍력단지 프로젝트는 중국 정부가 주도하고 있는 6개의 국가 풍력발전 메가 프로젝트 중의 하나이다.

다. 신강위구르 지역에서와 달리 이곳에는 차량과 사람의 출입을 제한하는 차단기가 없으며 또한 주유소 주변이 사람의 출입을 제한하기 위한 철조망으로 둘러쳐 있지도 않다. 아마 이곳은 신강위구르 지역과 대비하여 안전한 지역이라고 판단하였기 때문일 것이다. 조만간 신강위구르 지역도 여기처럼 안전하고 평안한 장소로 인식되기를 기원해 본다.

이곳 적금 휴게소부터 오늘의 목적지 주천까지는 약 100km정도가 남았다. 버스의 속도를 고려했을 때 약 한 시간 반 정도 걸릴 것이다.

적금 휴게소와 주유소 겸 충전소

탐사대가 달리고 있는 G30 고속도로는 과거 하서주랑(河西走廊, Hexi Corridor)[79]이라고 하는 실크

옥문 풍력 및 태양열 발전단지

차창 밖으로 보이는 기련산맥

79 하서주랑(河西走廊, Hexi Corridor)은 정확하게 감숙성의 수도인 란주에서 약 160여 km 북서쪽으로 떨어져 란주의 입구에 해당하는 오초령(烏鞘嶺, Wuqiao Hill)에서 감숙성과 신강위구르 자치구의 경계인 돈황에서 서쪽으로 약 90km 정도 떨어진 사막에 위치한 옥문관(Yumenguan 혹은 Jade Gate)까지 이어지는 약 1천 km에 달하는 좁은 지대를 가리킨다. 쉽게는 란주에서 돈황까지라고 이해하고 있다. 실크로드 북로에 해당하는 구간의 일부로 중국의 북부 지역과 타림분지 및 중앙아시아를 연결하는 무역상과 군사상으로 중요한 구간이다. 하서주랑은 북쪽으로는 고비사막과 외몽골 지역이 펼쳐져 있고 남쪽으로는 티베트고원 북쪽 끝에 해당하는 곳이다. 하서주랑 남쪽에 위치한 기련산맥의 빙하에서 녹아내리는 물로 이루어지는 오아시스를 따라 돈황(敦煌, Dunhuang; 沙州, Shazhou), 옥문(玉门, Yumen, 玉門), 가욕관(嘉峪关, Jiayuguan, 嘉峪關), 주천(酒泉, Jiuquan; 肅州, Suzhou), 장액(张掖, Zhangye, 張掖; 甘泉, Ganzhou), 금창(金昌, Jinchang), 무위(武威, Wuwei; 涼州, Liangzhou) 등의 도시들이 발달하여 있다.

로드의 길이다. 하서주랑의 기련산맥(祁連山脈, Qilian Mountains)[80]을 넘어서면 초원지대이고 티베트 고원에 도달한다. 과거에는 초원길로 가는 경우 물건의 노략질을 당할 위험이 있어 이 하서주랑이 주요 이동 통로인 실크로드로 선택할 수밖에 없었고 그래서 이 지역은 군사적 요충지로 중요한 역할을 수행하였다. 카라반 대상들과 수도자들이 실크로드를 따라 이동할 때 가장 중요한 요소가 물일 수밖에 없었고 이 하서주랑은 기련산맥에서 내려오는 물이 풍족하게 가용이 가능하며 오아시스 도시들이 번성하였다. 안전과 풍부한 물의 공급이라는 측면에서 이 실크로드를 선택할 수밖에 없었을 것이다.

버스는 가욕관(嘉峪关, Jiayuguan, 嘉峪關)에서 G30 고속도로를 벗어나 왕복 8차선의 S312 국도를 이용하여 오른쪽에 멀리 보이는 기련산맥

옥문관에서 오초령에 이르는 하서주랑 (출처: Google.map)

80 산맥의 길이가 약 800km에 달하는 기련산맥(祁连山, Qilian Mountains, 祁連山)은 곤륜산맥에서 북쪽으로 떨어져간 산맥으로 하서주랑(河西走廊, Hexi Corridor) 남쪽에 위치하고 있어 남산(南山, Nanshan)으로 부르기도 한다. 기련산맥은 청해성과 감숙성의 경계를 이루고 있는 산맥으로 기련산맥이라는 이름을 띠게 된 기련산은 해발고도 5천547m로 기련이라는 말은 흉노어로 '하늘(天)'이라는 의미가 있다고 한다.

의 만년설을 보며 주천으로 들어간다. 해발고도 1천590m에 위치한 가욕관은 만리장성의 주요한 관문 중의 하나이며 중국 5대 철강회사의 하나인 주천 철강회사((酒泉钢铁(酒钢) Jiuquan Steel Company, 간단히, 주강)가 소재하고 있는 곳으로 유명하다. 돈황 출발부터 5시간 30분이 소요된 저녁 8시 30분, 마침내 탐사대는 숙소에 도착하여 여장을 풀고 하루를 마무리 할 수 있었다.

11

주천에서 장액으로

가욕관 위진 묘 군(魏晋墓群)

7월 5일, 인문탐사를 시작한 지 벌써 십일일째이다. 앞으로 남은 시간보다 지나서 온 시간이 훨씬 더 긴 시점이다. 그러나 탐사대 앞에는 많은 수의 탐사지가 여전히 남아 있다. 가급적이면 많은 실크로드 지역 유적지를 방문하여 눈으로 보고 마음으로 기억해야 하는 일이 중요하다고 느껴진다.

위진 묘 군(魏晋墓群)이 오늘 아침의 첫 번째 탐사 장소이다.

후한(後漢)이 망하고 난 후 중국은 나관중(罗贯中, Luo Guanzhong, 羅貫中)의 역사소설 삼국지연의(三國志演義, Romance of the Three Kingdoms)의 배경이 되는 위(魏)(CE220-265), 촉(蜀)(CE221-263), 오(吳)(CE222-280) 삼국으로 분리되었다. 이 삼국은 위나라에 의해 서진(CE265-314)으로 통일되었는데 이 시대를 위진 시대(魏晋時代)라 칭한다.

따라서 위진 묘 군은 서기 3~4세기에 만들어진 묘들이 군락을 이루고 있는 장소로 대략 1,700여 년의 역사가 깃들어 있는 곳이다.

이른 아침 눈을 떴다. 숙소 주변을 한 바퀴 산책하고 서둘러 아침 식사를 마친 후 다른 탐사대원들과 겨우겨우 보조를 맞추어 8시가 조금 지나 숙소에서 출발하였다. 아침 위진 묘터(Wei-Jin Tombs)를 탐사해야 하는 일정에다 이곳 주천에서 200km가 넘는 곳에 있는 장액(张掖, Zhangye)으로 이동해서 그곳에서 소화해야 하는 일정이 2개나 있기 때문에 평소보다 이른 아침부터 서둘지 않을 수 없었다.

아침 시간이라 그런지 혹은 해발고도가 1천500m에 가까운 곳이라는 이유 때문인지는 모르겠지만 아침 공기가 선선하게 느껴진다. 주천 위진 벽화 묘 군은 가욕관 신성진(新城鎮, Xinchengzhen)에 있는데 주천에서 보면 거의 북쪽에 해당한다. 솟아오른 해를 등지고 가욕관 방향으로 숙소에서 떠난 버스는 주천과 가욕관을 경계 지으며 흐르고 있는 베이다 강(Beida River)이라고 불리는 토뢰하(讨赖河, Taolaihe) 강을 지나자마자 곧바로 북쪽으로 향한다. 숙소에서 위진 벽화 묘 군까지는 약 20km 정도 떨어져 있는데 아침 출근 시간 교통상황에 따라 변화는 있겠지만 대략 한 시간 이내의 시간이 소요될 것이라고 한다. 아침 출근 시간이라 그런지 예상한 대로 도로에 차량 통행이 상당히 많다.

그러나 교통 흐름이 괜찮아서 인지 아니면 버스 운전기사가 적절하게 사용하고 있는 네비게이션 덕택인지 예상보다 빠르게 위진 벽화 묘 군 입구에 도착하였다. 해발고도 1천440m에 자리 잡고 있는 묘 군 입구 주차장의 기온이 23도로 선선하다.

8시 40분이 채 되지 않은 이른 시각으로 묘 군 개장까지 시간이 남아 있어서 잠시 입구에 위치하고 있는 박물관을 간단히 둘러보았다. 주차장에서부터 위진 묘 군(Mural Brick Museum)까지의 중간쯤에 해당하는 부분에

위진 묘 군 박물관 입구 벽돌과 문양

위진 묘 군 박물관 박쥐문양 벽돌

솟을 대문처럼 생긴 문이 서있다. 문아래 새겨진 문양이 독특해서 눈길을 사로잡는다. 주작 현무청룡백호로 방위를 나타내는 것 같은 문양과 더불어 박쥐와 닮은꼴의 동물 모습이 그려져 있다. 대문의 지붕 아래에는 좌우 육각형의 모양에 세 개의 붉은 벽돌로 머리를 묘사한 문양이 눈을 사로잡는다.

박물관 내부는 얼핏 보기에도 전시품이 많지 않은 소소한 규모이다. 전시품 중 특별히 눈길을 끄는 것은 벽돌 한 면에 말을 타며 등을 돌리고 사슴사냥을 하는 모습의 그림이다. 고구려 무용총의 수렵도 생각이 떠올랐다. 이 위진 묘 벽화, 즉 벽도에서는 사냥하는 사람이 진행 방향 왼쪽에서 몸을 틀어 오른손으로 한 마리의 뿔이 달린 사슴을 겨냥하고 있다. 그러나 고구려 무용총에서는 여러 명의 무사가 오른편으로 달려가는 말 위에서

위진 묘 군 분포도

위진 묘 군의 수렵화 벽돌

오른쪽으로 몸을 틀어 왼손으로 뿔이 달린 사슴을 포함한 두 마리의 사슴을 겨냥하고 있다는 것이다. 특히, 이 위진 벽도는 프레스코 화법으로 그려진 것이라 하는데 붉은색과 검은색이 선명하게 남아 있다는 것이 특이하다.

박물관을 나오니 탐사대를 안내할 사람이 기다리고 있다. 실제 무덤군이 있는 곳으로 안내 차량의 안내를 받으며 탐사대 버스도 뒤따랐다. 이곳은 많은 사람이 찾는 곳은 아닌 모양이다. 이곳 전체가 묘들로 이루어진 묘 터 혹은 묘 군(墓群)이다.[81] 묘터에서 해발고도가 5천500m를 넘는 기련산맥(祁连山脉, Qilianshanmai, 祁連山脈)을 앞에 두고 바라보는 전경은 가슴이 탁 트일 정도로 상쾌한 느낌을 준다.

묘 터 자체는 마치 아무것도 없이 텅 빈, 빈 땅 같고 여기저기 무덤인 것을 표시하는 흙더미들만이 눈에 띄게 들어온다. 얼핏 보아도 대단히 큰 규모라고 느낄 수 있다. 많은 무덤 중 하나가 개방되어 탐사대의 출입이 허용되었다. 남자 안내원의 안내를 따라 입구를 들어가니 계단을 따라 지

가욕관 위진 묘 군에서 보는 기련산맥

81 이 묘 군은 13만m^{2}의 면적에 약 1,400개의 벽돌 묘가 있다고 한다. 위진 묘 군은 발굴된 지하 묘의 벽돌화로 인해 지하 미술관(Subterranean Art Gallery)이라고 불리기도 한다(Visit Our China).

하로 내려간다. 전체가 기다란 지하 묘 형태로 조성되어 있다. 좌우에 흙을 구운 벽돌을 3단 횡과 1단의 종으로 벽을 쌓아 올려 압력을 분산하며 지탱하도록 함으로써 묘 공간에 안정성을 도모하고 있다.

탐사대가 방문한 묘는 크게 세 개의 공간으로 나누어져 있다. 입구에서부터 제일 앞에 위치한 공간은 동네와 집의 입구에 해당하고 두 번째 공간은 주방과 손님 접대 공간, 그리고 제일 안쪽에 자리 잡고 있는 공간은 주인의 사적 공간인 침실 형태로 되어있다. 각 공간은 돔 형식으로 되어 있고 돔 천장 중간에는 사각형 모양의 타일이 자리 잡고 있다. 타일은 삼선이 사각형 각 꼭짓점을 연결하고 있는데 중앙에 자리 잡고 있는 원형 고리의 아래로부터 시작하여 다른 세 줄의 위쪽으로 지나가고 다시 원형 고리 아래쪽으로 빠져나가게 되어 있다. 나머지 세 개의 줄은 원형 고리 위를 지나 다른 세 개의 선 아래쪽을 지나고 다시 원형 고리 위를 지나게 되어 있어 원형 고리가 전체적으로 빠지지 않도록 하는 안정감이 자연스럽게 느껴진다.

각 공간의 입구에서 좌우 벽은 그 공간의 주제에 맞는 일상생활 모습이 간결하고 선명하게 벽돌 위에 그려져 있고 각 입구 주변에는 장식품에 해당하는 그림이 남겨져 있다.

무덤 첫 번째 공간의 벽화에서는 그 당시 이 무덤 주인이 사육했을 말과 같은 동물 혹은 가축 종류와 그 규모를 짐작할 수 있다. 하인인 듯 농부인 것 같은 사람이 소에 쟁기를 달아 끄는 모습은 논농사 혹은 밭농사가 이루어졌음을 짐작할 수 있게 해준다. 또한 멧돼지처럼 보이는 큰 몸집의 돼지를 도살하고 있으며 말을 타고 사냥을 하는 모습에서 당시의 사냥대상 동물들을 추측해 볼 수 있다.

두 번째 공간에서는 주방 모습이 벽화로 남아 있다. 여기 그림들은 안주인과 바깥주인 생활이 다르게 나타나고 있음을 보여준다. 바깥주인은 손님을 접대하고 있으며, 손님과 식사를 하고 같이 악기를 연주하고 있는 모습이 담겨 있다. 유희를 즐기고 있는 바깥주인이 있는 곳으로 하인들이 음식을 전달하고 있는 모습이 보이는데 손님과 바깥주인은 머리에 장식용 모자를 쓰고 있다. 음식을 나르고 있는 사람 중에는 두건을 쓰고 있거나 혹은 머리를 뒤로 묶어 꽁지머리를 한 예도 있어 머리 모양으로 결혼의 여부를 나타내는 것이라고 나름 짐작해본다.

바깥주인과 손님의 옷깃을 보면 왼쪽 깃이 오른쪽 깃 아래로 들어가 있으며 이들이 입고 있는 상의의 소매 폭이 넓고 많은 주름이 잡혀 있을 뿐만 아니라 전체적인 기장이 매우 길게 나타나고 있다. 이는 다른 사람의 옷 모양과 대조를 보인다. 평민과 하인에 해당하는 사람의 경우 옷의 길이가 전체적으로 짧거나 주름이 잡혀 있지 않으며 옷깃도 일정한 모습으로 나타나고 있지는 않다.

이는 반대편의 주방 모습에서도 나타나고 있다. 주방을 상징하는 곳에서는 고기가 걸린 갈고리에서 고기를 잘라 삼지창처럼 생긴 도구에 찔러 넣어 고기를 걸어 굽고 있다. 삼지창의 크기로 보아 카자흐스탄에서 흔히 접할 수 있는 큰 샤슬릭 삼지창 포크를 쉽게 연상할 수 있고 이는 흉노족의 영향을 받았을 것으로 추측해 보게 된다. 안주인 여자의 주도하에 다른 음식이 준비되고 있고 또 이렇게 준비된 음식이 전달되는 모습이 그려져 있다. 안주인 여인이 입은 상의의 오른쪽 깃이 아래로 들어가고 왼쪽 깃이 위로 올라와 있는 상태인데 이는 바깥주인의 상의에서 오른쪽 깃이 위로 올라와 있는 것과 대조를 이루는데 이를 통해 당시에도 지금처럼 남녀의 옷 입는 방식이 달랐을 것이라고 짐작해 본다. 이 여인의 옷 또한 소매 폭이 넓고 주름이 많이 잡혀 있으며 전체적인 기장이 길게 나타나고 있다.

주인의 생활공간은 청년, 중년, 노년의 모습으로 나누어 터 아래부터 표시하고 있다. 이와 같은 시간 흐름은 묘사된 인물의 형태, 즉 얼굴 크기,

머리 모양과 주름 등으로 충분히 파악할 수 있다. 여기 묘사된 그림들을 보면 위진 시대의 정치, 경제, 사회와 문화 및 관습에 관한 연구를 촉진할 수 있는 주요한 사료가 될 수 있다고 생각된다.

벽화의 군데군데 붉은빛의 색채가 눈에 띄는데 이 색깔은 주사(朱沙)라고 하는 붉은 모래를 사용하여 나타낸 것이라고 한다. 여전히 선명하게 남아 있는 벽화의 검은 색은 묵 옥석(墨玉石) 가루가 사용되었을 가능성이 높다. 이와 같은 안료 덕분에 이들 벽화가 약 1,700여 년 전에 그려졌음에도 불구하고 그 색깔이 전혀 퇴색되어 보이지 않았다. 나아가 이들이 색채를 그대로 유지할 수 있었던 또 다른 이유는 이 묘들이 지하에 있어 연중 거의 비슷한 온도와 습도를 유지할 수 있었기 때문일 것이다. 이곳 위진 묘 터를 보면서 머리에 드는 생각은 부자유벽화(富者遺壁畵) 빈자유백골(貧者遺白骨)이다. 부자는 죽어서 이와 같은 무덤에 영원한 색을 자랑하는 듯한 벽화를 남기는데, 가난한 사람은 죽어서 백골 이외에는 남기지 못한다는 뜻이다. 부자나 빈자는 죽은 것은 다 마찬가지이지만 후세에 무엇인가를 남기려고 하는 것은 인간 본연의 욕망이 아닐까 생각해 보게 된다.

막고굴과 베제크리크 천불동에서와 마찬가지로 위진 묘 터 탐사에서 가장 아쉬운 것은 유물에 대한 촬영이 금지되어 있다는 것이다. 앞서 박물관에서 혹은 이곳 기념품 가게에서 모형으로 만들어진 것만을 겨우 사진에 담을 수 있는 정도이다.

위진 묘 군 벽도 모형

위진 묘 군 벽돌화 모형 기념품

가욕관 위진 벽화 묘 군 탐방을 마치고 다음 목적지로 출발하니 아직 10시가 되지 않은 시각이다. 바깥 기온은 적당하게 상쾌한 기분이 들 정도인 24도를 기록하고 있다. 지금부터 이곳 위진 묘 군에서 칠채산이 있는 장액 지질공원까지 200여 km가 넘는 거리를 이동한다.

위진 묘 군을 출발한 지 30여 분이 지났을 때쯤 기련산맥의 만년설이 눈앞에 성큼 다가선다. 얼마 후 탐사대를 태운 버스는 쭉 빠진 G30 고속도로를 타고 길옆의 란신선 철로와 나란히 평행을 이루며 해발고도 1천 560m에 이르는 지역을 넘어 장액으로 달리고 있다.

장액 칠채산(七彩山)

기온이 빠르게 올라 외부 기온이 31도를 가리키고 있다. 11시 45분 탐사대는 고태(高台, Gaotai) 휴게소를 통과하였는데 고태휴게소에서 란주까지 남은 거리가 571km라는 도로 표지판이 선명하게 눈에 들어온다.

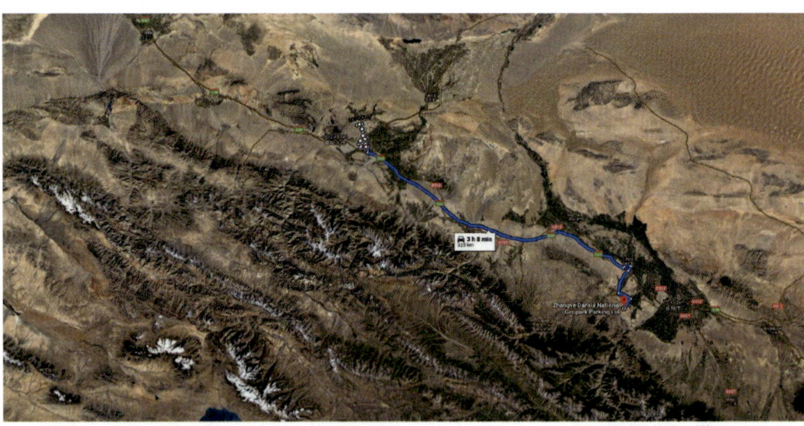

가욕관 위진 묘 군에서 장액 지질공원까지 이동 경로 (출처: Google.map)

참, 중국이 크다는 것을 새삼 느끼게 된다. 아침 일찍 일정을 시작한 때문인지 탐사 대원 중 일부는 버스 안에서 충분하지 못한 수면을 보충하고 있다.

탐사대를 태운 버스는 잠시 후 고속도로 주변으로 굉장히 넓게 옥수수밭이 펼쳐진 임진(临泽, Linze)을 지난다. 가욕관 위진 묘 터에서 약 2시간 30분 정도를 버스로 달린 후인 12시 7분, 탐사대를 태운 버스는 장액서 요금소에서 G30 고속도로를 벗어나 곧이어 장액 방면 S213 도로로 들어섰다. 여기서부터 칠채산(七彩山) 혹은 칠채단하(七彩丹霞)라고 불리는 장액 국립 지질공원(Zhangye National Geopark)[82]까지는 약 30km 정도의 거리에, 약 30분 정도의 시간이 소요될 것이다.

성도인 S213 도로를 벗어난 후 차 창밖으로 보이는 도로에는 다양한 색채의 꽃들을 심어두어 명승지로서 색채를 더하고 있다. 이 길을 따라 해발고도 1천720m의 칠채산 입구에 도착하니 시계는 정확하게 12시 30분을 가리키고 있다. 주차장 인근에 있는 식당에서 점심을 간단히 먹고 탐사대는 칠채산 입구로 이동하였다. 2011년 이후 칠채산은 어마어마한 규모의 국가 관광지로 조성되어 있어 연간 800만 명의 관광객이 찾아오고 있다고 한다.

칠채산은 4개의 전망대에서 관찰할 수 있도록 배치되어 있다. 대부분의 관람객은 제1 전망대부터 관람을 시작하는데 탐사대는 한정된 시간을 고

---

82 기련산맥의 아랫자락에 있는 장액 국립지질공원은 장액 단하(Zhangye Danxia)라고 하는데 중국의 전형적인 단하지모(丹霞地貌) 형태이다. 약 5억4천만 년 전에 바다 일부였던 장액 단하는 붉은색의 사암과 광물이 혼재되어 2천4백만 년 이상의 시간에 걸쳐 형성되었고 유라시아단층과 인도단층이 충돌되어 히말라야산맥을 형성한 지각변동의 결과로 융기되어 지질이 접히고 산이 형성되는 것으로 변형되었다고 한다. 그 이후 하식작용과 풍식작용에 의해 현재와 같은 몇 가지 색이 층층으로 이루어진 지형이 형성되었다. 약 322km²의 면적에 이르는 규모로 숙남(肃南, Sunan)과 임진(临泽, Linze)에 걸쳐 있는 장액 단하 지대는 중국에 있는 일곱 개의 단하지형 중에서 가장 아름다운 단하지모 중의 하나로 선정되었다고 한다(Worldatlas). 단하(丹霞)는 '붉은 구름'이라는 뜻이다.

입구에서 칠채산 전망대 오르는 길

칠채산 퇴적암 구조

려하여 제일 관람객이 적은 제4 전망대에서부터 자연이 빚어놓은 장관을 탐사하기로 하였다. 화려하고 웅장한 자연환경에 그저 감탄할 뿐이다. 왜 여기를 칠채산, 즉 중국의 무지개 산(China's Rainbow Mountain)이라고 부르는지 이해가 된다. 자연의 신비함이 극치에 달한 지형이라고 할 수 있다. 직접 눈으로 보지 않는다면 그 감흥을 적절히 표현할 말이 무엇일지 고민이 될 수밖에 없는 지질환경이다. 메말라 보이는 칠채산은 색깔 탓인지는 몰라도 수려함보다는 화려함이라는 말로 더 적절하게 묘사될 수 있다고 생각한다.

칠채단하의 메말라 보이는 지형의 한 곳에서 푸른 초록색이 이곳저곳 눈에 띈다. 이런 곳들은 틀림없이 물이 있는 곳일 것이며 저 멀리 발아래에 커다란 규모의 초록 지대가 눈에 들어온다. 이곳을 넘어와야 했던 대

칠채산 단하지모 지형

형형색색의 칠채산 단하지모

칠채산 화려한 단하지모

칠채산 단하지형과 녹지

상의 행렬과 수도승에게는 칠채산 지역 자연이 주는 화려함보다는 목마름을 채워 줄 수 있는 물이 더 소중하게 느껴졌을 것이다.

칠채산 탐방을 종료하고 난 시간이 오후 3시가 조금 지났다. 이 커다란 곳을 단 두 시간에 걸쳐 네 곳의 전망대를 이동하며 보았다. 말 그대로 주마간산이다. 어찌 아쉬움이 안 남겠는가? 30도를 가리키고 있는 날씨 속에 더위에 지친 마음과 아쉬움이 가득한 마음을 가지고 마제사(马蹄寺)로 이동하였다.

천마의 말굽 자국이 있는 마제사

이동하는 길이 녹록치 않다. 장액(张掖, Zhangye, 張掖) 시내를 거쳐 지나가야 하는데 여기저기 다수의 도로 확장을 위한 공사 구간을 지나야 한다. 인구가 약 120만 명 정도에 달하는 도시라 그런지 교통량 또한 많다. 탐사대가 이동하는 시간이 하필이면 이곳 학생들의 하교 시간과 일치하여 학생들을 태우는 버스들도 많고 중간중간 서다 보니 시간이 오래 걸린다. 마제사(马蹄寺, Mati Temple, 馬蹄士)로 올라가는 2차선 도로는 작은 마을을 통과해야 한다. 오토바이와 이를 개조한 우리나라의 옛날 삼륜차와 같은 차량이 많아 탐사 대원을 태운 버스는 이를 피해 곡예와 같은 운전을 하며 달리고 있다.

오후 4시 36분, 아직 30km를 더 가야 마제사에 도착하는데 이곳의 해발고도가 2천100m로 나타난다. 마제사는 상당히 높은 곳에 있는 모양이다. 높은 해발고도 탓인지 외부 온도는 27도를 가리키고 있다. 아직도 30분 정도를 더 가야 목적지인 마제사에 도착할 수 있으니 마제사 관람 시간을 놓칠까봐 버스 기사의 마음은 무척이나 급할 것이다. 농부들이 도로변 여기저기 옥수수 재배 등 농사를 위해 각종 농기구와 차량을 길가에 세워두고 있기 때문에 버스 기사는 연신 안전사고 예방을 위해 경적을 울리고 있다. 마제사로 향하는 도로변 밀밭에는 밀이 느긋하게 7월의 태양을 받으며 부는 바람과 함께 춤추며 한가로이 익어가고 있다.

마제사를 10여 km 남겨놓은 지점, 해발고도 2천140m를 가리키는 지점부터는 비포장도로이다. 도로포장을 위해 기초적인 골조 공사와 평지 작업만을 끝낸 상태라 차량이 지날 때마다 자갈들이 좌우로 튀고 뽀얀 황토 먼지가 솟아오른다. 시계는 4시 50분을 가리키고 있다. 그나마 다행인 것은 외부 기온이 26도에 머물고 있다는 것이다.

마제사 경내 출입문

마제사 석굴 앞에서 보는 경치

오후 5시, 드디어 눈앞에 커다란 마제사 현판이 걸린 매우 큰 모양을 한 출입구가 나타난다. 여기서부터 마제사 경내가 시작되는 모양이다. 청금색의 마제사 현판이 출입문의 배경이 되는 푸른 하늘과 절묘하게 잘 어울린다. 출입구가 설치된 곳에서 해발고도를 재어보니 무려 2천331m이다.

가이드가 탐사대에 대한 인적사항을 전달하고 입장권을 사는 동안 길 건너 왼쪽에 보니 차량이 한 대 서 있다. 여성이 차를 닦고 있어 자가용인가 했더니 자세히 보니 택시고 한국산 자동차이다. 이런 곳에서 한국 차량을 만나다니 왠지 모르게 반가운 마음이 든다.

정확한 시기는 모르지만 16국의 하나인 북량 시대(北涼, 397-439CE) 때 만들어졌다고 생각되는 마제사는 보광사(普光寺, Puguang Temple)라고도 알려져 있는데 여기서는 중국 불교 사찰뿐만 아니라 티베트 불교 사찰도 같이 관찰된다고 한다. 이곳은 특이하게 암벽에 만들어진 석굴과 더불어 주변 경치가 빼어나게 아름다운 것으로도 유명하다. 경내 출입구에서 출발한 버스가 다시 정차한 곳은 해발고도가 무려 2천569m에 달하는 곳이다. 지난번 백사호와 카라쿨호를 방문한 이후 가장 높은 해발고도에 오른 것이다. 시계는 오후 5시 11분을 가리키고 있고 주차장 뒤편의 높은 암벽은 기다란 그늘을 만들어 주고 있다.

마제사가 있는 이 지역은 숙남(肃南, Sunan)이라고 부르는 곳인데 중국의 장족(藏族)[83]과 회흘족(回紇族)이라고도 칭하는 유고족(裕固族, Yugur)[84]이 약 4만 명 정도 거주하고 있는 지역이다. 이곳 마제사의 불교는 티베트 불교를 숭상하고 있다.

마제사 33천 석굴 전경

주차장에서부터 상당한 거리를 걸어 올라가니 벌레를 먹이로 물고 있는 새가 전깃줄 위에 탐사대의 눈치를 살피는 듯 앉아 있고 길옆 좌우로는 여러 가지의 야생화가 피어 있다. 탐사대의 마음이 무의식적으로 차분해지고 발걸음의 무게마저 느끼지 못하고 자연스럽게 걸어가고 있는 듯하다. 한 마디로 고요하고 평화로우며 감정이 깊이 안정된 표정이다. 나만

83 장족은 티베트인이라고도 한다.

84 유고족는 고대 위구르족에 기원을 두고 있는데 현재 유고족의 약 90%는 숙남 유고 자치현(Sunan Yugur Automous County)에 살고 있으며 나머지 10%의 대부분이 감숙성 서부 지역에 해당하는 주천(酒泉, Jiuquan)에 살고 있다고 한다. 사용하는 언어에 따라 터키어를 사용하는 유고족, 몽골어를 사용하는 유고족 및 중국어를 사용하는 유고족으로 구분하고 있다.

그런 줄 알았는데 나중에 이야기해보니 탐사 대원 모두가 비슷하게 느꼈다고 한다. 참, 신기한 일이다.

아래쪽에 동으로 두른 기다란 바퀴 같은 것들이 달린 두 개의 하얀 탑이 보인다. 동으로 만든 경전이라고 하는 이 전경기를 만지면서 사람들이 기도한다고 한다. 그 뒤쪽 절벽으로 굴이 파여 있는 것이 보인다. 얼핏 보기에도 매우 높아 보이는 굴이다. 여기에 16국의 북량 시대인 4~5세기 중에 학습과 명상을 위해 처음 만들어졌다고 하는 마제사 33천 석굴이 절벽에 있다.

정면에서 바라보면 절벽에 여러 개의 굴이 파여 있는데 아래쪽의 폭이 넓고 위로 올라갈수록 폭이 줄어드는 모양새이다. 총 21개의 굴이 7층으로 이루어진 형상이 마치 사리탑(Dagoba or Stupa)의 모양새를 띠고 있는 것이 이색적이다.

이곳에서 가장 먼저 들른 곳은 커다란 금동불이 서 있는 곳을 지나 말발굽 자국이 남아 있는 금색으로 치장된 조그만 절 마제전(馬蹄殿)이다. 그 앞에 들어서니 바닥의 돌에 말발굽 자국이 남아 있다. 부처님이 타던 천마의 말굽 자국[85]이라고 한다. 가운데는 좌불

천마 말굽자국

마제사 석굴의 대불

85 이 천마는 티베트 전설의 왕국인 링 왕국(Kingdom of Ling)을 지배했던 두려움을 준 게사르왕(로마의 시저왕)이 타던 말이라고도 한다.

마제사에서 보는 주변 경치

형태의 불과 굴의 벽면에는 불사들이 그려져 있는데 이 불사의 모습은 막고굴에서 보던 불사들과는 전혀 다른 모습이다. 티베트사람의 얼굴을 반영하고 있다는 생각이 들었고 또 왠지 모를 낯선 감이 든다. 중앙의 불상을 따라 시계 방향으로 돈 뒤 예를 갖추고 물러났다.

가장 높은 굴까지 올라가는 게 여간 힘들지 않다. 계단이 매우 가파를 뿐만 아니라 한 계단 계단의 높이 또한 일부를 제외하고는 역시 높다. 또한 이 가파른 통로가 매우 좁아 반대쪽에서 사람이 오면 어깨를 돌려 옆으로 비켜 주어야 하고 수직으로 계단을 오르는 곳에서도 다른 사람의 통행이 다 끝날 때까지 기다려야만 한다. 속으로 계단을 세면서 올라오니 100개가 되었을 때가 석굴의 정면에서 보았던 계단이 있어 보이는 곳까지 다다랐다. 그곳에서 보이는 경치는 석굴에 오르기 전에 보았던 경치와 비교해도 정말 대단하다고 느껴진다. 왜 이곳 마제사가 경치로도 유명한지 충분히 이해된다.

이곳의 통로에는 거칠게 칠해진 단청이 보인다. 여기서부터 다시 더 가파른 계단을 39개 올라가니 다라보살이 앉아 있는 가장 높은 곳, 즉 타바팀사 석굴에 도달한다. 석굴의 천장이 낮고 공간 또한 매우 협소하다. 여기서는 외부 전경을 철조망을 통해서만 볼 수 있다.

이곳 마제사에서 탐사대가 들린 가장 높은 굴은 해발고도 2천625m 높이에[86] 있는 타바팀사 석굴이다. 다라보살은 정동을 향하여 가부좌를 틀고 있다. 동쪽에 떠오른 태양이 부처 얼굴에 햇살로 퍼질 때 수행자는 다라보살에 피어오르는 햇살을 보며 가장 먼저 수행을 시작할 것이다. 이 굴에 들어서는 다수의 불교 신자가 다라보살(多羅菩薩) 앞에 놓인 초에 불을 붙이며 기원하고 있기에 나도 돌아가신 어머니의 영이 극락왕생하도록 향을 피우고 초에 불을 붙여 기원하였다.

타바팀사 석굴 내 다라보살 앞에 밝혀진 촛불

다라보살이 있는 곳에서 내려 보는 마제사의 전경

마제사 삼십삼천 석굴 현판

다라보살 앞에 예를 갖추고 난 후 다시 마제사의 가장 아래층으로 내려와 살펴보니 청금색을 바탕으로 한 마제사의 현판에 삼십삼천 석굴(三十三天石窟)이라고 적혀 있다. 의아해하며 안내판에 적힌 내용을 읽어 보니 이곳 마제사에 총 33개의 절이 있기 때문이라고 한다.

마제사 석굴들을 참관하고 주차장으로 내려오니 주변에 예쁜 매듭 같

86 2천625m라는 높이는 탐사대가 서 있는 곳의 해발고도가 2천582m인데 여기에다 안내문에 적힌 타바팀사 석굴의 높이가 43m라고 표시되어 있어 이 둘을 합산하여 산출한 것이다.

은 기념품을 파는 유고족의 가게가 몇 개 줄지어 서 있다. 기념품을 파는 가게들인 모양이다. 색깔이 너무나 아름다운 장식용 매듭이 눈길을 끈다. 상당히 비싼 편인 한 개에 40위안씩 하는 매듭이지만 그 특이함과 다른 곳에서는 쉽게 볼 수 없을 것 같아 기념품으로 두 개를 샀다.

버스가 서 있는 주차장으로 돌아오니 주차장 입구에 피어 있는 분홍색의 해당화가 길어진 이른 저녁 그림자에 비쳐 유난히 붉게 보인다. 저녁 식사 시간이 너무 늦어질 수 있어 탐사대는 곧바로 장액으로 출발하였다. 시곗바늘은 오후 6시 50분을 가리키고 있다. 다른 지역과 비교했을 때 늦은 시간은 아니지만 높은 해발고도 탓인지 수은주는 23도를 표시하고 있는데 선선하다 못해 다소 서늘한 기운마저 감돈다.

마제사를 출발한 탐사대가 해발고도 1천450m에 위치한 장액 시내에 도착한 시간은 저녁 8시 10분이다. 시간은 아까 마제사를 출발할 때 보다 더 늦어졌지만, 해발고도가 낮은 탓에 기온은 오히려 더 높은 30도를 기록하고 있다. 마제사에서 주차장의 높이가 2천570m 정도였는데 약 1천100여m를 내려왔으니 기온이 약 7도 가까이 상승하여 30도가 되는 것은 어찌 보면 당연한 이치다. 그런데 주위는 카스 지역에서와 달리 이미 다소 어둑어둑하다. 탐사대가 카스 지역에서부터 상당한 거리를 동쪽으로부터 이동하였다는 말이 된다. 그래서 이곳 장액에서의 일몰이 카스 지역에서보다 빠른 것이다.

장액은 규모가 크고 활기차 보이는 도시로 신도시(신구) 개발로 인해 건설 붐이 일어나고 있다. 장액 시내에서 간단히 식사를 마치고 숙소에 체크인하니 밤 9시 30분이 넘었다. 마제사에서 계단을 오르내리는 많은 불사를 하였기 때문인지는 모르겠으나 다리가 묵직하게 느껴지고 피곤이 엄습해 온다.

12

장액에서 란주로

장액 대불사

아침 식사와 체크아웃을 마친 후인 10시에 오늘 일정을 위해 출발하기로 하였다. 외부 온도는 24도를 가리키고 있으나 예상외로 바람이 많이 불어 선선하다 못해 다소 차갑게 느껴지는 아침이다. 사실 이른 아침 숙소 주변을 산책하려다 심한 바람과 함께 너무 추워서 포기하였다.

숙소인 호텔을 벗어나 시내로 들어서니 바람 탓인지 혹은 공기 오염 탓인지 산 끝자락이 잘 보이지 않는다. 어제 장액 외곽지역에서 유적탐방 일정을 충분히 소화하였기 때문에 오늘 아침은 서두를 필요 없이 조금은 여유 있는 마음으로 일정을 진행할 수 있게 되었다.

이곳 장액(张掖 Zhangye)[87]에서 고속전철을 타고 청해(青海, Qinghai)

87 장액은 감숙성의 지급(地級) 시로 북쪽으로는 내몽골, 남쪽으로는 청해성(青海省)과 경계를 이루고 있다. 하서주랑의 한복판에 놓여 있는 장액은 과거 서하의 한 도시로 감주(甘

장액 대불사 입구

대불사 출입문 단청

를 거쳐 란주(兰州, Lanzhou, 蘭州)로 들어가는 것이 오늘 일정에 있어서 중요한 사안 중의 하나이다. 1시 30분경에 고속전철이 예약되어 있기 때문에 오전 시간을 할애하여 약 36m에 달하는 중국에서 최대 규모의 흙으로 만든 와불상이 실내에 있는 대불사(大佛寺; Dafo Temple 혹은 Giant Buddha Temple)를 참관하기로 하였다.

대불사는 숙소에서 멀지 않은 시내에 있어 이동에 많은 시간이 소요되지 않았다. 탐사대가 10시 반경 해발고도 1천425m에 있는 대불사에 도착하니 바람은 여전히 선선하게 불고 있어도 기온은 출발보다 다소 오른 25도를 가리키고 있다.

입장권을 내고 대불사라는 현판이 커다랗게 붙은 입구를 지나자마자 마치 솟을대문이라고 불러야 정도로 이단 높이로 솟은 일종의 일주문이 보인다. 규모보다는 그 화려함이 눈길을 끌만하다. 특히, 일주문 뒤쪽의 현판 위의 처마와 서까래 위에 단청은 매우 현란하다. 일주문을 받치고

州)라고 불리기도 하였다. 중국 본토를 유목민으로부터 보호하기 위해 기원전 111년에 한나라의 장액군(Zhangye Commandery)이 설치된 곳이다.

대불사 일주문 후면

대불사 일주문 상부

대불사 일주문 머릿돌

있는 사암 머릿돌에 새겨진 사슴 두 마리와 두 마리의 플라밍고 같은 새는 마치 사랑싸움을 하는 듯하다.

절터의 마당과 본전 귀퉁이에 자리 잡고 있는 오랜 세월의 아름드리나무들이 인상적이며 그 위로 제비들이 날아다니는 모습 또한 탐사 대원의 눈길을 끌고 있다.

대불사의 와불은 1098년, 하서주랑(河西走廊, Hexia Corridor)을 지배한 서하(西夏; Western Xia) 왕조에 만들어졌다고 하니 900여 년이 훨씬 넘는 역사를 가지고 있다. 15세기인 1411년 명나라 영락제에 의해 중건되어 홍인사라 불리기도 했으며, 17세기인 1678년 청나라 시대 때는 강희제

대불사 대불전

에 의해 굉인사(宏仁寺)로 개칭되었으며 속칭으로 대불사로 불리게 되었다고 한다.

일주문을 지나 부처님의 깨달음을 나타낸다는 무상정각(無上正覺)이라는 현판이 붙은 대불전(the Buddha Hall)으로 발걸음을 옮겼다. 무상정각이라는 말이 주는 무게도 대단하지만, 이 현판에서 새겨진 조각의 섬세함과 정교함은 감탄을 자아내게 한다. 무상정각이라는 현판과 더불어 대불전의 문을 떠받치고 있는 최근에 만들어진 것 같은 좌우 기둥에 새겨진 글귀 또한 마음을 사로잡고 무심코 부처 깨달음의 깊이가 얼마나 큰지에 대해 생각해 보게 만든다.

대불전 안으로 발을 디디니 엄청난 규모의 채색 석가모니불이 누워있

대불사 대불전 현판

대불전 용두모양 추녀와 장식

다. 머리부터 발끝까지 길이가 34.5m에 이르고, 어깨 높이만 해도 7.5m에 달하는 중국에서 아니 아시아 지역에서 가장 큰 실내에 있는 목조 와불(臥佛; reclining buddha)이라고 한다. 이 와불은 목조로 뼈대를 만들고 그 위에 진흙을 붙여 만든 것이라고 석가모니불 옆에 이의 제작 과정이 간단히 소개되어 있다.

대불사 대불전 기둥 글귀

누워있는 석가모니불을 발아래 쪽에서 바라보면 눈을 감은 듯이 보이고 머리 쪽으로 이동하여 보면 눈을 뜨고 있는 듯하다. 이는 석가모니가 열반에 든 상태를 나타낸다고 한다. 아쉽게도 이곳 대불사에서도 와불상의 모습을 사진에 담지 못하도록 하고 있다. 와불의 뒤 벽면에는 아마도 석가모니 제자들로 보이는 10명의 사람이 그려져 있다.

커다란 석가모니 와불(臥佛)과 더불어 이곳 대불사의 대불전에서는 한두 가지 사항을 통해 국제적인 문화교류의 흔적을 찾아 볼 수 있다.

먼저, 대불전 안에서 와불을 중심으로 왼쪽으로 돌아가서 거의 오른쪽 끝에 다다르면 다수의 불사가 벽면에 그려져 있다. 그들의 복장을 자세히 살펴보면 그 시대의 다른 불화에서 쉽게 관찰되지 않는 윗도리에서 목깃, 동전과 유사한 깃이 발견된다는 것이 특이하다. 이 목깃과 동전에 해당하는 것은 우리나라 조선 시대 복장에서 관찰되는 옷깃 및 동전과 유사하다고 복식사를 연구하는 분이 자세하게 설명하여 주었다.

앞서 여러 지역에서 관찰한 바와 같이 복식사를 통해서 우리나라와 이들 지역과의 실크로드 연결 고리를 찾아보는 중요한 실마리가 될 수도 있으리라고 생각하니 흥미가 돋는다. 이러한 연결고리는 궁극적으로 한반도, 특히 한반도의 남쪽 지역이 국제적인 문화교류를 통해 비단 중국뿐만 아니라 소위 서역과도 교류한 흔적을 발견할 수 있다고 조심스럽게 추측해본다.

둘째로, 대불전을 나서서 위쪽을 바라보면 처마 밑의 목각을 볼 수 있는데 목각의 양식이 눈길을 끌 만하다. 많은 세월이 지난 지금 시점에 이들 목각 양식 위에 칠해진 색채는 빛을 잃어 쉽게 판단해 볼 수 없지만, 어렴풋이 여기저기 색채가 남아 있는 것을 발견할 수 있다. 만약 이 색채가 최근 들어 보수가 되어 선명한 색깔을 띤 상태로 남아 있었다면 다소 의아해했을 수 있는데 오히려 색이 덧칠하지 않은 상태가 다행이라고 할 수 있다. 이 희미한 색채 아래로 보이는 목각 양식은 우즈베키스탄의 사마르칸트, 부하라 등 중앙아시아에서 흔히 발견되는

대불전 기둥의 조각양식

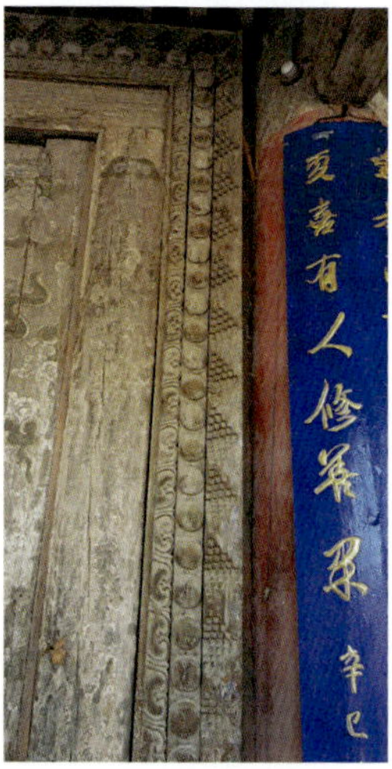

대불전 문 틀 장식

대불전 처마 아래 조각양식

화려한 색채로 장식된 사원 입구 문 위의 조각 형태와 매우 유사하다는 것을 금방 알아볼 수 있다.[88] 시대적인 연류는 명확하게 파악할 수는 없어도 이는 분명히 실크로드 상의 문화교류 흔적에 해당한다고 할 수 있다.

장액에서 란주로 고속전철을 타고

대불사에서 많은 시간을 소요할 수 없어 11시에 관람을 마치고 평소와는 다르게 이른 시간에 점심을 먹기로 하였다. 이른 점심은 매우 예외적이기는 하였으나, 란주행 고속전철이 1시 31분에 예약이 되어 있다. 특히, 이곳에서 고속전철에 탑승하기 위해서는 최소 2회 이상에 걸친 신분증 검사, 기차표 검사 및 짐 검사를 거쳐야 하는 불편함과 더불어 우리나라와는 달리 많은 시간이 소요되니 가급적 일찍 역에 도착할 수 있도록 하는 것이 좋다. 더구나 란주에서부터 우루무치에 이르는 장장 1천777km에 이르는 란주-신강 고속전철 노선 중에서 이번 구간만의 이동 거리가 485km로 약 4~4.5시간이 소요된다고 한다. 란주에 도착하면 저녁 시간이 가까워질 것이기 때문에 출발 전 점심을 일찍 먹는 불가피한 선택을 할 수 밖에 없다.

중국 여행을 계획하고 있고 고속전철을 이용할 생각이 있다면 가급적 일찍 예약하는 것이 좋다. 웹사이트[89]를 통해 온라인으로 고속전철을 예약할 수도 있지만, 이 웹사이트는 중국어로만 서비스를 제공하고 있고,

---

88 부하라에서 발견되는 7세기 혹은 8세기를 전후한 사원 혹은 물 저장용 탑과 같은 건물에서도 아무런 색이 더해지지 않은 흙 벽돌색 그대로를 유지하고 있지만, 그것을 깎아 만든 양식은 매우 흡사한 것임을 알 수 있다.

89 www.12306.cn

기차표 금액을 지불할 때는 직접 방문하여 현찰을 지불하거나 알리페이(Alipay) 혹은 위챗페이(Wechatpay)를 사용하여야 한다. 이런 지불수단을 가지지 못한 외국인에게는 여간 불편한 일이 아니다. 외국인은 현장에 가서 직접 사거나 혹은 출발하기 전에 온라인 여행사를 통해 미리 표를 예약하고 구매할 수 있도록 조치하는 것이 실용적이고 편리한 방법이라고 할 수 있다. 향후 중국인 관광객과 다수의 외국인이 중국을 단기로 방문하게 되는 경우 단순히 중국 측의 지급시스템 만이 아니라 국외 신용카드와 같은 결제수단을 활용하는 방안에 대해서도 검토가 필요할 것이다.

장액에서 란주까지 이동할 때도 탐사대가 승차할 고속전철은 최고시속 250km를 자랑하는 D 클래스의 동차(动车, Dongche 혹은 和谐号, Hexie Hao)이다. D 클래스인 동차는 최고 시속 350km로 가장 빠른 속도를 자랑하는 G클래스의 부흥호(复兴号, Fuxing Hao)보다는 최고속도가 느리다. 하지만 이등석에 해당하는 이코노미 클래스에서도 좌석 간의 간격은 충분하고 쾌적하다.

이등석 칸에 배치된 화장실은 과거의 우리나라에서 흔히 보던 수세식 화장실로 되어 있어 위생적인 면에서도 과히 나쁘지 않다. 기차가 이동 중일 때에 얼마 전까지의 우리나라 KTX와 마찬가지로 음료수와 과자, 커피 등을 파는 이동판매대가 왔다 갔다 한다. 더불어 도시락을 파는 승무원 또한 기차 실내를 이동하고 있어 다소 정겹다는 생각이 든다. 특히 탐사대의 눈길을 끈 것은 고속전철 탑승장의 대기선 높이가 기차 문의 높이가 거의 동일하여 승객들이 짐을 들지 않고 밀면서 승차 혹은 하차가 가능하도록 배려하였다는 점은 매우 높이 살만하다고 생각하였다. 우리네의 KTX 혹은 SRT와 비교되는 측면이다.

기차가 한 역에 도착하고 나면 어김없이 2~3명의 승무원이 각 객차를 돌아다니며 좌석을 확인하고 기차표를 꼼꼼히 확인하고 다닌다. 전반적

중국 고속전철 승차장 높이와 기차 문 높이

으로 기차역 간의 이동 거리가 먼 탓인지 혹은 하차와 승차를 하는 여객이 많아서 그런지 모르겠지만 탐사대가 탑승한 기차는 목표 역 도착 약 6분 전에 도착한다는 안내방송을 중국어와 영어로 해주고 있다. 중국어 안내 방송은 여성의 목소리로 영어 안내 방송은 외국인 남자의 목소리로 안내가 이루어지고 있다.

각 역에 도착한 기차는 역의 규모에 따라 다소 차이는 있어도 평균적으

장액 서역 인근 태양열 발전단지

로 최소 3분 정도 정차한 후 출발하였다. 도착 시각과 출발 시각은 거의 예외 없이 시간표에 표시된 대로 정시에 이루어졌는데 역시 통제가 잘되는 중국이라는 강한 인상을 주고 있다. 이 또한 우리네의 KTX 및 SRT와 살짝 비교된다.

예정대로 1시 31분에 장액 서역을 출발한 지 얼마 되지 않아 기차 창밖으로는 대규모의 태양열 발전단지가 눈에 들어온다. 투르판과 주천 지역에서 대규모의 풍력발전단지를 보았고 여기서는 태양열 발전단지도 관찰할 수 있게 되니 중국의 신재생에너지발전과 지속 가능 성장에 대한 접근 방식을 다시 한번 생각해보게 된다. 아직은 중국에서 신재생에너지로부터 생산되는 전기에 대한 활용률이 60%대로 낮다고 하지만, 지구온난화는 가속되고 있으며 화석에너지 자원은 조만간 고갈될 것이 확실하다. 또한 중국 서부 지역의 발전이 가속화될 것이리라 생각해 보면 이와 같은 우려는 크게 걱정하지 않아도 될 것이다.

장액 인근의 옥수수 밭

민락 주변의 푸른 초지

출발 후 약 20분 정도 지난 지점에서 고속전철은 시속 175km로 속도를 올리는데 외부 온도는 25도로 표시된다. 장액 인근 지역에서 기차 창밖으로 보이던 옥수수밭이 어느덧 화려한 초록과 노란색으로 뒤섞인 풀밭으로 변화한다. 한눈에 보기에도 유채꽃밭이다. 장액에서 약 70여 킬로미터 떨어진 민락(民乐, Minle)이라는 곳인데 중국에서 많은 수의 사람이 그 화려함과 아름다움을 보기 위해 몰려들고 사진에 담으려고 찾는 곳이다(CGTN).

유채꽃밭은 이곳 감숙성 장액의 민락이 포함된 흑하(黑河, Heihe) 분지 지역뿐만 아니라 청해성의 문원 회족 자치현(门源回族自治县, Menyuan Hui Autonomous County)에서도 대규모로 형성되어 있다. 이는 지난 10여 년에 걸쳐 이들 지역의 재배 작물을 변경한 결과라고 한다(Liu et al. 2016).

D 클래스의 고속전철은 속도를 높이고 있지만, 어느 시점에서부터 외부 기온이 점점 낮아지고 있고 기차의 속도 또한 점점 낮아지고 있다. 장액에서 란주간 고속전철이 지나가는 구간에 4천m를 넘는 산악지대[90]가 있다는 정보가 기억났다. 속도가 떨어지는 것은 고속전철이 높은 산악 지형을 올라가고 있다는 의미로 받아들일 수 있는데 속도를 낮추는 이유는 높은 산악지대를 급속하게 올라가면 승객들에 생길 수 있는 부작용을 최소화하기 위해 기차는 속도를 낮추는 것이라고 이해되었다. 사실 이 구간에서 귀가 먹먹해지는 느낌을 강하게 받았는데 속도보다는 해발고도에 의한 것으로 생각되었다. 이번 장액-란주 구간 이동에서 가장 낮은 기

장액 인근 민락에 만개한 유채꽃

90 란신 고속전철 노선 중 감숙성 장액의 민락에서 청해성 문원 사이에 가장 높은 산악지대는 해발 4천250m를 넘고 청해성 문원에서 서령 사이에도 해발고도 3천800m를 넘나드는 산악지대가 즐비하다.

온인 10도를 가리키자 곧이어 기차는 다시 속도를 올리기 시작하여 시속 186km를 기록하였다.

장액을 출발한 고속전철은 청해성 수도인 서령(西宁, Xining, 西寧)[91]에 도착한다는 안내 방송을 내보낸 후 6분이 지난 후에 역에 도착하였다. 서령 역시 실크로드 상의 중요한 도시이며 이곳 서령 역에서 티베트의 수도인 라사(Lhasa)까지 가는 기차로 환승할 수 있다.

역 정차 후 3분이 지난 후에 고속전철은 다시 출발하여 다음 정차역이 탐사대의 목적지인 란주역임을 알리고 달리기 시작하였다. 고속기차 차창 너머로 다수의 이슬람 사원, 즉 청진사(青眞寺)들이 눈에 들어온다. 돔 형태의 지붕과 미나레트 규모가 제법 큰 청진사도 보인다. 이곳 서령이 이슬람교와 불교 관련하여 종교적으로 중요한 의미가 있는 곳이라는 것을 다시 한번 되새겨 볼 수 있게 되었다.

이곳 서령 시에서 흥미를 끄는 또 다른 관찰 사항은 차창 너머로 보이는 거리의 가로등이었다. 여기저기 보이는 가로등에는 타국

서령 청진사

서령 태양열-풍력 발전 가로등

91 청해성의 성도인 서령은 역사적으로 하서주랑의 일부분이었으며 평균 해발고도가 약 2천 200여m에 달하는 곳이다. 시원한 여름 날씨로 인해 중국 여름 피서지로 불리는 서령은 한족과 회족 및 티베트족으로 구성된 약 233만 명 정도의 인구가 거주하고 있다. 중국에서 가장 큰 내륙 염수호인 청해호가 서령 가까이 있으며 또한 중국에서 가장 큰 동관 모스크가 있다.

에서도 흔히 보이는 태양전지판, 즉 솔라 패널이 부착되어 있을 뿐만 아니라 맨 위에 자그마한 풍력발전기가 동시에 설치된 것이 특별히 눈길을 끌고 있다. 솔라 패널에 의해 생산된 전기만으로 거리의 가로등 불빛을 밝히는 것은 비가 오거나 혹은 몹시 흐린 날에는 전기 생산이 충분하지 못할 수 있기에 자그마한 풍력발전기의 도입 및 설치는 이를 충분히 보완해 줄 수 있을 것으로 생각된다.

얼마 전 싱가포르에서 해변을 산책하는 중에 커다란 솔라 패널을 설치하고 이를 통해 생산된 전기를 바탕으로 선풍기를 작동 시켜 더위에 지친 행인에게 그늘과 더불어 시원한 바람을 제공하는 것을 본 적이 있다. 중국 서령의 가로등에 설치된 솔라 패널과 작은 풍력발전기를 동시에 사용한 아이디어는 밤을 밝히는 가로등으로 사용할 수 있을 뿐만 아니라 여름철과 추운 겨울철의 냉·난방을 위한 목적으로 충분히 활용할 수 있을 것으로 생각한다. 이와 같은 아이디어를 우리 지역과 우리나라에서도 도입하는 방안을 심각하게 검토해 볼 필요가 있다.

서령역을 출발한 후 30여 분 정도가 지난 오후 3시 50분경부터 고속기차가 속도를 급격하게 떨어뜨리기 시작한다. 청해성이 전반적으로 높은 지역이기 때문인지는 모르겠지만 외부온도가 25도쯤을 가리키고 있는 4시쯤 되었을 때는 고속전철 속도가 시속 130km에도 못 미친다. 기차가 기존 노선 구간을 달리고 있는 듯한데, 중간중간 고속전철은 매우 느려져

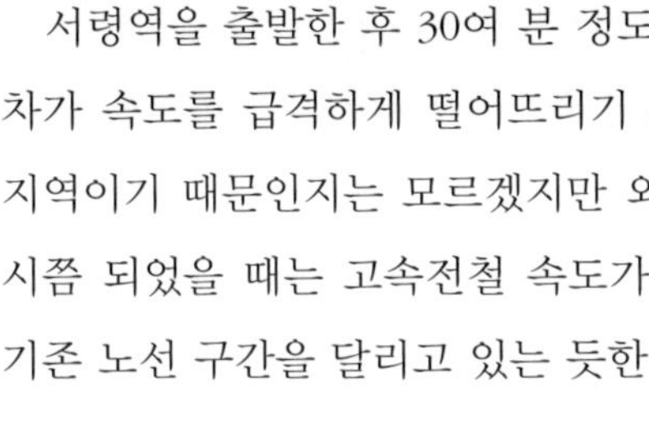

청해성 서령인근 이슬람 사원

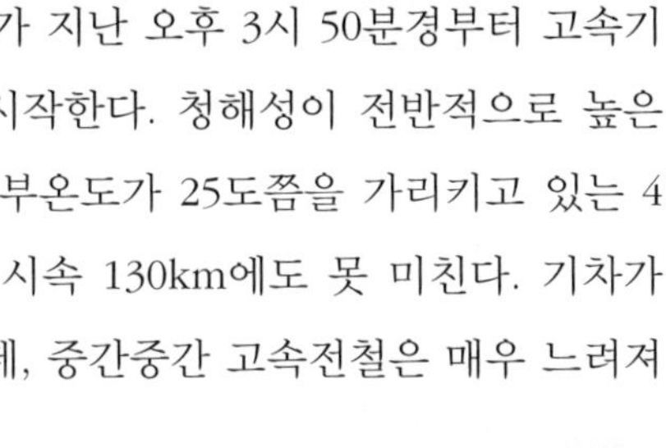

서령–란주 구간 이슬람 사원

심지어는 시속 31km에 불과한 구간도 있다. 그러나 중국이 실시하고 있는 일대일로 사업으로 인해 이 구간도 조만간 고속전철 직선화 작업으로 개선될 것으로 생각한다. 차창 밖을 내다보니 군데군데 이슬람 사원들이 보이고 붉은 황토색의 강물이 철로의 좌우를 번갈아 가며 숨바꼭질하듯이 흐르고 있다.

지금 철로 주변으로 보이는 짙은 황토색의 강은 청해성과 감숙성을 거치며 흐르고 있는 황하의 왼쪽 지류에 해당하는 황수하(湟水河, Huangshui River)이다. 고속전철로와 좌우로 번갈아 가며 달리는 황수하는 홍고(紅古 Honggu) 지역에서 란주 방향 왼쪽에서 흘러내리는 대통하(大通河, Datonghe)[92]와 만난다. 황수하와 대통하가 합쳐 흐르던 물은 어느새 중국에서 두 번째로 길다는 황하가 되어 흐르고 있다.

고속철 아래로 보이는 황수하

란주 인근 홍고의 대통하

서령-란주 간 고속전철 구간 중 일부는 중간중간에 아직도 고속화 전철 공사가 진행 중이다. 이 때문에 고속전철은 마치 거북이걸음을 하듯 시속 26km의 속도로 움직이고 있다. 란주 인근에서 우연히 접하게 된 중국 원자력 발전공사(中核集團, China National Nuclear Corporation), 원자력 발전 관련 시설이 이런 내륙에 있다고 생각하니 놀랍다. 이런 속도로 전진을

92 대통하(大通河)는 청해성 해서 몽골 장족 자치주(海西蒙古族藏族自治州, Haixi Mongol and Tibetan Autonomous Prefecture)에서 발원한 강으로 총 길이는 약 560km에 달하고 청해성과 감숙성 경계에 인접한 란주 인근 홍고에서 황수하와 만난다.

란주 인근 고속철 건설구간

란주 인근 중국원자력발전공사

란주 인근 아파트 공사현장

계속하던 고속전철은 란주 서역에 도착한다는 안내 방송을 내보낸다.

기차는 안내 방송 송출 후 정확히 6분 후인 5시 35분에 해발고도 1천 500m에 있는 란주 서역에 도착하였고 플랫폼을 내리니 무척이나 덥게 느껴진다.

고속전철 내의 실내 기온이 26도를 유지하고 있었는데 이렇게 덥게 느껴지는 것은 31도에 달하는 외부기온 탓일까 아니면 중공업과 석유화학 산업의 중심지로 알려진 감숙성 수도로서 인구 4백만 명을 넘는 란주(兰州, Lanzhou, 蘭州)시의 인구와 그에 따른 복잡함 탓일까?

황하와 천하제일교

란주 서역에서 탐사대를 태울 버스를 기다리는 동안 역 주변을 살펴보니 고층의 아파트 공사가 한창 진행 중이다. 이처럼 건축공사가 한창 진행 중인 것은 인구 증가를 수용하겠다는 의지로 이해할 수 있으며 이는 란주라는 도시가 팽창하고 있다는 의미로 받아들일 수 있다. 그런데 왜 시내 중심이 아닌 소위 란주 서부지역에 해당하는 이곳에 건설이 진행되고 있는지 궁금해하니 황하를 따라 길게 펼쳐진 란주시가 가진 독특한 지형 때문에 도시 확장이 불가피하게 서쪽 신도시 건설로 이루어지게 되었다고 한다.

란주 고속철역 인근 란주서

란주 서구 고층 건물, 이슬람 사원과 란주대학 병원

란주 서구의 중심을 통과하는데 토요일이라 그런지 교통량이 무척 많다. 고가도로를 넘어오니 쇼핑 거리가 펼쳐진다. 명품 쇼핑 거리에는 랑콤, 일본의 무인양품, 우리나라의 이니스프리(Innisfree) 간판도 보인다. 란주 서구 중심을 통과하면서 보니 1909년 설립된 란주대학의 제3병원도 보이고, 스타벅스 커피숍도 보인다. 또 한편으로는 커다란 이슬람 사원도 버스 차창 밖으로 보인다.

많은 차량과 인파들 가운데서 얼핏 눈으로 보고 느끼는 것은 란주 공기가 그리 나빠 보이지 않는다는 것이다. 나만 그런 것일까? 한 때 중국에서 대기오염이 가장 심한 도시로 알려진 란주에서 받은 이외의 인상이었다. 일단 얼핏 눈에 들어오는 것은 모든 택시가 천연가스와 전기 차량이라는 것이다. 이륜차인 오토바이는 전국적으로 다 배터리를 동력원으로 사용하고 있다. 여기 란주도 예외는 아니다.

대기 질 향상을 위해 2012년 이후부터 란주는 엄청난 노력을 기울였는데 13개의 대규모 공해유발 시설과 공장을 폐쇄하였고, 200개 이상의 오염 배출 업체는 겨울에 가동을 중지하도록 하는 등 획기적인 조처를 하였다. 과거에 정유공장이 이곳 란주에 있었는데 일부를 해체하여 다른 지역으로 이전하였다고 한다. 이런 하나하나의 작은 노력 혹은 과감한 노력의 결과가 이곳 란주 대기 질 향상에 기여하였을 것으로 생각한다.

저녁 식사 전에 황하를 보기로 하였다. 황하는 물색이 말 그대로 황톳빛이다. 청해성 서령에서부터 시작된 황하수의 지류가 작은 강의 형태로 그러나 빠른 물살을 보이며 유입되던 황하는 이곳 란주에서는 매우 넓은 폭의 강으로 변해 있었다.

황하 제일교에서 잠시 내려 황하의 우렁찬 흐름을 배경으로 그 인상을 사진으로 남겼다. 황하 주변과 황하 제일교라고 부르는 중산교(中山橋, Zhongshan Bridge)에는 주말이어서 그런지 관광객과 란주 시민 등 수많

란주의 황하

은 사람이 불어난 황하의 물살을 보며 그 순간을 영원히 남기기 바쁘다.

황하를 모 하천(黃河母親)이라 하는데 그 이유는 아마도 이곳 란주가 황하 상류에 해당하고 또 수많은 강과 호수에 그 풍성한 물줄기를 내어주는 것이 마치 어머니의 희생과 사랑처럼 눈에 보이지 않게 사라져 버리기 때문이 아닐까 생각해 본다.

란주 황하 중산교 주변으로 다수의 이슬람교, 불교 등 종교 시설이 마치 난립한 듯 서 있다. 이렇게 다양하고 많은 수의 종교 시설이 여기에 인

란주 천하 황하 제일교 맞은 편 종교 사원들

접하고 있는 이유는 무엇일까? 경치가 좋고 환경이 좋아서일까? 아니면 활발한 상업 활동이 이루어지고 있고 많은 사람이 모여드니 이들 종교 시설이 경제적인 기반을 유지하기가 쉬워서일까? 이런 현상은 신강위구르 지역과 감숙성에서 고대 종교 관련 유적지에서도 비슷하게 관찰되었다. 사람이 모이는 곳에 종교 시설이 모이는 것은 당연한 이치인 듯하다. 상업 활동이 이루어지니 사람이 모이고 사람이 모이는 곳에 현세의 번영과 내세의 안정을 위한 종교 활동과 예술 활동이 이루어진다는 것은 어찌 보면 당연하다고 할 수 있겠다.

황하 제일교에서 멀지 않은 곳에서 황하를 바라보면서 자리 잡고 있는 우육면(牛肉麵) 집에서 면으로 저녁 식사를 해결하기로 하였다. 란주에서 제일 유명한 음식 중의 하나가 우육면이라고 하며 우육면과 란주라고 하는 도시는 상호 불가분의 관계를 형성하고 있다고 한다. 란주에는 1천 개 이상의 우육면 식당이 있고 하루 백만 그릇 이상의 우육면이 판매되고 있으며, 주말에는 하루 2백만 이상의 사람이 우육면을 먹는다고 한다.

식탁에 올린 우육면에는 말끔한 소고기 국물에 가느다란 면이 담겨 있고 여기에 고

황하를 가로지르는 케이블카

황하 우육면 식당

수 등을 얹어서 먹을 수 있게 되어 있다. 우육면에 사용하는 면은 10가지 이상의 형태를 보인다고 했는데 그중에서 오늘 먹는 면은 가느다란 소면 같은 국수 종류로 밀가루가 주재료인 듯하다. 국수에 사용하는 고소한 국물이 소고기 국물이라 의아해했는데 이 집 간판 한 귀퉁이에 이슬람을 뜻하는 청진(清真)[93]이라는 글씨가 들어있다. 소고기 국물이라 우육면이라 부르는 모양이다. 우육면이 담백하고 국물이 고소하여 입맛을 다시게 만든다.

식당 창밖으로 황하 건너편 종교 시설이 뚜렷하게 보이는 창가에 앉아 우육면을 먹고 있는데 황하를 가로지르는 노란색의 케이블카 세 대가 마치 식당 안으로 달려들 듯 다가오는 것도 상당히 인상적이다. 케이블카를 타고 유속이 빠른 황하를 가로지르는 것도 상당히 유익한 관광 상품이 될 수 있다고 생각해 보았다.

저녁 식사를 마치고 난 탐사대는 황하의 물과 1천500m에 달하는 해발 고도로 인해 바깥공기가 선선하게 느껴질 때쯤 버스에 올랐다. 란주에서

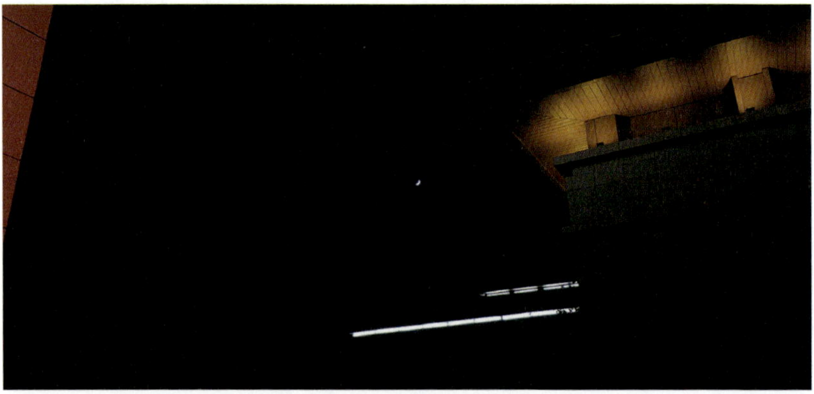

황하 삼협 숙소의 하늘에 뜬 초승달

93 청진은 '할랄'을 의미한다고 한다.

부터 약 두 시간 거리인 영정현(永靖縣, Yongjing xian)에 있는 숙소로 이동할 것이다. 저녁 해가 기울고 어둠이 살짝 깃드는 저녁 7시 30분, 이제는 마치 오랜 친구처럼 버스 오른편에서 따라다니고 있는 황하와 더불어 버스는 움직이기 시작하였다. 마침내 황하 삼협(Huanghe three gorges)에 있는, 가장 최근에 건립된 대규모 숙소에 여장을 푸니 맑은 여름 하늘 한쪽에 떠오른 초승달이 수줍게 우리를 맞이하고 있다.

13

란주 병령사에서 서안으로

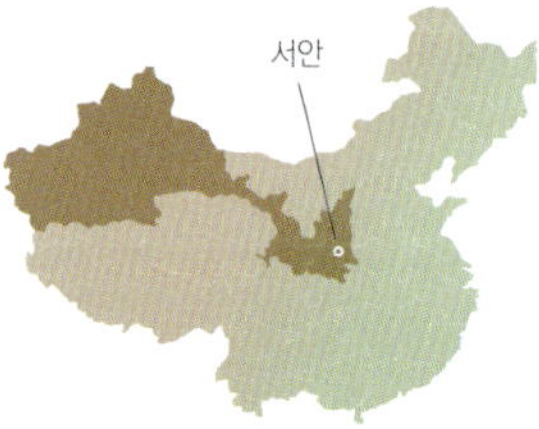

황수와 벽수의 황하 호수와 만불동 병령사 석굴

오늘은 7월 7일, 이번 문화탐방에서 두 번째 맞는 일요일이다. 귀국 날짜까지 이제 이틀 남았다. 탐사 일정이 10일을 넘어서니 집 생각이 솔솔 나기 시작한다. 그래서인지 마음이 다소 조급해지는 것도 사실이다.

조금 일찍 일어나 호텔 주변을 산책하기로 하였다. 어제저녁 숙소에 들어와서 피곤한 마음에 잠자리에 들었으나, 왠지 쉽게 잠을 청할 수가 없어서 초승달이 유난히 밝게 빛나는 호텔 주변을 서성거렸다. 조용히 숙소 주변을 산책하려던 의도는 숙소 뒤편에 자리 잡은 작은 연못에 사는 모기들이 쉴 새 없이 달려들어 원하지 않는 헌혈을 무리하게 요구하기에 포기하고 숙소로 돌아왔다.

이른 아침이기는 하여도 해는 이미 동쪽 산 뒤편으로 거의 떠 올라있고 1천580m에 달하는 숙소의 높은 해발고도에 따른 선선한 아침 기온으로 인해 더는 모기 걱정은 하지 않아도 되었다. 2017년 8월에 완공하였다는 숙소의 규모가 매우 크고 이번 탐사 일정 중 가장 화려한 숙소이기도 하다. 약 1만3천 평에 이르는 규모라서 그런지 숙소도 다양하게 마련되어 있고 테니스 코트, 캠핑장, 캐러밴, 정원 등 다양한 위락 시설도 설치되어 있을 정도로 좋은 숙소이다. 오늘 예정된 빠듯한 일정을 소화하기 위해서 병령사 석굴에 가장 가까운 곳에 있는 숙소를 찾다 보니 이런 숙소에 머무는 행운이 따르기도 한다.

한 시간 정도가 소요된 호텔 주변 산책을 마치고 다른 사람들과 함께 아침 식사를 하는 데 어디서 한국말이 들린다. 아마 이곳으로 여행을 온 한국 여성들인 듯하다. 식사를 마치고 오늘의 인문탐사 목적지를 가기 위해 서둘러 준비하였다.

9시 정각, 숙소 체크아웃을 마치고 얼마 지나지 않아 버스는 G568 고속도로를 타고 영하 회족(宁夏回族, Lingxia Hui Zu, 寧夏回族) 자치주인 영정현(永靖县, Yongjing xian, 永靖縣) 방향으로 이동하였다.[94] 오늘 탐사의 첫 번째 목적지인 병령사 석굴(Binglingsi cave grottoes)은 2014년 세계문화유산으로 편입된 유적으로 영정현 지역에 있다. 탐사단은 황

---

94 영하 회족 자치구는(Lingxia Hui Autonomous Region) 섬서성, 감숙성과 내몽고 자치주로 둘러싸인 면적 6만6천400km^{2}에 달하는 자치주로 중국 내에서 면적으로는 27번째로 큰 주이며 중국의 장족 자치구, 내몽골 자치구, 티베트 자치구, 신강위구르 자치구와 더불어 중국에서 성급에 해당하는 5개 자치구 중의 하나이다. 1954년 감숙성에 편입되었다가 1958년 중국 정부에 의해 자치주로 인정되었다. 역사적으로 유목 민족과 정주 민족의 경계 지역에 해당하는 영하는 그래서 빈번한 격전의 전쟁터가 되기도 하였다. 기원전 3세기에 진나라에 의해 영하와 그 주변 지역이 중국에 편입되었다. 영하에는 유대 민족이 거주하였을 뿐만 아니라 13세기 칭기즈칸이 현 영하의 수도인 은천(银川, Yinchuan, 銀川)을 정복함으로써 몽골의 지배하에 놓였다. 그 무렵부터 서쪽인 중앙아시아로부터 이슬람교도가 이주하기 시작하였다고 한다. 2015년의 통계 자료에 따르면 영하 자치구에는 약 7백만 명에 달하는 인구가 있으며 그중 38%가 회족, 62%가 한족으로 알려져 있다. 영하 자치구에는 중국 내 1천만여 명에 달하는 이슬람교도 중 약 20%가 살고 있어 중국에서 회족이 가장 많이 사는 지역이다.

하 호수[95]인 병령호(Bingling Lake), 즉 유가협 수고(刘家峡水库, Liujiaxia Reservoir, 劉家峽水庫)[96]를 통해 배로 접근하기로 하였다.

숙소를 떠난 지 약 1시간 정도의 시간이 소요된 10시경, 우리는 병령호의 승선장에 도착하였다. 이곳에서 해발고도를 점검해 보니 1천700m이다.[97] 높은 키를 가진 접시꽃이 우리를 반기고 있는 주차장에 버스를 세우고 걸어내려 가니 5분이 채 되지 않은 거리에 다소 초라한 승선장이 나타난다.

승선장에는 일요일인데도 사람들이 많지 않다. 가이드를 포함한 탐사대원은 총 16명인데 2개의 조로 나누어 소형 쾌속선을 타고 병령사(炳靈寺) 석굴로 이동하기로 하였다. 이 소형 배가 9인승이니 배 운전사를 포함하여 딱 맞는 정원이다.

우리 조보다 앞선 조를 먼저 보내고 우리 조가 뒤따르기로 하였다. 조

황하 호수

황하 호수 상류

95 황하 호수, 즉 병령호는 중국의 서쪽 청해성에서 발원하여 산동성 보해 만에 달하는 약 5천500km의 수로를 가진 중국에서는 양자강 다음으로 길며 세계에서 여섯 번째로 긴 강인 황하 상류에 해당하는 이곳에 유가협 댐을 건설함으로써 만들어진 인공 호수이다.

96 유가협 댐은 황하의 유가협(劉家峽, Liujia Gorge)을 비롯한 세 개의 협곡에 걸쳐 수력발전을 주목적으로 댐을 건설함으로써 형성되었다. 댐 건설은 1958년부터 시작하였고 이 중에서 가장 큰 댐인 유가협 댐은 공사 시작 후 잠정적으로 건설이 중단되었다가 재개되어 1969년에 가서야 완공되었고 5개의 발전기를 통해 1,225MW에 이르는 전력을 생산할 수 있게 되었다. 그러나 이 공사로 인해 삼협 지역 주변의 많은 농토가 수몰되었으며 또한 과거 실크로드의 많은 흔적도 함께 물아래로 사라져 버렸을 가능성이 높다.

97 병령호, 즉 유가협 수고에서 해발고도가 가장 높은 곳은 1천735m에 달한다고 한다.

금이라도 여유 있게 황하 호수와 그 주변 환경을 보고 싶었다. 가장 깊은 곳 수심이 114m에 달하고 남북으로 약 8km에 조금 못 미치는 대형 호수이다. 우리 배 운전사가 이 호수를 아주 고속으로 달리기를 원하는지 물어본다. 고속으로 이동하는 것도 좋지만, 적당한 속도로 수몰 이후에 남아 있는 좌우의 천연경치를 감상할 수 있도록 이동하여 달라고 당부하였다. 승선장 주변 근처에서 푸르게 보이던 황하 호수는 상류로 이동해 올라갈수록 황토색이 짙게 나타나고 있다.

병령호를 거슬러 올라가니 쾌속선 밖 좌우로 초록색 초지가 보이고 그 초지에는 말, 양, 야크 등이 마치 뒤섞인 듯 한가롭게 풀을 뜯고 있다. 수로 좌우로 기암괴석은 놀라운 자연풍광을 들어내고 있으면서 석벽 중간중간에는 초록색이 두드러지게 나타나고 있다. 병령사가 있어 보이는 저

황하 초지와 가축들

황하 병령사 주변 경치

황하 병령호 주변의 빼어난 경치

멀리 산꼭대기에는 한 그루의 나무가 절벽 끝에 서 있는 모습이 호수 주변 자연풍광과 함께 어우러져 감탄을 자아내게 한다.

이곳의 빼어난 자연풍광은 여기에서 색을 빼면 마치 수묵으로 그림을 그려놓은 듯 운치마저 더 하고 있다. 그러나 얼마 전까지 이곳 병령호의 산자락에 풀이 거의 없었을 뿐만 아니라 비가 많이 내리고 있다는 가이드의 말을 들으며 기후변화를 새삼 느끼고 있다.

댐 근처 가까운 곳에는 황하의 물색이 벽옥색으로 나타나니 황하수 벽수일 것이고 상류로 올라갈수록 나타나는 물색은 황색이니 황하수 황수가 맞을 것이다. 유가협 댐에 가까운 물이 벽수로 보이는 것은 비와 풍화작용 등 자연적인 현상에 의해 씻겨 내려오는 황토가 강 바닥과 호수 바닥에 가라앉았기 때문일 것이다. 사실 병령호는 유속이 매우 빠른 황하의 물이 병령호 가까이에 접근하면서 토사 등이 가라앉기 때문에 병령호 전체 물 저장 용량의 10% 이상을 잃어버릴 정도로 사토의 퇴적이 심각한 문제라고 한다.

병령호를 거슬러 올라가니 빠른 유속에도 불구하고 쾌속선의 운전사는 많은 경험을 바탕으로 아주 능수능란하게 배를 운전하고 있다. 가끔은 배가 쑥하고 솟아오르는 경우도 있지만 이런 경우에는 배의 속도를 낮추어 배 바닥이 물에 다시 닿는 순간에는 무리가 없도록 하여 우리에게 속도감 및 안정감과 더불어 또 다른 쾌감을 주고 있다. 좌우로 나타나는 웅장한 전경을 감탄으로 뒤덮어가며 약 30분 정도를 이동하니, 해발고도 1천640m에 위치한 배 선착장이 나타난다. 선착장에서 내려 바라보는 황화와 그 배경을 이루고 있는 울퉁불퉁 솟은 봉우리는 마치 한 폭의 아름다운 동양화를 보고 있는 느낌을 강하게 받는다. 참으로 아름다운 전경이다.

쾌속정에서 내린 일행들은 병령사 석굴을 보기 위해 발걸음을 재촉하였다. 유네스코 세계문화유산 병령 석굴이라고 새겨진 커다란 표석 앞에

병령사 석굴 선착장에서 바라본 황하와 비경

병령사 석굴 표지석 앞에서

병령사 석굴에 이르는 계곡 길

서 간단한 기념사진 촬영을 하였다.

뒤에 떨어져 천천히 걸어가려고 하니 앞서 총총걸음으로 가는 다른 일행들을 따라잡기가 여간 힘들지 않다. 과거 역사적으로 이곳에서 황하를 건너려고 하는 대상인은 어떤 걸음이었을까? 잘 다듬어진 안내 팻말과 길을 따라 계곡을 지나가니 더디어 암벽에 새겨진 불상들이 보이기 시작한다.

병령사 석굴 건설의 시작은 서진 시대(西晉, Western Qin, 265-316 CE) 초반으로 거슬러 올라가나 정확한 연대는 파악하기 어렵다고 한다. 병령사 명문에 새겨진 건홍 원년(建弘元年)은 서기 420년을 나타낸다고 하니 최소 1천600여 년 이상의 역사를 가지고 있다고 할 수 있다.[98] 그 이후 북

98 병령사 석굴은 중국에서 기록이 남아 있는 석굴 중 가장 오래된 것이라고 알려져 있다.

위(北魏), 수(隨), 당(唐), 송(宋)을 거쳐 원(元), 명(明)과 청(靑)나라 시대까지 수많은 불상이 조각되고 채색이 이루어졌으며 그 흔적이 아직도 많이 남아 있다고 하는데, 특히 병령사가 용흥사(龍興寺)라 불리던 당나라 시대에 석굴 작업이 가장 활발하게 이루어졌다고 한다.

이곳 병령사 계곡에는 183개의 벽감(壁嵌), 즉 석굴이 있으며 여기에 694개의 석조상(stone statues)과 82개의 소상(clay sculptures)이 있고 약 900m^{2}에 달하는 암벽화가 있다고 한다. 암벽에 새겨지다가 만 부처상을 비롯한 무수히 많은 석조상과 암벽화를 보면서 계속해서 발길을 옮긴다. 작은 암자처럼 보이는 곳에 부처상과 더불어 다양한 모양의 보살과 같은 조각상이 있고 그 작은 굴의 내부에는 다양한 문양과 색채로 채색되어 있는 것이 눈길을 끈다.

눈이 시릴 정도로 밝은 병령사 계곡의 햇살을 맞으며 이 석굴들을 따라 무심코 발길을 옮겨 가니 커다란 높이의 미륵불 좌상이 우리 앞에 나타난

병령사 석굴 부처

병령사 석굴 관음보살

병령사 부처와 야자수

병령사 북송 하관 기념비

병령사 부처와 보살

병령사 미완성 불감

병령사 북위 시대 불감

병령사 미륵불(측면)

병령사 미륵 대불

미륵불 맞은 편 해태상

병령사 미륵불과 해태상

병령사 계곡의 벽옥

다. 어마어마한 높이다. 발끝에서 바라보니 미륵 대불의 머리가 마치 암벽 천장에 닿은 듯하다. 높이가 27m에 달하는 이 대불은 착공한 지 70여 년이 지난 803년에 완공되었다고 한다.

밝은 햇살을 얼굴에 담고 있는 미륵불을 조그만 지류를 건너와 정면에서 바라보니 근엄한 가운데, 마치 나를 환영하고 있는 듯 엄격하고도 잔잔한 미소를 보내어 주고 있다. 마치 나의 미래를 지켜볼 테니 제대로 살라고 하는 무언의 엄격한 명령을 자애롭게 내리고 계시는 듯하다.

수많은 석굴을 뒤로하고 커다란 벽옥을 만지며 언젠간 다시 이곳에 돌아오리라는 무언의 약속을 하고 11시 50분, 병령사 석굴 탐사를 서둘러 마치고 소형 쾌속정에 올라 아침에 승선한 선착장으로 이동하였다. 황하의 황수가 벽수로 바뀌는 모습과 병령호 아래에 수몰된 과거 번성하였을 이곳의 실크로드를 생각하며 잠시 깊은 생각에 잠기었다.

버스를 타기 위해 오전에 출발하였던 선착장 근처로 다가오니 병령사 석굴을 보기 위해 올라가는 길에는 제대로 보지 못하였던 선착장 근처 전경이 눈에 들어온다. 멀리 산 중턱에 보이는 주상절리는 마치 머핀처럼 보인다고 해야 하나 혹은 까놓은 알밤처럼 보인다고 해야 하나. 멋진 장

황하수 황수

황하수 벽수

황하 호수 주상절리

관을 연출해주고 있다. 주변에서 수상 오토바이를 한가로이 그러나 정열적으로 타며 수상레저를 즐기고 있는 일련의 사람들이 눈에 들어온다. 이런 장면은 중국이 개방 이후 성취한 경제발전에 따른 결과물 중의 하나일 것으로 생각하니 포항 영일대 근처에서 비슷한 수상레저를 즐기고 있는 사람들의 모습이 겹쳐 스쳐 지나간다.

12시 15분에 선착장에 도착하여 신속히 버스에 올랐다. 란주 서역에서 오후 3시 35분에 서안으로 출발 예정인 고속전철을 타야 하는데 시간이 다소 촉박하다.

버스를 타고 란주 서역으로 이동하면서 좌우로 길에서 펼쳐지는 경관도 눈길을 끌 만하다. 병령호에서 출발한 버스는 약 20분 후 해발고도 1천853m에 달하는 지역을 통과한 후 계속 내리막을 달리더니 오후 1시에 G568 고속도로를 타고 달리기 시작한다. 버스가 지나가는 한쪽 옆으로 깎아지른 절벽이 기다란 병풍처럼 행렬을 이루고 있고, 또 다른 한편으로는 황하가 버스와 마치 달리기 시합을 하며 달리고 있는 듯하다.

황하와 수양버들

황하 수력발전소

앞서 탐사한 다른 지역의 가로수가 은 백양목이 주를 이루었다면 이곳 황하 호수에서 란주로 이르는 도로변에는 황하를 끼고 있어서 그런지 수양버들이 가로수의 주를 이루고 있다. 이들 수양버들이 긴 가지를 축축 드리고 있어 창밖으로 지나가는 한여름 풍경에 더욱더 목가적인 분위기를 더해 주고 있다.

G568 고속도로를 달리던 버스는 얼마 지나지 않아 해발고도 1천 590m에 있는 간수 고속도로 요금소를 통과하니 란주 서구의 신성(忻城, Xincheng, 新城)까지 54km가 남았다는 푯말이 눈에 들어온다. 버스가 G568 고속도로에서 황하 위로 높이 건설된 교각을 지나고 나니 진행 방향 오른쪽에 고속전철선과 많은 수의 화물차들이 지나다니는 도로가 눈에 들어온다.

그로부터 또 얼마 지나지 않아 눈에 들어오는 고속도로 표지판, 이 표지판에는 G22+600이라고 적혀 있는데 이는 고속도로의 기점을 표시하고 있으며, 이 고속도로의 총연장이 3천400km라고 적혀 있어 입이 다물어지지 않는다. 중국이 크다는 것을 새삼 느끼게 된다. 란주에 가까워질수록 지난 밤 황하 삼협으로 이동할 때는 저녁 시간이라 제대로 보지 못하였던 란주의 공업지대에 해당하는 지역이 버스 차창 밖으로 펼쳐진다. 란주가 대규모 공업 도시라는 점을 새삼 느끼게 된다. 버스가 G312 고속도로 출구를 빠져나와 란주 서역에 도착하니 오후 2시 20분이다. 탐사대가 예약한 고속전철 탑승 시각까지 약 1시간 정도의 여유가 있다.

란주 G568 고속도로

창밖 란주 공업지대

오늘 서안으로 들어가면 6월 25일 중국 도착 후 지금까지 우리와 같이 했던 가이드와도 이별해야 한다. 물론, 서안까지는 가이드가 우리와 동행할 것이다. 그러나 서안에서는 서안만 전문적으로 안내하는 새로운 가이드가 우리를 맞을 것이다. 금강산도 식후경이라고, 버스에서 내린 짐을 바리바리 챙겨 서둘러 기차역 안으로 들어갔다.

감숙성을 넘어 섬서성의 성도 서안으로

란주 서역에 도착한 후 곧바로 점심을 먹기로 하였는데 간만에 자장면과 햄버거가 선택메뉴로 제시되었다. 란주 서역에서는 투르판 혹은 장액 고속전철역에서와같이 탑승 전 까다로운 검열과 검사가 없어 탑승 준비가 생각보다 빨리 끝났다. 그러나 물리적인 시간 자체가 넉넉한 상황이 아니라 불가피한 선택이었다. 일부는 란주 역사 2층에 자리 잡고 있는 식당가에서 중국식의 자장면(炸醬麵), 일부는 햄버거를 선택하였는데 이 또한 동양과 서양의 절묘한 만남이라는 생각이 들어 읍소를 금치 못하였다. 나는 이미 다른 곳에서 중국식 자장면을 먹어 보았기에 자장면을 선택하지 않은 다른 분들과 함께 햄버거를 먹기로 하였다. 중국에서 맛보는 햄버거는 지금까지 소위 '현지식'에 익숙해진 우리에게 꿀맛 같은 새로운 맛을 제공해주었다. '역시 이 맛이야!' '패스트푸드가 이렇게 맛있을 줄 몰랐네!'를 연이어 내뱉고 있는 우리 자신을 보며 파안대소를 멈출 수가 없었다. 오랫동안 긴 탐사 여정을 같이 하다 보니 격의 없이 편안함을 느낄 수 있기 때문일 것이다. 여행은 낯선 사람들을 가까이하게 만드는 엄청난 매력이 있다. 자장면을 선택한 사람들의 평가 역시도 맛이 괜찮았다는 것이다. '아, 나도 자장면을 먹을걸'이라는 하는 아쉬움을 남기고 고속전철을 타기 위해 개표소로 향하였다.

우리는 이미 두 번 이상 고속전철을 타 본 경험을 바탕으로 가장 앞줄에 자리를 선점하여 차지하였다. 우리가 가지고 움직이는 짐이 녹록지 않은 상황이라 미리 움직이기로 한 것이다.

탐사대가 타야 할 고속전철 탑승장으로 가는 개찰구는 아직 개표가 이루어지지 않았고, 역에 도착한 승객들의 일부가 우리가 서 있는 개찰구를 통해 빠져나오고 있다. 정복을 입은 두 명의 여성 역무원이 시계를 봐 가며 입장을 시킬 준비를 하고 있다. 드디어 개찰구가 열리고 우리들은 서둘러 이동하였다. 투르판 역에서 에스컬레이터가 고장 나 남자 대원들이 무거운 짐들을 땀을 뻘뻘 흘려가며 여성 대원들의 짐을 옮기기도 하였는데 여기에는 그럴 필요가 없다. 개찰구에서 탑승장으로 내려가는 에스컬레이터가 다행히도 제대로 작동하고 있다.

우리들은 란주 서역에 이미 정차된 고속전철에 재빨리 올라서 짐을 여기저기 배치하기 시작하였다. 탐사 대원들의 짐이 부피가 크고 무거워 객차 내의 선반에 올리기에는 한계가 있다. 화물 선반을 꽉 채우고 난 후, 나머지 여행용 가방은 객차 앞뒤에 별도로 마련된 공간에 밀어 넣고 각자의 자리에 앉은 후에야 안도의 한숨을 내 쉴 수 있었다. 마침 이 차의 종착역이 서안 북역이라 그때는 우리 대원들이 천천히 움직일 수 있는 여유가 있다.

오후 3시 35분 정시에 동차 고속전철 D2666은 란주 서역을 출발하여 서안 북역으로 향하였다. 이번 여정의 이동 구간은 568km이고 시간상으로는 약 2시간 반에서 3시간 반 정도 소요된다고 한다. 란주를 출발한 동차 고속전철은 서안까지 진안(秦安, Qinan), 천수(Tianshui), 보계(宝鸡, Baoji,寶雞), 양령(杨陵, Yangling) 등 중간에 4회 정차하게 된다. 지난번 장액에서 란주로 들어올 때 최고 시속 190km를 넘지 못했던 고속전철이 오늘은 시속 200km를 훌쩍 넘기고 있다. 출발 후 16분이 지난 시점에 동차는 최고 시속 243km에 도달하였다.

지금 우리가 달리고 있는 고속전철 구간은 감숙(甘肅, Gansu)성의 성도인 란주와 섬서(陕西, Shaanxi)성의 보계(宝鸡, Baoji,寶雞)를 잇는 구간으로 2017년 7월 9일에 개통되었으며 최고 시속 250km까지 달릴 수 있다고 한다. 빠른 속도 때문인지 혹은 높은 지역을 올라가고 있는지 모르겠지만 귀가 약간 먹먹해진다. 최고 시속 243km를 기록하였던 동차는 오후 4시 33분경에는 이번 고속철로 여정에서 가장 빠른 시속 245km를 기록하였다.

기차는 외부온도 25도를 가리키고 있는 진안(秦安, Qinan)역에 도착하고 어김없이 3분을 정차한 후인 4시 42분에 다시 출발하였다. 고속전철 창밖으로는 도로 공사와 아파트 건설이 한창인 것이 눈에 들어온다. 중국 일대일로 사업이 눈앞에 펼쳐지고 있는 현장이다.

진안역을 출발한 고속전철은 얼마 지나지 않은 4시 58분 감숙성의 마지막 정차역인 천수(天水, Tianshui) 남역에 도착하였다. 이곳에서의 정차 시간 역시 3분이다. 천수 남역에서 표시되는 외부기온은 진안역보다 1도 높은 26도로 표시되고 있다. 천수 남역을 출발한 고속전철은 5시 35분 보계(宝鸡, Baoji, 寶雞) 남역에 도착할 것이라는 안내방송을 내보낸다. 보계 남역에 도착한 후 역시 3분을 정차하였다가 고속전철은 어김없이 5시 41분에 출발하였다. 드디어 우리는 섬서성에 발을 들인 것이다.

보계 남역부터 서안 북역까지의 고속전철 구간은 2013년 12월 28일에 개통을 시작한 구간이며 이 구간에서 고속전철은 최고 시속 300km까지 달릴 수 있도록 설계되어 있다고 한다.

보계 남역을 출발한 고속전철은 약 30여 분을 달린 후 서안에서 서쪽으로 약 80km 정도 떨어진 양령(杨陵, Yangling, 楊陵)[99] 남역에 도착하였

99 양령(杨陵, Yangling, 楊陵)은 과거 진나라의 수도였던 섬서성의 함양(咸阳, Xianyang)에 있는 구에 해당하는 지역이다. 양령이라는 지명은 316년 서진의 몰락 이후 분열되어 있던 중국을 589년에 재통일한 수나라의 태조이며 불교를 숭상한 양견(楊堅, Yang Jian) 가족의 묘 터라는 의미가 있다. 함양은 위하(渭河, Wei River)강의 북쪽에 있는데 최근에 섬서성의 성도인 서안의 광역도시 일부로 편입되었다.

다. 시간은 점점 늦어져 저녁을 향해 달리고 있는데 외부기온은 아까보다 오히려 많이 올라 29도를 가리키고 있다. 3분 동안 양령 남역에 정차한 후 기차는 다시 출발하였다. 고속전철로 주변으로 커다란 화력발전소와 공업시설이 가까이 혹은 멀리 보인다.

오후 6시 37분, 동차 고속전철 D2666은 더디어 섬서성의 성도인 서안(西安, Xian) 북역에 도착한다는 방송을 내보낸다. 방송 후 3분 후인 6시 40분 해발고도 504m에 있는 서안 북역에 도착하였는데 외부기온은 29도를 보인다. 당나라 시대 국제교류의 중심도시라고 할 수 있는 서안, 이번 중국 내 인문탐사의 마지막 도시인 서안에 드디어 발을 내디뎠다.

서안 북역은 인구 약 1천300만 명이 넘는 대도시인 서안의 고속전철역답게 매우 크고 복잡하다. 가이드의 안내를 따라 걸어가서 이곳 서안에서 탐사 대원들의 가이드를 맡아 줄 새로운 사람을 만났다. 이 가이드 역시 연변 조선족 출신이다. 어찌 보면 역사의 뒤안길 속에서 사는 곳이 달라진 같은 동포이다. 이번 인문탐사가 시작된 6월 25일 이후 우리가 같이하면서 한편으로는 정이 든 가이드에게 감사의 말을 전하며 향후 한국을 방문할 시에 꼭 대구에 들러 달라는 말로 아쉬움을 달랬다.

서안 현지 가이드가 인도하는 대로 우리는 따라서 발걸음을 옮겼다. 서안 북역에서 버스로 이동하면서 내일 일정 중 일부를 조정하기로 하였다. 원래 일정에 포함되어 있던 서안 역사박물관은 내일 월요일이 휴관 일이

'서안에서 중국을 보라'는 팻말

서안의 화려한 쇼팽 건물

라 관람이 불가능하다고 하여 일정을 다소 조정하기로 하였다. 출발하기 전 이 일정을 확인했어야 했는데 깜박했다. 중국의 박물관들은 월요일에 휴관이라 하니 참고해 둘 필요가 있는 내용이다. 몇 년 전 프랑스를 방문한 일이 있어 일정 중 남는 시간을 쪼개어 루브르 박물관을 관람하기로 한 적이 있는데 하필 방문한 날짜가 루브르 박물관이 한 달에 한 번 쉬는 화요일이었다. 그때 무척이나 아쉬워했는데 내일 비슷한 아쉬움을 맛보아야 한다니 안타깝다.

이동하는 버스 창밖으로 보이는 장안성은 복잡하지만 매우 깨끗해 보인다. '서안에서 중국을 보라'는 슬로건이 적힌 팻말이 오래된 성루를 배경으로 세워져 있는 것을 보고, 또 화려한 현대식 건물이 그 주변에 즐비해 있는 쇼핑 거리 등을 보면서 서안은 중국의 과거, 현재와 미래를 보여줄 수 있는 곳이라는 생각이 들었다.

서안 종루 근처의 시계탑이 저녁 7시 50분을 가리키고 있는 시간, 장안성(Changancheng) 성곽 위로 퍼지는 저녁노을이 무척 아름답게 여겨진다. 저녁 식사 후 삼성이 자리 잡고 있다는 고신(高新)[100] 개발 지구 내에 있는 숙소에 투숙하는 것으로 하루 일정을 마무리하였다.

석양의 서안

100 고신(高新, Gaxoxin)은 하이테크, 즉 첨단기술을 의미하는 중국어인데 서안의 고신 개발 지구는 약 307km^2 면적에 전 세계로부터 하이테크 관련 업체들을 유치하기 위해 조성된 산업단지로 삼성전자뿐만 아니라 존슨앤드존슨, 화웨이 등 세계 500대 기업에 드는 기업 130여 개가 위치하고 있다.

14

중국 역사상 최고 국제교류도시 서안

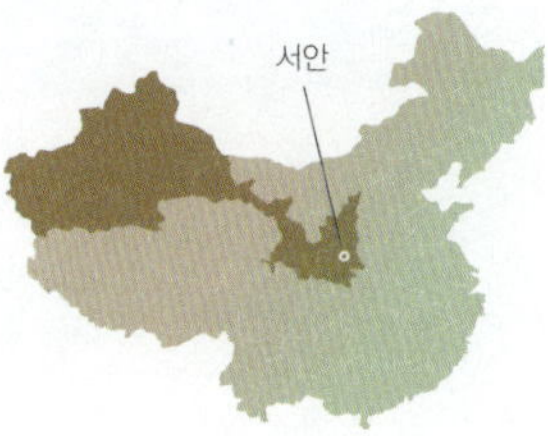

서안 비림(碑林), 비석의 숲

오늘이 7월 8일, 내일이면 드디어 중국의 실크로드 문화탐사를 마치고 귀국길에 오르게 된다. 사실 중국에서 가장 오래된 도시 중의 하나이며[101] 서주, 진, 서한, 수, 당나라의 수도로 중국 내 실크로드의 기원이라고 불리는 서안(西安, Xian, 시안)[102]을 탐방하기 위해 우리에게 이번에 할애된 시

101 서안의 동쪽 변두리 지역에서 1953년 6천500년 정도 된 반포(半坡, Banpo)라는 신석기 시대의 마을에 해당하는 주거지 터가 발견되었고, 1968년에는 서안에서 50km 떨어진 동남쪽에 위치한 람전(蓝田, Lantian, 藍田)현에서 지금부터 적어도 50만 년을 거슬러 올라가는 람전인(蓝田人, Lantian Man, 藍田人, Homo Erectus Lantianensis)이 발견되었다.

102 장안(长安, Changan, 長安)은 현 서안의 옛날 명칭이며 중국의 고대 역사에서 가장 중요한 도시 중 하나이다. 고대 13개 왕조의 수도 역할을 수행하였으며 중국과 지중해를 연결하는 고대 무역로인 실크로드의 중국 기점이다. 장안이라는 도시는 기원전 11세기부터 존재하였다고 하는데 서주(西周, Western Zhou)의 수도 호경(鎬京)과 진(秦, Qin)의 수도

2019년 7월 7일 내린 비로 막고굴에 이르는 붕괴된 다리
(출처: Xinhua Net http://www.xinhuanet.com/english/2019-07/07/c_138206839.htm)

간은 만 하루, 너무나 짧은 시간임이 틀림없다. 물론, 이 주어진 짧은 시간이기 때문에 다시 이 서안을 방문해야 하는 이유가 되기도 할 것이다.

해발고도 504m에 위치한 섬서(陝西, Shaanxi)성의 성도 서안의 월요일 아침에 비가 내린다. 얼마 전 방문했던 돈황에는 엊그저께 폭우가 내려 다리가 유실되었고 이로 인해 막고굴 지역의 방문이 금지되었다고 한다. 이상 기후 탓일 것이다. 기후 이상과 관련된 징조는 여기저기에서도 관찰되었는데 어제 방문했던 황하 호수와 병령사 석굴 주변에서도 이상한 현상이 관철되었다. 황하로부터 삐죽삐죽 솟아있는 주변의 산들이 최근에 내린 비로 산등성이가 푸른 초록으로 뒤덮여 있었던 사실을 눈으로 목격하였다.

함양(咸陽)이 서안 근처에 위치하였다. 기원전 202년 한 고조 유방이 전한(前漢, Han)의 수도로서 자리 잡고, 장안이라 칭하였다. 장안은 명나라 시대인 1369년 서안(西安, Xian)이라고 명칭이 변경되어 지금까지 서안이라는 이름이 사용되고 있다.

탐사대가 머무는 숙소의 아침 식사 장소는 어린아이로 북적이고 있다. 단체 여행을 온 아이들의 표정이 무척이나 밝다. 이 아이들은 최근까지 중국 정부가 취한 산아제한 정책의 끝 세대에 해당할 것이다.[103] 호텔에서 숙박할 정도의 부유한 아이들이다. 중국이 지난 40년에 걸쳐 진행한 개방적 경제성장의 결과를 이 아이들이 누리고 있는 것이다.

아이들은 거의 예외 없이 스마트워치를 손목에 차고 있다. 향후 이 아이들이 창출해 낼 수요는 어마어마할 것이다. 아이들이 입고 있는 교복 같은 단체복의 왼쪽 팔 위쪽에는 중국의 홍성기가 그려져 있고, 등에는 '소아인 미래몽상실천가'라는 문구가 새겨져 있다. 아이들은 미래의 꿈을 실현하는 소중한 사람이라는 뜻일 것이다

아침에 내린 비로 인해 서안의 아침 공기가 선선하다. 인구 1,300만 명[104]의 서안의 월요일 아침은 세계 어느 대도시의 아침과 다르지 않다. 출근 시간인 관계로 자가용이 꽉 채우고 있는 도로는 교통 혼잡으로 인해 우리가 탄 버스는 거북이걸음이다.

서안에는 2019년 7월 현재, 2018년 12월에 개통된 4호선을 비롯한 4개의 도시 전철 노선이 있다. 그러나 4개의 전철 노선이 있음에도 불구하고 이 노선으로는 1천300만 명이라고 하는 인구가 유발하는 교통 수요를 감당하기에는 역부족인 듯, 자동차가 도로를 꽉 메우고 있다. 중국 국가 발전 개혁 위원회(中國國家發展改革委員會)의 자료에 따르면 2019년 6월 현재 추가로 건설 중이거나 향후 계획된 노선이 2019~2024년 계획 기간 내에 모두 완성되면 서안은 총 16개의 전철 노선에 총연장 423km에 이

103 1979년 도입된 중국의 1자녀 제한정책은 공식적으로 2016년 1월 1일부로 폐지되었다. 그 이후 2자녀 정책이 도입되었고 2020년을 전후하여 이 2자녀 정책 또한 완화될 것이라고 예상한다(Westcott, 2018).

104 서안시에는 2018년 현재 1천200만 명을 조금 넘는 인구가 있고, 서안과 함양을 포함하는 서안광역시 인구는 거의 1천300만 명에 이른다.

르는 전철 시스템을 갖추게 된다.[105] 그 시점인 2024년에 서안은 인구 1천 500만 명 이상의 직할시로 승격될 될 수 있도록 노력 중이다.

오늘 탐사대의 탐방 일정 중 첫 번째 들를 곳은 고신 지구에 위치한 숙소에서 약 20분 정도의 거리에 있는 비림원 혹은 비림(碑林, Beilin)이라고 불리는 곳이다.

길가의 가로수들은 부슬부슬 내리고 있는 비와 함께 성하의 초록을 더해 가고 있다. 길거리 가로등 아래에 홍색 매듭 형태가 쌍으로 묶여 있거나 혹은 세 개의 홍등 아래에 매듭이 묶여 있는 형태의 가로등은 내리는 비에도 아랑곳하지 않고 그저 붉음을 뽐내고 있다. 중국에서는 홍색이 복, 재물, 융성을 바라는 의미가 담겨져 있을 뿐만 아니라 또한 열정도 의미한다고 하여 선호하는 색상이라고 한다. 그래서 이 홍색 가로등 장식품은 비단 서안뿐만이 아니라 지금까지 우리가 거쳐 왔던 중국의 거의 모든 도시가 사용하고 있다.

비림, 왜 비석의 숲이라는 비림이라는 명칭을 쓸까 궁금해하며 비가 내리고 있는 가운데 이동하였다. 숙소를 벗어난 지 약 20여 분이 지난 8시 40분경에 문창문이라고 새겨진 팻말이 있는 비림원에 도착하였다.

서안 비림 박물관(西安碑林博物館)이라고 팻말이 새겨진 출입구의 문을 지나니 좌우에 다소 낮은 지붕과 중앙에 약 10여m쯤 될 성싶은 높이 솟은 지붕을 가진 일주문 비슷한 특이한 건축물이 눈을 끈다. 이 건축물이 태화원기방(太和元氣坊)이라고 알려진 목패방(木牌坊), 즉 비림원의 대문에 해당하는 건축물이다.

비림에는 중국어, 영어 및 한국어로 안내 표지판이 마련되어 있다. 한

---

105 지난 3천여 년에 걸쳐 13개 왕조의 수도 역할을 하였던 서안에 전철을 건설하는 것은 지하에 매장되어 있는 수많은 문화유적 등을 고려할 때 결코 녹록한 프로젝트는 아니다(Huang, K. April 2019).

비림원 문묘

비림 태화원기방

국어로 안내 표지판이 마련되어 있다는 것은 한국에서 온 방문객이 그만큼 많다는 의미로 해석할 수 있다. 우리 탐사대도 그중의 한 무리일 것이다. 이 안내판에 따르면 비림원은 북송 원우 2년인 1087년에 만들어진 서안 비림(西安碑林)을 기초로 하여 1944년 조성된 박물관이다. 이곳 비림원에는 한나라 시대 때부터 최근까지 4천여 점의 비석, 묘지명을 비롯한 석각작품이 소장되어 있다.

원래 이곳이 공자 사당인 문묘가 있었던 곳이고, 당나라 말기 천우원년(天祐元年)인 904년부터 중국의 중요한 비석을 보호하기 위해 이들을 문묘(文廟) 내에 집중시키면서 비림으로 형성하기 시작하였다. 문묘라고 새겨진 문이 중앙에 위치하고 좌우에 문이 각각 하나씩 있는 흔적이 비가 내리는 한여름의 날씨에도 고즈넉이 서 있어 과거의 역사를 조용히 들려주는 듯하다.

입장권을 내고 들어가는 중문에 있는 출입구를 통과하니 바로 고대 중국의 전형적인 건물과 지붕 형태라고 할 수 있는 붉은 황토색의 지붕을 한 건물과 비각이 눈에 들어온다. 이 출입구 건축물도 죽죽 내리고 있는 여름비 속에서도 지붕 꼭대기에 자리 잡은 조각품, 기와에 새겨진 문양과

비림원 입장권 수령 출입구

비림 정원의 붉은 색 건물

경운종각 지붕

경운종 안내판

흔히 우리네 한옥에서 내림 마루라고 하는 곳과 비슷한 끝자락에 자리 잡고 있는 조각의 형태 등으로 눈길을 끌리게 충분하다.

입구에서 조금 더 걸어 들어가니 오른쪽에 있는 작은 종각이 눈에 들어온다. 당나라 황제인 예종(睿宗)[106], 즉 경운(景云 Jingyun, 景雲) 2년인 711년에 주조된 중국에서 '천하제일 종'이라고 불리던 경운종(景云钟, Jingyun Copper Bell, 景雲鐘)이 자리 잡고 있다. 경운종 몸체에는 황제인 예종이 친필로 작성했다고 하는 293자의 명문이 새겨져 있고 비천, 봉황, 학, 사자, 표범, 소와 같은 다양한 조각이 새겨져 있다.

경운종 종각과 비에 젖어 빨간 장미가 더 빨갛게 피어 보이는 정원을 지나 비림의 중앙로라 할 수 있는 곳을 따라가니 앞쪽에 비림이라는 팻말이 붙은 비각, 즉 효경정(孝經亭)이 나타난다. 그런데 현판에 새겨진 비림

---

106 당 예종(睿宗, Ruizong)의 본명은 이단(李旦)으로 당나라의 5대 황제로 당 고종인 이치(李治)가 아버지이며 어머니는 측천무후(則天武后)이다. 당 예종은 신라와 더불어 고구려와 백제를 멸망시킨 인물이다.

의 한자 비자에 삐침이 빠져 있는 것이 특이하다. 왜 그런지에 대해서는 연유를 알지 못한다.

경운종

효경정 비각은 좌우로 은행나무 측백나무 등 다양한 수종으로 둘러싸여 있는데 서안의 월요일 아침에, 마침 내리는 비로부터 우리를 보호해주고 있는 어머니의 품과 같은 아늑함을 전해주고 있다. 이 비각 아래에는 당 천보(天寶, Tianbo) 4년인 745년에 당 현종이 직접 서문과 주석을 달아 두 종류의 효경에 대한 논쟁을 정리하여 돌에 새겼다고 하는 비림의 대표적인 유물인 석대효경(石台孝經)이 자리 잡고 있다. 석대효경 탑의 머리 위, 즉 이수에는 석대효경 전액에 해당하는 글이 새겨져 있다고 하는데 다른 쪽의 면은 날씨 탓인지

서안 비림원 효경정

비림원 석대효경 비신

비림원 석대효경 이수와 전액

흐릿하게 마치 지워져 있는 것처럼 보인다. 그러나 그 전액 좌·우측에 각각 자리하고 있는 비사와 용의 문양은 매우 활기차 마치 살아 있는 듯한 느낌을 주기에 충분하다.

효경정을 지나 제1전시실에 발을 내딛는 순간 왜 이곳이 비림원이라고 불리는지 이해할 수 있게 되었다. 앞서 말한 비림원 안내표지판에 4천여 개의 비석과 명문 및 석조품이 있다고 언급되어 있었지만, 그 수치가 의미하는 바를 충분히 이해하지는 못하였다. 수백 개 이상의 글이 화려한 글자체로 때로는 무뎌 보이는 글자체로 새겨진 비석들과 이를 보기 위해 궂은 날씨에도 이곳을 찾은 방문객들로 제1전시실을 꽉 메우고 있다. 이와 같은 현상은 제2전시실 및 제3전시실에서도 마찬가지다. 이 수많은 비석과 명문을 제대로 보고 이해하려면 무수히 많은 시간이 필요할 것이다. 우리에게 주어진 시간은 너무나 한정되어 있어 불가피하게 이 많은 한자를 제대로 읽을 수 없고 이해할 수 없다는 핑계로 서둘러 발걸음을 옮겼다. 그러나 이와 같은 비문들의 내용을 읽고 이해할 수 있다면 당시의 상황과 정서에 대해 깊은 이해가 가능할 것이며 나아가 시대별로 변천된 글씨체를 보면서 한자 글자체의 변천을 연구하는데도 귀중한 자료가 될 것은 틀림없을 것이다.

수나라 궁중여성 묘지명

당나라 궁중여성 묘지명

각 전시실을 이어주는 중간 통로의 좌우 벽면으로도 소위 무덤 머릿돌에 새겨진 비문들이 자리를 잡고 있다. 이들 중에서 매우 특이하게 눈길을 사로잡은 것은 과거 중국의 왕조 혹은 궁궐에서 높은 자리를 차지하고 있던 여성들과 관련된 비문이다. 여성들이 이 당시에 궁중에서 높은 지위 혹은 중요한 관리 지위를 차지할 수 있다는 사실도 놀라운 일이지만 사후에 이들의 업적과 관련된 내용을 간단하게나마 명문으로 적어 기록하고 있다는 사실이 더욱더 놀랍다.

짧은 시간이나마 많은 깨달음을 얻을 수 있는 비림이었다. 정말 시간이 충분하다면 이 많은 비석에 새겨진 글을 하나하나씩 둘러보고 싶은 마음이 깊게 남아 있다. 이 분야에서 깊은 조예를 가진 전문가가 가지는 마음을 조금이나마 이해할 수 있을 것 같다. 깨달은 것보다 더 많은 아쉬움이 마음속에 남아 있어 비림원 기념품 가게에서 깨달을 오(悟)자가 새겨진 천 가방 하나를 산 후 여전히 많은 탐방객으로 붐비는 비림원을 떠났다.

서안의 장안성루(長安城樓)

장한성 장악각 고루

월요일인 오늘 방문이 불가한 서안 박물관 대신에 정한 것이 장안 성벽 탐방이었다. 비림원에서 멀지 않은 곳에 장안 성벽이 있다고 해서 장안 성벽을 둘러보기로 하고 장안성 입구에 도착하니 시계는 9시 30분을 가리키고 있다. 성루 입구 관광버스 주차장에서 바라보는 성벽과 그 뒤편에 욱일동승(旭日東升)이라는 현판과 장악각(長樂閣)이라는 현판이 걸린 3층 건물의 장안성 고루를 보니 과히 그 규모가 압도적이다. 비는 조금씩 내리는 부슬비로 변해 있고 주차장에 세워둔 관광버스의 연두색이 뚜렷하게 보이는 가운데 뒤편에 서 있는 장안성 고루의 웅장함이 더욱더 돋보이는 듯하다. 어찌 보면 절묘한 옛날과 현대의 조화라고 할 수 있겠다. 장안성 고루의 지붕의 일곱 동물 조각들과 더불어 지붕 처마 아래 화려한 단청이 눈길을 끌 만하다.

서안시 담(Xian City Wall)이라고도 불리는 장안성(長安城) 담, 즉 성벽은 명나라의 황제 주원장(Zhu Yuanzhang, 朱元璋)[107]이 1370년에 군

107 주원장은 1368년 명나라를 세운 태조인 홍무제(Hongwu Emperor)의 이름이다.

장안성 고루 3층각

장안성 장악각 고루 망새

장안성 고루 단청

장안성 고루 지붕 조각상

장안성 성벽과 해자

사 방어목적으로 당나라 시대의 성벽 토대 위에 지은 것이다. 동문, 서문, 남문과 북문 등 4개의 대문을 가진 이 성벽은 8년의 공사 기간 끝에 완성되었으며 직사각형 모양의 성담 총길이는 13.7km에 달한다. 성담 윗벽의 폭은 12~14m에 달하고 아래쪽은 15~18m에 달하는데 성벽 높이는 12m라고 한다.

성벽에 올라서 보니 멀리 보이는 고층 건물과 더불어 지금은 차들이 쌩쌩 달리고 있는 도로변을 바라보니 성벽과 도로 사이에는 작은 개천과 같은 물이 흐르고 있다. 이 물길은 장안 성 주위를 둘러싸고 판 인공 못인

해자(垓子)인데 폭이 18m에 깊이는 6m에 달한다고 한다.[108] 이 해자가 있으니 당연히 성문에 도개교(跳開橋)가 설치되어 있어야 성 안팎으로 출입이 가능하였을 것이다.

비 내리는 화청궁

장안성 담 탐방을 서둘러 마치고, 양귀비의 목욕탕이 있다고 알려진 화청지(华清池, Hua Qing Chi, 華清池)로 향하였다. 서안 성담에서 동쪽으로 이동하여 약 1시간 정도 걸려서 해발고도 417m에 위치한 화청지에 도착한 시간은 10시 40분이다.

온천수가 나오는 장소인 화청지는 3천 년의 역사를 지닌 곳으로 주나라, 진나라, 한나라, 수나라 및 당나라의 황제들이 별궁을 지어 온천을 즐긴 곳이기도 하다. 그러나 현재의 화청지는 1959년 약 30% 정도만 복원된 것이라고 하는데 양귀비와 사랑을 품었던 당 현종은 이곳을 화청궁(华清宫, Huaqing Palace, 華清宮)이라고 불렀다.

화청궁라고 쓰인 팻말이 현판으로 있는 문 앞에 두 마리의 해태상이 좌우로 배치되어 있다. 보통의 경우 해태상 혹은 사자상은 각각의 바깥쪽 발에 무엇인가를 밟고 있는데 여기에 있는 해태상은 그런 것이 없다. 또 다른 것은 보통 해태상의 경우에는 송곳니를 비롯한 날카로운 크고 작은 이빨들이 있는데 여기 해태상은 이빨은 없고 잇몸만 보여 현대에 만들어진 조각품들이 아닐까 생각해 본다. 중국에서뿐만 아니라 우리나라 고적

---

108 장안 성벽은 세 차례에 걸쳐 보수되었는데 1568년 장지(Zhang Zhi)가 벽돌로서 성벽을 재건하였고, 1781년에는 비원(Bi Yuan)이 성벽과 성문 탑을 수리하였으며 가장 최근인 1983년 섬서성 정부가 성벽을 보수하였다.

지와 궁궐 등에서도 흔히 접하게 되는 해태상은 너무나 흔히 보이기 때문에 커다란 관심을 얻지 못하고 있어 보인다. 그러나 언제 어떤 경로로 우리나라에 도입되었을지 궁금해지며 우리나라 해태상과 이곳 중국에서 발견되는 해태상의 차이는 무엇일까 생각해 보면서 역사적으로 문화교류의 과정이 반영되었을 것이라고 막연하게 생각해 본다.

화청지 입구 맞은편에 세워진 조각상이 있다. 날씬한 몸매를 자랑하는 여인의 조각상을 가운데 두고 앞쪽에서 보았을 때 당 현종에 해당하는 사람이 이 여인을 향해 반 무릎을 꿇은 자세로 손을 벌리고 있으며 오른쪽에는 비천과 비파들이 조각되어 있다. 날씬한 몸매를 자랑하는 여인이 양귀비[109]에 해당하는 인물일 텐데 너무나 현대적이라 무언가 이상하게 느껴진다.

화청지 용호경천

화청지 배감 접붙이 나무

양귀비의 모습에 대해 정확한 묘사는 찾기 어렵고 논란의 여지가 많으나 당나라 시대 때 미인의 기준은 둥근 얼굴에 앞이마가 길며, 붉은 입술에, 하얀 치아, 짙은 검은 머리, 작은 눈에 가느다란 눈썹을 가지고 있어야 하며 몸체는 풍만함(plumpness)이 있어야

109 고대 중국의 4대 미인 중 한 명인 양귀비(杨贵妃, Yang Guifei, 楊貴妃)의 본명은 양옥환(杨玉环, Yang Yuhuan, 楊玉環)으로 알려져 있으며 당 현종(Xuanzong)의 배우자로 안녹산의 난(the An Lushan Rebellion) 중에 당 현종이 장안에서 성도(Chengdu)로 도망치는 중에 당 현종의 명령에 의해 756년 죽임을 맞이하게 되었다.

하고 얼굴색과 피부색이 희고 고와야 한다는 것이다(van Berkel, 2017). 이곳 서안의 여행 가이드들이 흔히 전하는 말에 따르면 양귀비의 키는 약 158cm에 몸무게는 약 65kg 정도라고 하니 최소한 몸체의 크기 면에서는 위에 언급한 당나라 시대의 미의 기준에 부합하는 듯하다. 우리네들이 흔히 말하는 현대적인 의미에서의 미인 기준과는 아주 다르다. 그러한 이유로 앞서 언급한 화청궁 입구에 세워진 조각상은 그 당시의 미인 기준에 부합하기보다 현대적인 미의 기준에 더 부합하는 것이라고 하는 것이 옳겠다.

입장권을 내고 들어가니 중국 영화계의 거장이라고 알려진 장예모(张艺谋, Zhang Yimou, 張藝謀) 감독에 의한 야외 오페라 장한가(長恨歌)가 공연된다는 장소인 구룡호(九龍湖)가 장생전(長生殿)과 리산(骊山, Li Shan, 驪山)을 뒷산 배경으로 하여 멋지게 자리 잡고 있다. 짙은 녹색의 물 색깔과 뒤에 솟아오른 리산을 배경으로 한 무대에 어둠이 깔리고 밝은 조명이 비추어지면서 이곳 수상 무대에서 장한가 공연이 이루어진다고 생각하니 가히 장관일 것으로 추측해 본다. 시간의 촉박함에 시달리고 있는 탐사대는 야간에 이루어지는 대작 공연은 다음 기회에 보기로 하면서 아쉬움을 달래기로 하였다.

화청지 석류나무

화청지 어탕

구룡호를 왼쪽으로 돌아가니 용호경천(龍湖鏡天)이라고 새겨진 커다란 바위가 수양버들 나무 아래에 서 있다. 여기가 구룡호임을 알려 주는 듯하다. 구룡호 언저리를 따라 조금을 더 들어가니 대추나무와 감나무를 접붙이기 한 나무에 아기자기한 돌감 같은 열매가 많이 달려 있다. 또한, 여기서부터 멀지 않은 곳에 실크로드를 따라 이란에서 중국으로 유입되었다는 서안의 시화인 석류나무에 석류가 매달려 있다. 그 옆 구룡호 쪽에는 644~756년 황제의 온천유적지 어탕(御湯)이라고 적힌 바위 역시 휘영청 처진 수양버들 아래 서 있어 이곳이 고대 중국의 황제들이 목욕하던 곳임을 알리고 있다. 어탕(御湯)이라는 팻말이 야외에 있으니 탕의 수온이 상당히 높아야 할 것이다. 이곳 화청지에는 약 43도에 달하는 온천수가 솟아오른다고 한다. 특히 실내 온도가 높아 안으로 들어서면 마치 한증막에 들어 온 느낌이 들 정도로 후텁지근하다.

중국의 관광 시즌이 시작되었는지 여기저기 관광객을 인도하는 깃발이 보인다. 말 그대로 인산인해를 이룬다. 특이한 것은 방문객 중에 아이들이 상당히 많다는 것이다. 중국의 학교들이 방학을 시작한 탓인지 많은 수의 부모들이 자녀들과 함께 이곳 관광지를 찾은 모양이다.

화청지 양귀비상 앞 관광 인파

화청지 관광 인파

조금을 더 걸어 들어가니 방금 목욕을 마치고 나온듯한 풍만한 자태로 올림머리에 해당하는 머리 형태만 제외하면 서구인 같은, 현대적인 모습의 여인 조각상 앞에 수많은 인파가 몰려 있다. 양귀비 조각상이라 하는데 이 조각상 역시 앞서 언급한 당나라 시대 미인의 기준과는 많이 벗어

화청지 회화나무

화청지 양귀비상

난다는 것이 자명하다. 양귀비 상이 보이는 이곳에 큰 키를 가진 아름드리나무 한 그루 서 있다. 국괴(國槐, Sophora japonica)라고 적힌 팻말이 붙여져 있고 철제 펜스로 둘러싸여 있다. 수령은 알 수가 없으나 괴(槐)자가 회화나무라는 뜻이고 회화나무는 서안의 시목으로 지정되어 있다. 옛날 마을에 해당하는 이곳 화청지에서 서안 정부가 보호하는 3급 보호수이다.

실내에 있는 양귀비 목욕탕인 해당탕(海棠湯)은 물이 빠져 있는 상태인데 위에서 보면 마치 해당화 꽃잎을 펼쳐 놓은 듯, 아기자기한 원형으로 만들어져 있다. 해당탕의 정중앙에는 물이 나오는 구멍이 있으며 좌우에 탕으로 들어가고 나가는 계단이 마련되어 있다. 세 개의 계단을 내려가면 엉덩이를 걸칠 수 있게 되어 있고, 한 계단을 더 내려가 바닥에 앉으면 팔을 들어 걸칠 수 있는 모양으로 되어 있다.

화청지 양귀비 전용 해당탕

화청지 당현종 연화탕

해당탕을 빠져나오니 격자무늬의 천장 아래 기다란 타원형 형태로 지금 물이 채워져 있는 당 현종이 전용으로 목욕하던 연화탕(蓮花湯, Lotus Flower Pool)이 있다. 연화탕은 당 현종만을 위해 747년 만들어진 탕으로 황제의 구룡전(九龍殿, Imperial Nine-Dragon Palace)라고도 한다. 연화탕에 차인 물속에 천장의 격자무늬가 조명과 더불어 비치니 약간의 신비감마저 든다.

이곳 화청지에서 뒤편 리산에 건설된 케이블카와 몰려든 무수한 관광객을 보면서 감숙성, 신강위구르 지역의 관광자원과 연계하여 생각해 보았다. 신강위구르 지역의 개발이 더욱더 그리고 신속히 진척된다면 무수한 관광객이 모여들기 시작할 것이고 그것을 통해 그쪽 지역의 개발을 촉진하게 될 것은 자명하다고 생각하였다. 물론, 그때 중국 정부는 단순히 관광목적으로만 유적지를 졸속 개발할 것이 아니라 각 유적지가 가지는 역사성을 충분히 고려하여 살리고 인류의 문화유산이라는 관점에서 신중하게 개발하는 것이 필요하리라 생각한다.

화청지를 벗어나 진시황의 병마용(兵馬俑)이 있는 곳으로 향했다. 화청지를 벗어난 지 10여 분쯤 지난 거리에 식당 이름이 한참 낯익은 한국식

화청지 리산과 케이블카

당이 있어 이곳에서 점심을 먹기로 하였다. 이 한국식당 옆에는 석류꽃이 잔뜩 피어 있고 석류 열매가 주렁주렁 달린 석류농장이 자리 잡고 있다. 한가운데 노란색 꽃술을 가진 붉은 주황색의 석류꽃이 비를 맞아 참으로 신선하고도 예쁘게 보인다. 어느덧 식탁 위에는 마련된 식사가 우리를 반기고 있다. 집 떠난 뒤 간만에 먹어 보는 한식에 평소보다 많은 양의 식사를 하게 되는 것은 이상인 일이 아니었다.

세계 8대 불가사의 진시황 병마용

평소와 달리 푸짐하고 넉넉하게 식사를 마친 탐사대는 다시 버스를 타고 이동하여 오후 2시 진시황 병마용에 도착하였다. 병마용의 정식명칭은 진시황 병마용 박물관이다. 식사 장소에서 일행 중 일부는 이곳 서안에서 연구 관련 자료를 찾고 또 다른 곳을 방문할 이유가 있어 나머지 단원들과 헤어졌다.

기원전 221년 중국을 최초로 통일한 진시황(Qin Shihuang)이 불로장생의 사후세계를 위해 건설한 병마용은 2천여 년이 지난 1974년이 되어서야 우물을 파던 한 시골농부에 의해 우연히 발견되었다.[110] 그 이후 조심스럽게 발굴이 진행되었고 제1전시실인 제1구덩이(Pit 1) 병마용은 1979년 10월 1일 일반인에게 공개되어 연간 200만 명 이상의 관광객이 방문하고 있다. 2천 년에 가까운 시간을 신비 속에 묻혀 있던 병마용은 지금은 너무나 많이 알려져 더 이상의 자세한 설명을 요구하지 않는다. 물

---

110 한나라의 사마천(Sima Qian, 145-90 BCE)에 따르면 '황제의 무덤을 건설하던 장인들이 무덤과 함께 묻힌 보물을 발설할 것을 두려워하여 매장 후 보물을 묻은 다음 중간 문을 차단하고 외부 문을 닫아 버림으로써 모든 장인과 노역자가 밖으로 나갈 수 없도록 하였다'라고 기록하고 있다.

진시황 병마용 박물관 앞 탐사대

병마용 제1전시실 입구

론, 아직도 진시황의 무덤은 발굴이 이루어지지 않았다.

우리는 세 개의 구덩이(Pit 1, Pit 2 & Pit 3)[111]라고 불리는 세 개의 전시실로 이루어진 병마용 갱(兵馬俑坑)을 들어가기 전 행동과 주의사항을 청취하였다. 너무나 많은 관람객이 있기 때문에 그 주의사항을 염두에 두고 행동하도록 나름 철저한 교육을 받았다.

외부에서 보는 병마용 제1전시실은 낮은 지붕에 그 규모가 커 보이지 않는다. 그러나 병마용이 발굴된 위치를 알려주도록 안내를 하는 입구에 설치된 모니터를 지나 제1전시실로 들어가는 순간 눈 앞에 펼쳐지는 어마어마한 그 규모에 입이 딱 벌어졌다.

책을 통해서 사진으로 여러 번 병마용 내부를 보기는 하였지만, 실물로 보니 그 장대한 규모에 놀라지 않을 수 없다. 발 디딜 틈 없을 정도로 꽉 찬 관람객을 비집고 들어가 그 모습을 카메라에 담지 않는다면 후회할 듯했다.

제1전시실에 설치된 안내문에 따르면 제1전시실은 동서로 길이가 230m, 남북으로 너비가 62m에 달하며 6천 두 이상의 테라코타 전사와 35기의 전차가 매장된 것으로 추정하고 있다. 전망대보다 낮은 곳에 있는 12

111 제1 굴(Pit 1)은 1974년 3월에 발견되어 1979년 10월에 일반에 공개되었고, 1976년 4월에 발견된 제2 굴(Pit 2)에는 약 1,300두의 테라코타 전사와 말들이 있으며 여전히 발굴이 진행 중인 상태로 일부만 전시 중인 상태이다. 1976년 6월에 발견된 제3 굴(Pit 3)은 많이 훼손된 상태로 72두의 테라코타 전사와 말들이 있으며 고위급 관리들이 발굴된 점을 고려하여 제1 굴과 제2 굴의 본부에 해당하리라 추정하고 있다.

서안 병마용 제1전시실

개의 통로에 다양한 형태들과 크기의 병사와 말이 대오를 이루고 있어 이곳을 처음 보는 이에게는 이 자체만으로도 가히 장관이라고 할 수 있다.

제1전시실을 둘러보고 난 후 제2전시실(Pit 2)로 들어가지 전에 잠시 기념품 상점에 해당하는 곳을 들렀다. 무수히 많은 실물 크기의 테라코타 전사들을 축소하여 전시 판매하고 있는 곳이다. 이곳 진시황 병마용 박물관 현장에서 축소된 테라코타 전사와 말들을 직접 구워 판매하고 있다고

병마용 기념품 숍의 테라코타

병마용 제작과정

하는 데 작은 크기이지만 각 병사, 장교와 관리의 섬세함과 정교함을 눈으로 쉽게 관찰할 수 있다.

이곳 기념품 가게에서는 테라코타 전사를 판매하고 있을 뿐만 아니라 테라코타 전사가 만들어지는 과정 또한 축소하여 전시하고 있는데 테라코타 전사의 몸통, 팔, 머리를 별도로 만들어 장인과 노역자가 붙이고 있는 모습을 나름 상세하게 보여주고 있다.

이 기념품 상점의 한쪽 벽에는 청동으로 만든 사자, 코뿔소, 말을 축소 제작하여 판매하고 있는데 가격이 상당히 높다. 이들 청동 조각품들 옆에 비둘기와 같은 새가 왼쪽 손에 앉아 있는 다소 통통해 보이는 혹은 비만에 가까운 둥근 얼굴과 백옥 같은 피부를 가진 여인상이 판매되고 있다. 아마 이 작은 여인상이 양귀비를 제대로 표현하고 있으리라 생각하며 아직 발굴이 진행되고 있는 제2전시실로 이동하였다.

제3전시실 역시 아직 발굴이 진행 중인데 제3전시실을 벗어나기 전에 특별 전시실이 마련되어 있다. 이곳에는 일반인보다 살짝 커 보이는 실물 크기의 테라코타 전사들과 말이 유리관 안에 전시되어 있고 수많은 사람으로 붐비고 있다. 이 실물 테라코타 병사, 궁수, 장군과 장교를 보면서 몇

병마용 출토 청동 동물상들

병마용 제2전시실

병마용 제3전시실

가지 놀라운 점을 발견하였다.

먼저, 한쪽 무릎을 꿇고 있는 병사의 갑옷 뒤편에 칠해진 붉은 색깔이 아직 선명하게 남아 있는 것을 관찰할 수 있다. 2천 년이 넘는 시간에도 이 붉은 색깔이 아직도 남아 있다는 것 자체가 신비스럽다.

둘째, 이 전사뿐만 아니라 중급 혹은 고급 관리라고 작은 팻말이 붙은 테라코타의 섬세한 얼굴과 표정이다. 테라코타의 머리 모양, 눈 모양, 눈썹 모양, 아래위 수염 모양 등이 매우 섬세하게 표현되어 있고 이들의 신분과 계급에 따라서 각각 다른 길이와 모양 등을 하고 있다는 것을 파악할 수 있다. 특히, 신분이 낮은 궁수와 병사의 경우에는 얼굴에 비장함이 서려 있고, 중급 관리는 자애한 얼굴로 웃는 상이다. 반면, 장군 테라코타의 경우에는 근엄함과 무게감이 서려 있어 얼굴과 표정만 보더라도 높은 신분임을 깨달을 수 있게 한다.

셋째, 테라코타 전사들이 입고 있는 갑옷과 그 갑옷 깃 자락 및 목에 두르고 있는 스카프의 방향과 길이 등에서 차이가 확연하게 나타나고 있다.

병마용 전시실 앞 뽕나무

테라코타 병사와 갑옷 색

병마용 테라코타 장교

병마용 서있는 궁수

갑옷과 그 갑옷 위에 만들어진 장식과 매듭의 모양 등은 진나라 당시의 의복을 상당히 반영하고 있다고 생각해 본다면 복식사 연구에서도 중요한 사료를 제공하게 될 것은 분명하다.

넷째, 오른쪽 무릎을 바닥에 대고 왼쪽은 반 무릎 자세를 취한 병사의 손에서 관찰되는 섬세함이다. 아마 창을 쥐고 있는 자세를 취하고 있는 병사라고 추측해 볼 수 있는데 이 병사의 왼손 손톱을 자세히 보게 되면 손톱에 새겨진 미세한 물결까지 표현되어 있음에 놀라지 않을 수 없다. 물론, 장군용에서도 이 부분은 조금만 눈여겨보면 쉽게 관찰할 수 있다. 손가락 마디마디, 손톱 등 작은 부분까지 너무나 섬세하다. 조금 전 기념품 가게에서 병마용이 만들어지는 축소된 과정을 보기는 하였지만, 과연 이것이 진흙을 사용하여 만들었다고 말하기에는 너무나 실물에 가깝다고 하지 않을 수 없다.

약속한 장소에서 중간에 흩어져 뒤로 처진 다른 일행들이 오기를 기다리며 이곳 병마용 전시장 주변을 둘러보니 제1전시실 옆에 병마용을 방문

병마용 병사와 말

병마용 방문 유명인사 팻말

한 외국의 유명 인사들의 사진과 방문 일자가 적혀 있는 표시판이 보였다. 이들 유명 인사 중에는 반기문 유엔총장(2009년 7월 25일), 양건 감사원장(2012년 6월 2일)과 박근혜 대통령(2013년 6월 30일)도 포함되어 있다.

이곳 병마용을 조금 더 많은 시간을 가지고 차근차근 더욱더 자세하게 둘러볼 수 있고 아직은 일반인에게 개방되지 않은 이곳에서 멀지 않은 곳에 자리 잡고 있는 진시황의 무덤 등을 탐사할 수 있게 되기를 바라며 서안으로 들어가는 버스에 몸을 실으니 벌써 오후 5시가 다 되었다.

서안의 회족거리

퇴근 시간과 맞물려 지체와 정체를 반복하는 서안의 교통체증을 겪으면서 버스는 6시가 다 되어서야 서안의 장안성 서문을 통과하였고, 다시 지체와 정체를 반복한 버스는 회족거리라고 알려진 곳에 저녁 7시가 되어서야 마침내 정차하였다. 버스가 정차한 곳은 중국 공산당 서안시 연호구 위원회 건물 앞이라 다소 어색한 느낌이 드는 것도 사실이다. 동서로 뻗어 있는 서화문대가(西華門大街, Xihuamen Dajie)를 사이에 두고 공산당 위원회 건물 맞은편에 이슬람교도들이 음식점과 스낵가게를 운영하고 있다는 소

서안 서화문가 회족거리

서안 회족거리

위 먹자골목으로 유명한 회족거리(回民街, Huimin Jie)[112]가 형성되어 있다.

회족거리에 들어서니 수많은 인파가 거리를 메우고 있으며 무수한 상점이 만들어 내는 요리 냄새가 이곳 회족거리의 풍기를 향기롭게 만들고 있다. 한쪽 가게에는 많은 손님이 긴 줄을 만들어서 차례를 기다리고 있는 중국의 샌드위치 같은 가게가 보인다. 면을 팔고 있는 한 가게의 이름이 눈에 확 들어온다. 가게 이름 간판에 𰻞𰻞면(BiangBiangmian, 𰻞𰻞麵) 이라고 쓰여 있다. 면을 파는 곳이니 국수를 파는 곳이겠지만 섬서성 8대 기괴한 것 중 하나라는 뱡뱡면 국수 자체보다도 이 간판에 사용된 뱡𰻞이라는 글자가 눈길을 끄는데 이 글자의 획수가 무려 57획이나 된다.

112 회족거리는 골동품 거리(Antique Street)라고도 불리는데 북광제가(北广济街, North Guangji Street, 北廣濟街), 북원문(北院门, Beiyuan Gate, 北院門), 서양시(西羊市), 대피원(大皮院, Dapiyuan), 화각항(化觉巷, 化覺巷) 및 쇄금교(洒金桥, 灑金橋)를 통틀어 칭하는 말이다. 남북으로 약 500m에 걸쳐 형성되어 있는 회족거리의 건물은 명나라와 청나라 시대의 건물 양식으로 만들어져 있고 식당과 가게의 주인이 무슬림이기 때문에 돼지고기와 술을 팔지 않는 곳으로도 알려져 있다. 회족거리에는 약 6만 명의 무슬림이 살고 있으며 중국에서 가장 큰 이슬람 사원이라고 하는 서안 대청진사(大清真寺, The Great Mosque of Xian, 大清真寺)를 비롯한 10개의 무슬림 사원이 있다고 알려져 있다. 서안에 언제 정확하게 이슬람이 전파되었는지에 대한 의견은 다양하여 정확하게 파악할 수는 없으나 7세기 초인 611~612년에 전파되었다는 주장과 당 고종집권 2년째인 650년 아랍 사절단에 의해 소개되었으며 651년 지금의 서안인 장안에 아랍대사관이 건축됨으로써 알려지게 되었다는 주장이 일반적으로 받아드려지고 있다. 대청진사는 당나라 시대인 742년 최초로 건축이 시작되었으며 명나라 홍무제 때 현재의 이름을 가지게 되었다(Hagras, 2019).

회족거리 맛집

회족거리 거리 뱡뱡면 가게

서안에서 가장 유명한 만둣가게 중의 하나인 덕발장(德发长, DeFazhang, 德發長)[113]에서 저녁을 해결하기로 하였다. 서안의 만두는 매우 유명한데 이곳 서안에 와서 진시황의 병마용을 보지 않고 만두를 먹지 않았다면 서안에 와 본 것이 아니라고 할 정도로 유명한 것이 만두이다. 서안 종루 근처에 있는 덕발장 만둣집 간판을 따라 들어가서 2층에 마련된 식탁에 탐사 단원들은 2개의 테이블에 나누어 앉았다.

만두 뷔페라고 하는데 원탁에 올라오는 만두의 종류와 모양이 정말 다양하고 예쁜 색깔을 가지고 있고 각각의 만두는 모양뿐만 아니라 맛도 달라 눈과 입이 무척이나 즐겁다. 일인당 하나씩을 먹는 만두이고 상대적으로 만두 크기가 작아 쉽게 먹을 수 있으리라 생각했는데 맨 마지막으로 나오는 물만두를 빼고는 무려 12가지의 만두가 탁상에 올라오니 배가 부르다 못해 터질 지경이다. 덕발장의 만두는 최고의 품질과 친절한 서비스 및 가정과 같은 분위기를 사업이념으로 추구하는 서안의 유명한 먹거리로서 서안 문화의 한 줄거리를 형성하고 있음이 틀림없다.

덕발장의 만두가 형형색색으로 눈길을 끌고 있지만, 만두소 자체는 한국에서 먹는 것이 더 맛있다는 생각이다. 특히 대구·경북 지역에도 만두

113 덕발장 만두집은 1939년 개점하였다고 하는데 중국에서 최고의 만둣집이라고 알려져 있다(Real Food Traveler).

회족거리 외곽 서안 종루

서안 덕발장 만둣가게

관련 맛집들이 상당수 있다. 대구와 경북에도 내국인들뿐만 아니라 외국에서도 찾아올 수 있는 이곳 서안 회족거리에서와 같이 자부심과 긍지를 바탕으로 한 먹거리 문화가 형성되기를 기대해 본다.

식사를 마치고 시내를 돌아 숙소로 들어오니 거의 밤 9시가 다 되었다. 내일 아침 이곳 서안을 떠나 한국으로 들어가야 하니 서둘러 짐을 싸야겠다.

서안에서의 마지막 날 밤이 아쉬운 지 짐 싸는 일은 뒤로 미루고 오늘 저녁 다 같이 한자리에 모여 지난 2주간에 걸친 탐사 일정에 대해 마지막 회고의 시간을 가지기로 하였다. 마땅한 공간이 없어 단원 한 사람의 방에 꽉 모여 앉았다. 비좁아 불편하기는 하였지만, 각자가 돌아가면서 이번 탐사 경험을 통해 배운 새로운 지식과 새로이 형성된 시각, 그리고 향후 연구 주제에 대해 간단히 회상해 보고 좋았던 점과 아쉬운 점을 토로하였다.

탐사 단원 모두가 공통으로 의견을 같이 한 부분은 무엇보다도 기존의 실크로드 탐사를 한 팀들이 가지 못했거나 혹은 소외한 신강위구르 지역까지 탐사의 범위를 넓힐 수 있었다는 것이다. 서안과 란주, 돈황과 투르판까지는 일반 여행사를 통해 어느 정도 쉽게 갈 수 있겠지만 우루무치, 카스, 쿠차 등은 함부로 접근하기가 절대 용이한 곳은 아니었다고 일성하였다.

아쉬운 점은 서안에서의 일정이 너무 짧았다는 것과 도시마다 우리 대학교와 자매 관계를 형성하고 있는 대학과 기관을 더욱더 적극적으로 활용하여 현지 전문가의 설명을 들을 기회를 확보하는 것이 필요하다는 것이다.

이번 탐사에 참여한 모든 대원의 의견과 시각이 다양하게 제시되고 이를 향후 실크로드와 관련된 연구에 어떤 방향으로 반영하여 진행할지에 대해서 나누다 보니 시곗바늘은 어느덧 자정을 지나고 있었다. 다시 서안을 방문해 보아야 하겠다는 속 다짐을 하는 사이 서안의 밤은 더욱더 깊어가고 있었다.

15

서안에서 한국의 품으로

발 아래 보이는 서안

7월 9일 월요일, 새벽에 창밖으로 내리던 서안의 비가 출발 시각이 가까워지자 서서히 그치기 시작한다. 새벽에 종종걸음으로 혹은 우산을 쓰고 걸음을 재촉하든 사람들의 발걸음도 느려지고 있다. 귀국하는 발걸음이라 그런지 탐사대원들 모두 얼굴에 웃음꽃이 가득하다. 귀국하는 날까지 탐사대원들 모두 큰 탈 없이 귀국 길에 오르게 된 것이 무엇보다도 고마운 일이다.

여느 날과 마찬가지로 아침 식사를 마치고 여장을 모두 챙긴 뒤 9시 45분 숙소를 떠났다. 긴 여정에 대구에서 출발할 때 바리바리 싸 왔던 짐들을 정리하고 나면 여행 가방이 가벼워지리라 생각했는데 오히려 그 반대이다. 항상 여행의 끝자락에서 느끼는 바이지만 왜 출발할 때 보다 여행 가방이 무거워지는 것일까? 아마 이번 탐사를 통해 많은 것을 눈과 귀, 머리 그리고 가슴에 담아 가지만 이런저런 자료들을 챙기다 보니 가방이 무거워진 듯하다. 그리고 이번 탐사 후 완성해야 하는 연구 결과물들에 대한 무언의 압박이 탐사단원들의 여행 가방에 전해지고 있는 것은 아닐까?

숙소에서부터 함양에 있는 서안함양국제공항(西安咸阳国际机场, Xian Xianyang Guoji Jichang)[114]까지는 약 한 시간 정도 소요된다. 서안서요금소를 빠져나와 공항에 도착하니 시계는 10시 40분을 가리키고 있었다.

국제선과 국내선을 모두 가지고 있는 해발고도 460m에 위치한 서안 국제공항은 세 개의 터미널(T1-T3)이 있다. 공항에 들어서면서 일반적으로 공항에서 진행하는 거의 형식적인 수화물 검사를 거치고 난 후 각자 체크인을 위해 항공사 카운터로 향하였다. 짐을 부치고 탑승권을 받으니 더디어 한국으로 돌아간다는 실감이 난다.

짧은 기간이었지만 탐사 단원들의 안내를 맡아 준 가이드에게 감사의 표시와 작별 인사를 하고 출국 수속을 시작하였다. 중국에 입국하는 날 우루무치 공항에서 겪었던 것과 달리 서안 공항의 출국 절차는 크게 복잡하진 않다. 외국 여행 시에 여느 나라 공항에서 진행하는 검사 절차와 별다를 바가 없다. 출국장으로 향하는 우리들은 이민국을 통과하기 직전에 다시 한번 랩톱컴퓨터 등을 비롯한 기내용 개인 짐에 대한 엑스레이 검사를 마치고 이민국 통과 수속을 진행하였다. 이 검사 과정에서 느끼는 특이한 점은 이민국을 통과한 후 한번 더 화상스캔을 통한 검사대를 통과하여야 한다는 것이다. 이런 검사를 두 번에 걸쳐 진행한다는 것을 다소 의

114 서안함양국제공항은 중국 서북 지방에서 가장 큰 공항으로 국내선과 국제선을 포함하여 총 79개 노선에 취항 중이며, 2015년 약 3천7백만 명의 여객을 처리하였고 2018년에는 약 4천5백만 명의 여객을 처리하였다. 서안함양공항은 총 3개의 터미널을 가지고 있다. 제1터미널은 계절에 따라 운항하는 부정기 노선(charter flights)과 중국 국내용으로 사용하고 있으며, 제2터미널은 국내선 그리고 제3터미널은 일부 국내 노선을 띄우기도 하지만 주로 국제선으로 사용되고 있다. 우리나라 항공사로는 대한항공, 아시아나항공, 에어부산과 진에어가 취항 중이다.

아해하면서 모든 출국 수속을 마치고 탑승구로 향하였다. 지난번 입국 시에 일행 중 한 분이 수화물로 가방에 넣어 가지고 왔던 핫팩으로 인해 입국 수속이 지연되었던 것과 달리 별 하자 없이 출국 수속을 마칠 수 있었던 것에 그저 감사할 뿐이다.

이민국을 빠져나오자마자 면세점이 자리 잡고 있다. 우리나라 인천공항에서 보는 것과는 규모 면이나 판매용 품목에 있어서 비교되지 않을 정도로 초라한 수준이다. 이곳 면세점에서는 2015년 중국 10대 명품 백주 중 하나로 선정된 서봉주(西凤酒, Xifeng jiu, 西鳳酒)[115]를 비롯한 중국의 각종 술과 담배들을 판매하고 있으나, 팔고 있는 술과 담배의 종류가 그렇게 다양해 보이지 않는다. 이 면세점에서 팔고 있는 주류 중 특이한 것은 코냑과 같은 술과 더불어 호주의 포도주를 판매하고 있다.

이번 탐사 기간에 투르판 지역에서 생산되는 포도의 당도가 높아 와인을 생산하고 있다고 들었는데 아직 중국 자체에서 생산된 포도주를 면세점에서 판매하기에는 한계가 있는 모양이다. 서봉주를 비롯한 중국의 다양한 전통주와 호주 와인이 중국 면세점에서 팔리고 있는 것을 보면서 우리도 중국의 면세점에서와같이 우리의 토속적인 주류를 발견하고 품질 향상을 통해 주류의 질을 관리할 필요가 있으며, 이 주류들과 관련된 소위 스토리를 만들어 홍보하면서 면세점을 통해 한국을 방문하는 외국인들에게 판매할 수 있도록 정부와 지방자치단체의 노력이 필요하다고 생각해 본다. 최근 세계적으로 인기를 끌고 있는 K-Pop, K-Drama 등과 더불어 한국의 식품과 주류에 대한 외국인의 관심이 높아지고 있다는 점을

115 서봉주는 3천 년 전인 중국 상(Shang)나라 때 처음 주조되었다고 하는데 섬서성 봉상현(凤翔县, Fengxian Xian, 鳳翔縣)에서 생산되는 술이다. 최소 3년을 숙성한다는 서봉주 술의 도수는 33도에서 65도까지이다. 중국 민속에 따를 때 이곳 봉상현이 봉황이 살던 곳이며 서봉주라고 하는 명칭은 봉황의 고향인 서쪽에서 생산된 백주라는 의미를 가진다고 한다(Sun, 2015).

잘 활용하면 효율적일 것이다.

우리가 탑승할 비행기는 보지 못했지만, 서안 공항의 창밖으로 아시아나 항공기를 보니 반갑기까지 하다. 대한항공과 아시아나항공을 비롯한 한국의 4개 항공사가 동시에 취항하는 것을 보면 서안을 왔다 갔다 하는 한국 여행객이 많은 모양이다. 우리를 태운 비행기는 출발 제 시간인 12시 40분에 서안함양공항을 출발한다. 기내에서 간만에 듣는 한국어 안내 방송이 마음을 편하게 한다.

서안공항 활주로

발 아래로 보이는 서안

탑승구를 떠난 항공기는 활주로로 이동하기 시작한다. 잠시 기다리던 항공기는 오후 1시 2분 활주로에 들어서고 곧이어 대한항공 A330 비행기는 활주로에서 제트엔진의 회전수를 높이며 활주로를 박차고 나가 곧 하늘로 치솟아 올랐다. 중국 하늘을 떠나 한국의 품으로 돌아가는 비행기의 구름 아래, 발아래에 금방 서안이라는 큰 도시가 눈에 들어온다.

다시 한국의 하늘 아래

서안 하늘을 떠난 지 두 시간이 되지 않았지만, 중국은 또다시 나를 부르고 있는 듯하다. 아쉬움을 되새기며 시간이 흘러 두 시간여를 조금 지나니 한국 시각으로 오후 4시 35분에 인천 국제공항 제2터미널에 탐사대는 무사히 도착하였다.

인천 공항으로 접근하는 중에 비행기 창으로 보이는 서해안의 조각 섬과 그 섬 위에 몇 대씩 서 있는 풍력발전기는 중국에서 보았던 큰 규모의 웅장함과 자연 풍광의 화려함은 없지만 아기자기한 맛으로 손 흔들며 탐사대를 포근하게 품을 듯 부르고 있다. 이것이 바로 한국의 멋이 아니겠느냐고 생각해 본다.

서해안의 풍력 단지

서해안의 아름다운 조각섬들

Chapter II

중국 실크로드 인문탐사를 마치며

긴 여정을 마무리 하며...

중국 실크로드 인문탐사를 마치며

참으로 긴 탐사 여정 있었다.

우선, 시간적인 면에서 보면 14박 15일이라는 결코 짧다고 할 수 없는 긴 시간이었다.

전 탐사 일정을 되짚어 보면, 첫날 우루무치에 늦은 밤인 현지 시각 밤 11시 50분에 도착하였다. 그다음 날, 천지를 탐방한 후 중국에서 가장 서쪽에 위치한 도시 중의 하나인 카시(喀什, Kashgar 혹은 Kashi)에 도착하였다. 셋째 날 카시에서 키르기스스탄과 파키스탄과의 국경과 가까운 곳으로 이동하여 파미르(Pamirs) 고원에 위치한 그래서 중국이 아닌듯한 중국인 백사산(白沙山, Baishashan) 및 백사호(白沙湖, Baishahu)를 탐방하고, 여기로부터 더욱더 남서진하여 해발 7천546m의 무스타크봉(慕士塔格峰, Muztagh Ata Peak)이 눈앞에 성큼 다가서는 해발고도 3천670m에 위치한 카라쿨호(喀拉库勒湖, Karakul Lake, 喀拉庫勒湖)까지 서진하였다. 그 이후부터 서안 도착지까지 그리고 인천까지 쉬지 않고 동진을 계속하였다.

둘째, 지리적 물리적 거리상으로도 힘든 여정이었다.

실크로드 상의 대상들과 깊은 신앙심의 수행 승려들이 걸었던 길과 오아시스 도시를 가급적 많이 방문하였다. 신강위구르의 수도인 우루무치(乌鲁木齐, Urumqi), 카시, 아커수(阿克苏, Aksu, 阿克蘇), 쿠차(龟兹, Kucha 혹은 Kuche, 龜茲), 쿠얼러(库尔勒, Korla 혹은 Kuerle, 庫爾勒), 투르판(吐鲁番, Turufan 혹은 Tulufan), 돈황(敦煌, Dunhuang, 燉煌), 주천(酒泉, Jiuquan), 가욕관(嘉峪关, Jiayuguan, 嘉峪關), 란주(兰州, Lanzhou, 蘭州), 영정(永靖, Yongjing), 서안(西安, Xian) 등 길게 탐방하거나 혹은 짧게 머무른 장소를 모두 합치면 총 12개 도시에 이른다.

이번 탐사 기간 중 자동차와 기차로 이동했던 가장 서쪽의 카라쿨호수부터 서안까지의 거리만 해도 4천여 km에 달하고 우루무치에서부터 카시까지의 비행기 이동 거리까지 포함하면 거의 5천여 km에 달하는 대장정이었다. 우리나라 한반도를, 부산에서 신의주까지 거리를 900여 km 정도라고 하면, 그 거리의 약 5.5배에 해당한다. 즉, 1만2천5백 리 가까이 탐사하였다. 서울에서 부산까지의 거리를 넉넉하게 450km로 잡으면 이 거리를 11회 이상 이동한 머나먼 여정이었다. 물론, 인천공항에서 우루무치까지의 3천4백km의 국제선 항공 일정과 서안에서 인천까지의 1천7백km 정도의 항공 거리까지 합치면 1만km를 넘는 실로 어마어마한 탐사 여정이다. 옛날 이곳을 방문한 우리 선조들은 어떻게 이동하였을까? 제대로 상상되지 않는다.

셋째, 문화적으로 힘든 여정이었다. 과거의 중국과 지금의 중국이 너무나 많이 달라져 있고 심지어는 중국 전문가들도 지난 2~3년 사이의 변화 모습에 '이제는 중국을 제대로 알지 못하는 것 같다'는 표현을 자제하지 않을 정도로 중국의 급속한 변화에 따른 문화적 충격을 느끼고 있다. 이 같은 변화는 2년 전 상해에서도 중국인, 특히 해관 공무원과 복단대학(复旦大学, Fundan University) 교수들의 입을 통해서 직접 들었다. 법률과 정책이 매우 빠른 속도로 변하고 있기 때문에 중국의 관료와 교수, 심지어는 사업가들도 변화를 수용하고 변화된 규범에 적응하려고 노력해야 한다고 전했다. 또한 중국의 문화가 소위 중국 본류, 지역적으로는 중앙 및 동부 지역의 한족 중심의 문화가 주류를 이루고 있는데 반해 이번 탐사는 위구르족, 회족 등 소수 민족이 주로 거주하고 있는 서부 지역 중심이라서 서역의 문화 차이를 이해하고서 수용하면서 이를 중국 문화와 융화하기는 결코 쉽지 않았다.

넷째, 같은 중국 내 서역에서도 소수민족 중심 지역과 한족 중심의 서안, 쿠얼러, 아커수 같은 지역 간에 느껴지는 경제력의 차이는 단순 수치가 보여주는 것보다 엄청나다. 서역의 소수민족이 사는 신강위구르 자치구와 북경, 천진 상해 등과 동남부 연안 지역과의 경제력과 주민들의 생활 수준 차이는 엄청나다. 이러한 경제력의 차이는 지난 2000년 이후 중국이 서부 대개발 전략을 통해 경제적 격차 해소를 위해 노력하기 시작했다는 점을 고려하더라도 지나치다. 서부 대개발의 2차 단계 전반기가 끝나고 이와 동시에 일대일로 사업이 시작된 시점에서 향후의 이 지역들 간의 경제력 차이는 어떤 모습으로 나타날지가 궁금해지는 이유이기도 하다.

다섯째, 도로, 철도 및 통신수단과 같은 기반시설의 건설과 그에 따른 지역의 변화 속도에 부응하는 서역 지역의 기본적인 생활환경의 변화이다. 신강위구르 지역의 주요 도시를 연결하는 고속도로가 반듯하게 닦여 있고 우루무치-란주-서안을 연결하는 고속전철이 부분적으로 공사가 지금도 진행되는 구간이 있기는 하지만 전반적으로 잘 놓여 있다. 나아가 이 고속전철이 북경과 연결되도록 갖추어져 있다. 이를 반영하는 듯 공중화장실에서부터 보여주는 작은 변화와 병행하여 여전히 지역별 수준에 따른 차이가 아직은 놀라울 뿐이다. 그러나 서역의 작은 도시들에서도 이와 같은 변화의 바람이 조만간 불어 닥칠 것이라고 확신할 수 있다.

마지막으로 신강위구르 지역의 소수민족과 한족이 대다수 거주하는 지역에서 보여주는 민족적 차별 대우는 실로 언급하기조차 힘든 정도이다. 신강위구르 지역민들은 아직도 거주이전의 자유에 대해서도 상당 부분 제한받는 것이 틀림없다. 고속도로에서 매 100km 정도마다 신분증과 개인소유 수화물에 대한 검사가 철저하게 이루어지지만 란주, 서안 같은 곳에서는 인적 이동에 대한 점검이 이루어지지 않았다. 주유소에서 주유할 때도 비슷한 양상이었다. 중국은 미래 지속가능한 경제부흥을 위해, 또 이들 지역의 차별을 해소하고 인권보장을 위한 끊임없는 노력이 필요하다.

장기간에 걸친, 다소 무모한 듯 보이는 이동 거리로 힘든 탐사 일정이었으나 이번 탐사에 참여한 인원들에게 많은 연구 관련 질문을 던져주고, 또 이 질문에 대한 답을 구해가면서 한반도에, 평양에서부터 경주까지 실크로드 육로를 확실하게 완성하기 위한 구도자적인 연구 자세를 견지하여야 할 필요가 있다고 생각하였다. 이것이 인문탐사를 끊임없이 지속하면서 실크로드에 대한 새로운 시각의 형성과 연구의 지평을 넓혀가는 이유일 것이며 경제학자로서 중국 진출에 대한 장기적인 그림을 그려보는 동기가 될 것이다.

한국 기업들과 사업가들이 지금까지 중국에서 경제적 성장과 발전의 중추적인 역할을 담당해 왔던 동남부 지역에 한정해서 단기적인 이해의 시각에서만 관심을 집중시킨 것이 아닌가 생각해 보았다. 이제는 내륙 지방과 서쪽 지방으로 진출하여 이들과 동고동락 하면서 더불어 성장할 수 있도록 기여할 방안과 성장 전략을 모색해 보는 시각을 장기적인 관점에서 확대하는 것이 필요한 시점이다. 중국 정부가 이들 서부 지역에 막대한 규모의 태양열 발전시설, 풍력 발전시설 등을 설치하여 운영하는 것을 보면 중국의 지속 가능 성장 가능성에 대해서도 우리가 필요 이상의 관심을 가져야 할 이유가 된다. 사실 이들 지역을 가보지 않고, 겪어보지 않고는 이런 측면들을 이해하기에는 한계가 있을 것이다.

이번 탐사를 통해 인류 교류의 시작은 '우리에게 없는 것을 추구하는 개인의 욕망과 욕심을 충족하기 위한 노력의 발현'에 기인한 것이라고 주장할 수 있는 확신을 가지게 되었다는 것이다. 그런 맥락에서 실크로드는 인간이 가진 본질적인 욕구와 욕심을 충족시켜 나가는 노력의 과정에서 왕조라는 국가의 역할과 인적 교류와 상호작용을 통한 제도적, 문화적, 예술적 변환 과정이 집중된 시간적 공간이라고 감히 단정 지을 수 있다.

궁극적으로 이와 같은 국제적인 거래와 문물의 교환은 이윤 추구를 위한 인간의 욕심을 반영한 것이며 이같은 인간의 욕심은 인간문화의 발전을 추구한 원동력이라 할 수 있을 것이다. 나아가 인간의 호기심과 이를 충족시키려고 하는 끊임없는 욕구가 경제학자인 나의 발길을 저 미지의 세계로 다시 이끌고 있다.

참고문헌

한국어 문헌

2015. 병령사 석굴: 고요한 불의 나라. CRIonline. 20150324. http://korean.cri.cn/2361/2015/03/24/1s224210.htm (accessed 20190722)

3900년간 모래에 묻혔던 '누란의 미녀'를 만다. 실크로드 대장정: 타클라마칸 사막. 중앙일보. 20130804. http://news.jtbc.joins.com/article/ArticlePrint.aspx?news_id=NB10320161 (accessed 20190807)

권선아. 2017. 시안(西安) 회족거리를 대표하는 다채로운 음식들. 매일경제. 2017년 4월 7일. https://www.mk.co.kr/news/world/view/2017/04/236438/ (accessed 20190731)

김정희. 2019. 베제클릭크사원 연등불수기도. 동아시아 불화 <6>. 불교신문. 2019.0408.

리상화. 2014. 신화망한국어: 중국 행정구역. XinhuaNet. 2014년 1월 26일. http://kr.xinhuanet.com/2014-01/26/c_133061968.htm (Accessed 2019.07.10.)

신강 생산건설 병단, 생태정비와 경제발전 함께 추진. China.com. 20171215. http://korean.china.com/news/china/269/20171215/1152378.html (accessed 20190808)

유홍준. 2019. 나의 문화유산답사기. 중국편-돈황과 하서주랑. ㈜창비.

윤태옥. 2018. 신장 키질 석굴 속 '중국의 피카소'는 조선인 한락연이었다.

중앙선데이. 20180804. https://news.joins.com/article/22858886 (accessed 20190809)

이성기. 2016. 천축국으로 불린 중세 인도의 여러 나라들. OhmyNews. 2016.02.19. http://www.ohmynews.com/NWS_Web/view/at_pg. aspx?CNTN_CD=A0002182912 (accessed 20190807)

이유진. 2019. 비석의 숲 비림, 서구로부터 지켜낸 '경교비'. 이유진의 중국 도읍지 기행. 주간경향 20190729. 1337호.

이철용. 2011. 중국 서부대개발: 인프라 깔기 10년, 이제 거점 중심으로 본격 개발. LG경제연구원. 2011-02-21

정수일. 2005. 상처입은 고대문화 되살린 '중국의 피카소'. 정수일의 실크로드 재발견. 한겨레. http://www.hani.co.kr/kisa/section-005001000/2005/12/005001000200512262134609.html (accessed 20190809)

허우범. 2014. 실크로드 따라 新羅까지 전파된 천마사상 실크로드 종착점은 경주? Premium Choson. 20140117. http://premium.chosun.com/site/data/html_dir/2014/01/17/2014011702254.html (accessed 20190812)

외국어 문헌

A look at Kantuman Bazaar in China's Xinjiang. Global Times. 20180927. http://www.globaltimes.cn/content/1068411.shtml (accessed 20190812)

Afaq Khoja Mausoleum. https://www.atlasobscura.com/places/afaq-khoja-mausoleum (accessed 20190808)

Army of terracotta warriors. Lonely Planet. https://www.lonelyplanet.com/china/xian/attractions/army-of-terracotta-warriors/a/poi-sig/1016918/356065 (accessed 20190731)

BBC. 2014. Why is there tension between China and the Uighurs? BBC News. 20140926. https://www.bbc.com/news/world-asia-china-26414014 (accessed 20190919)

CGTN. 2019. People enjoy stunning view of rapeseed flower sea in NW China. CGTN. 20190720. https://news.cgtn.com/news/2019-07-20/People-enjoy-stunning-view-of-rapeseed-flower-sea-in-NW-China-Iu7um5BAWY/index.html (accessed 20190823)

Cheshi. ChinaKnoweledge.de: An encyclopaedia on Chinese History, Literature and Art. http://www.chinaknowledge.de/History/Altera/cheshi.html (accessed 20190814)

China Daily. Giant Buddha Temple (Zhangye). November 2, 2013. (Accessed 2019.07.10.)

China Discovery. https://www.chinadiscovery.com/china-trains/xian-lanzhou-high-speed-train.html (accessed 20190723)

China Expeidtion Tours. Bosten Lake. https://www.chinaexpeditiontours.com/attractions/korla-bosten-lake.html (accessed 20190922)

China Population: Xinjiang: Aksu. CEIC. https://www.ceicdata.com/en/china/population-prefecture-level-region/population-xinjiang-aksu (accessed 20190808)

ChinaCulture. 2019. Fields of gold: Canola flowers bloom in Qinhai. ChinaCulture.Org. 20190725. http://en.chinaculture.org/2019-07/25/content_1424786.htm (accessed 20190823)

Chinahighlights. The Fresco tombs of Wei and Jin Dynasty. https://www.chinahighlights.com/jiayuguan/attraction/the-fresco-tombs-of-wei-and-jin-dynasty.htm (accessed 20190822)

Chinahighlights. Zhangye Danxia National Geological Park — Rainbow Mountains. https://www.chinahighlights.com/zhangye/attraction/danxia-landform-geological-park.htm (accessed 20190823)

Chinese dumplings at De Fa Chang restaurant in Xian. Real Food Traveler. https://www.realfoodtraveler.com/chinese-dumplings-at-de-fa-chang-restaurant-in-xian/ (accessed 20190731)

Chou, Bill 7 Ding, Xuejie. 2015. A comparative analysis of Shenzhen and Kashgar in development as speical economic zones. East Asia. 32:2, 117-136.

Climate Turpan. climate-Data.Org. https://en.climate-data.org/asia/china/xinjiang/turpan-2590/ (accessed 20190814)

Dhwty. 2018. The colorful folklore behind the Flaming Mountains of Turpan. ancient-origins.net 20180728. https://www.ancient-origins.net/ancient-places-asia/colorful-folklore-behind-flaming-mountains-turpan-003569 (accessed 20190923)

Encyclopedia Britanica Kucha. https://www.britannica.com/place/Kucha (accessed 20190801)

Eve. Zhangye Buddhist Temple: The birth of Kublai Khan. January 19, 2013. http://www.flowerof lifepaths.com/index.php/component/k2/item/365-zhangye-buddhist-temple-the-birth-of-kublai-khan (Accessed 2019.07.10.)

Hagras, H. 2019. Xian Daxuexi alley mosque: historical and

architectural study. Egytian Journal of Archaeological and Restroation Studies. 9:1, 97-113.

Heavenly Lake of Tianshan. Revolvy. https://www.revolvy.com/page/Heavenly-Lake-of-Tianshan (accessed 20190825)

Hirst, K. Kris. 2019. The Gushi Kingdom – archaeology of the Subeixi culture in Turpan. ThoughtCo. 20190523. https://www.thoughtco.com/gushi-kingdom-subeixi-culture-in-turpan-169398 (accessed 20190814)

Hsu, Sara. 2015. Economic zones and infrastructure on China's Silk Road. The Diplomat. 20150121. https://thediplomat.com/2015/01/economic-zones-and-infrastructure-on-chinas-silk-road/ (accessed 20190919)

Huang, Kritin. 2019. A Chinese city's subways hit a roadblock: history. Inkstonenews. April 01, 2019. https://www.inkstonenews.com/china/how-history-blocks-xian-subway-progress/article/3004133 (accessed 20190729)

Invest in China. 2019. Kashgar economic development zone (Kashi special economic zone).Investin China 20190220. http://investinchina.chinadaily.com.cn/a/201902/20/WS5c78da6e498e27e3380394fb.html (accessed 20190919)

Kaushik. 2014. The Grand Canyon of Tianshan Mountain. Amusingplanet. https://www.amusingplanet.com/2014/02/the-grand-canyon-of-tianshan-mountain.html

Larmer, Brook. 2010. Caves of faith. National Geographic. June 2010. https://www.nationalgeographic.com/magazine/2010/06/

dunhuang-caves/#close (accessed 20190819)

Levin, Dan. 2015. China remodels an ancient Silk Road city, and an ethnic rift widens. New York Times. 20140305. https://www.nytimes.com/2014/03/06/world/asia/china-remodels-an-ancient-silk-road-city-and-an-ethnic-rift-widens.html (accessed 20190919)

Liu, Jensen. 2009. Ejin Huyang Forest: the spirit of desert. 20091210. Chinablog. https://chinablog.cc/ejin-huyang-forest-the-spirit-of-desert/ (accessed 20190922)

Liu, Waqun, Song, Wei & Deng, Xiangsheng. 2016. Changes in cropt type distribution in Zhangye city of the Heihe River Basin, China. Applied Geography. Vol. 76, November. 22-36.

Mayer, Adam. 2011. Kashgar: new SEZ in Xinjang. China Urban Development. 20110125. https://www.chinaurbandevelopment.com/kashgar-new-sez-in-xinjiang/ (accessed 20190919)

Memory.net. The World Musical Instruments. http://memorynet.org/collection/index.php?collection=wmusic&similar=127&limit=&db_language=English# (accessed 20190924)

Muslim quarter, Xi'an. Travel China Guide. https://www.travelchinaguide.com/attraction/shaanxi/xian/moslem-street.htm (accessed 20190731)

National Development and Reform Commission. 2019. 国家发展改革委关于西安市城市轨道交通第三期 建设规划(2018-2024年)的批复. 发改基础〔2019〕1049号 http://www.ndrc.gov.cn/zcfb/zcfbtz/201907/t20190702_940797.html (accessed 20190729)

Only road leading to Mogao Grottoes damaged by floods. XinhuaNet. July 7, 2019. http://www.xinhuanet.com/english/2019-07/07/c_138206839.htm (accessed 20190802)

Patton, Dominique. 2016. Xinjiang cotton at crossroads of China's new Silk Road. Reuters. 20160112. https://www.reuters.com/article/us-china-xinjiang-cotton-insight-idUSKCN0UQ00320160112 (accessed 20190808)

Permanent Mission of People's Republic of China to the United Nations Office at Geneva and Other International Organization in Switzerland. National minorities policy and its practice in China. http://www.china-un.ch/eng/bjzl/t176942.htm. (Accessed 2019.07.10.)

Ren, Xiaojin and Zhu, Xingxin. 2017. Aksu: land of ancient history and industry. Chinadaily. 20170530. http://www.chinadaily.com.cn/newsrepublic/2017-05/30/content_29549778.htm (accessed 20190808)

Roach, John. Emperor Qin's tomb. National Geographic. https://www.nationalgeographic.com/archaeology-and-history/archaeology/emperor-qin/ (accessed 20190730)

Sato, Sonok, Onish, Makiko & Kitamoto Asanobu. 2007. Central Asian Buddhism: Turfan and the Bezeklik Thousand Buddha Caves.

Sawe, Benjamin Elisha. 2017. Aeolian landforms: What is a Yardang? Worldatlas. 20170425.

Shepherd, Christian and Hornby, Lucy. 2016. Wind turbine maker Goldwind looks beyond Xinjiang. Financial Times. 2016.0621.

https://www.ft.com/content/6b536324-f1ea-11e5-9f20-c3a047354386 (accessed 20190813)

South China Morning Post. China officially ends one-child policy. December 27, 2015. https://www.scmp.com/news/china/policies-politics/article/1895411/china-officially-ends-one-child-policy (accessed 20190723)

Summers, Josh. 2017. Kashgar Old City: a timeline of changes. Farwest China. 2017.07.18. https://www.farwestchina.com/travel/kashgar-old-city-changes/ (accessed 20190807)

Sun, Chengdong. 2015. Top 10 Baiju brands in China. ChinaDaily. May 27, 2015. http://www.chinadaily.com.cn/business/2015-05/27/content_20828524_2.htm (accessed 20190731)

Szczepanski, Kallie. 2019. Facts about the burial of Qin Shi Huangdi. ThoughtCo. April 07, 2019. (Accessed 20190730).

Terracotta warriors (Mausoleum of the First Qin Emperor). http://www.globalmountainsummit.org/terra-cotta-warriors.html (accessed 20190730)

Terracotta warriors from the mausoleum of the first Qin emperor of China. https://www.khanacademy.org/humanities/ap-art-history/south-east-se-asia/china-art/a/terracotta-warriors-from-the-mausoleum-of-the-first-qin-emperor-of-china (accessed 20190730)

The paintings and maufscripts from cave 17 ca Mogao (1 of 2). https://www.khanacademy.org/humanities/art-asia/imperial-china/tang-dynasty/a/the-paintings-and-manuscripts-from-cave-17-atmogao-1-of-2 (accessed 20190819)

The prints of Buddha in Gaochang. China Buddhist Encyclopedia. http://chinabuddhismencyclopedia.com/en/index.php/The_Prints_of_Buddha_in_Gaochang (accessed 20190814)

The World Bank. The World Bank in China; Overview. https://www.worldbank.org/en/country/china/overview (Accessed 2019.07.10.)

Top China Travel. Types of China Train. https://www.topchinatravel.com/customer-center/types-of-china-train.htm (accessed 20190925)

Travel China Guide. Xian City Wall. https://www.travelchinaguide.com/attraction/shaanxi/xian/citywall.htm (accessed 20190729)

Turpan history & culture. Travelchinaguide. https://www.travelchinaguide.com/cityguides/xinjiang/turpan/ (accessed 20190814)

van Berkel, M.A.C. 2017. The changing portrayal of Yang Guifei's beauty: An analysis of female beauty ideals and the male gaze as reflected in the portrayal of Yang Guifeil in Chinese literature from the Tang to the Qing dynasty. MA Thesis. Leiden University. the Netherlands.

Visit Our China. Tombs of Wei and Jin Dynasty. http://www.visitourchina.com/jiayuguan/attraction/tombs-of-wei-and-jin-dynasty.html (accessed 20190928)

Walter de Gruyeter, Inc. 2012. The Tuyoq Buddhist Grottoes in Shanshan Country, Xinjiang. Chinese Archaeology. 12, 21-27.

Wang, Kaihao. 2019. Cultural crossroads. ChinaDaily. 20190709. http://

www.chinadaily.com.cn/a/201907/09/WS5d23d637a3105895c2e7c5b9.html (accessed 20190821)

Westcott, Ben. 2018. China moves to end two-child limit, finishing decades of family planning. CNN. August 29, 2018. https://edition.cnn.com/2018/08/28/asia/china-family-planning-one-child-intl/index.html (accessed 20190723)

Williams, A.R. 2016. Discoveries may rewrite history of China's terra-cotta warriors. National Geographic. October 12, 2016. https://news.nationalgeographic.com/2016/10/china-first-emperor-terra-cotta-warriors-tomb/ (accessed 20190730)

World Atlas. Zhangye Danxia National Park, China. https://www.worldatlas.com/articles/zhangye-danxia-national-park-china.html (accessed 20190928)

Wuzhe (武子). 2016. Subashi Buddhist Ruins Introduction. Silk Roads World heritage. 2016.05.31. (accessed 20190813)

Xian Airport (XIY). https://www.airport-xian.com/ (accessed 20190801)

Xi'an Great Mosque — the largest mosque in China. China Highlights. https://www.chinahighlights.com/xian/attraction/great-mosque.htm (accessed 20190731)

Xinjiang Dabancheng Wind Farm. Renewable Energy. http://kyland.ru/userfiles/app-pdf/16.pdf (accessed 20190813)

Yang Guifei. New World Encyclopedia. https://www.newworldencyclopedia.org/entry/Yang_Guifei (accessed 20190730)

Yardley, Jim. 2005. A Crescent of Water is slowly sinking into the desert. The New York times. 20050527. https://www2.kenyon.edu/Depts/

Religion/Fac/Adler/Reln270/Dunhuang-water.htm (accessed 20190816)

Zheng, Ruonan. 2018. Is Xian China's luxury city of the future? Jing Daily. June 20, 2018. https://jingdaily.com/xian-luxury/ (accessed 20190723)

Zhou, Raymond. 2007. Where all paths crossed. China Daily. 20071011. http://www.chinadaily.com.cn/cndy/2007-10/11/content_6164518.htm (accessed 20190814)